小学教育（全科教师）专业系列教材

宋乃庆　靳玉乐　总主编

教师礼仪与表达

主　编　江净帆　李晖旭

副主编　苏　敏　饶　玮

编　委　乔　真　金　夏　李　江　邢燕萍　刘湘涛

西南大学出版社

国家一级出版社　全国百佳图书出版单位

图书在版编目(CIP)数据

教师礼仪与表达 / 江净帆,李晖旭主编. — 重庆:西南师范大学出版社,2019.8

ISBN 978-7-5621-9857-4

Ⅰ. ①教… Ⅱ. ①江… ②李… Ⅲ. ①小学教师—礼仪—高等学校—教材②小学教师—语言艺术—高等学校—教材 Ⅳ. ①G625.1

中国版本图书馆CIP数据核字(2019)第165227号

教师礼仪与表达

主编 江净帆 李晖旭

总 策 划: 宋乃庆 刘春卉 杨景罡
执行策划: 钟小族 翟腾飞
责任编辑: 熊家艳
责任校对: 张昊越
装帧设计: 观止堂_未 氓
排 版: 吕书田
出版发行: 西南大学出版社(原西南师范大学出版社)
地址:重庆市北碚区天生路2号
邮编:400715
市场营销部电话:023-68868624
印 刷: 重庆市国丰印务有限责任公司
幅面尺寸: 185 mm×260 mm
印 张: 17
字 数: 382千字
版 次: 2019年8月 第1版
印 次: 2023年9月 第8次印刷
书 号: ISBN 978-7-5621-9857-4

定 价: 43.00元

小学教育（全科教师）专业系列教材

序

小学教育是基础教育中最重要的一环，是孩子们学知识的第一步。孩子们在小学教育阶段，顺利完成了学业，进一步学习就不会有太大的困难。小学是儿童的思维从具体到抽象、综合到分析逐步发展的阶段。他们常常不管面对教什么学科的老师，都会提出各种各样的问题，认为老师是万能的，什么都知道的。所以我主张小学老师最好是全科型的，能够适应小学生认知特点的需要，特别是农村的小学老师。农村的学校规模比较小，一般不容易配备所有学科的老师，许多老师都要兼教几门课，更需要全科型的教师。教育部《关于实施卓越教师培养计划2.0的意见》也提出了培养小学全科教师。当然，全科教师不是说小学的所有课程都能教，而是一专多能、一主多辅，或者两主多辅。

有些学者认为，小学教师也需要学科专业化，认为现代科学日新月异，学科内容知识不断更新，教师需要有学科的专业知识，才能保证教学质量。在大城市规模比较大的小学，实行单科教师，当然有利于学科教学。但是我认为，小学教师也需要具有比较广泛的知识，一方面适合小学生综合思维的特点，另一方面小学教师也需要有文化修养、人文气质，这是多学科才能培养的。

如何培养小学全科教师？首先要有一套教材。以宋乃庆教授为首的教育部西南基础教育课程研究中心组织了16个省（区、市）60余所高校以中西部为主的专家学者编写了“小学教育（全科教师）专业系列教材”。这是师范院校教师组织师范生学习的素材，是小学全科教师培养（训）的重要载体。该系列教材主要包括教师教育类、学科基础类和学科课程与教学类3个模块。该系列教材本着小学生的特点，帮助职前和职后的小学教师逐步掌握2～4门学科的知识与技能、过程和方法，形成正确的情感态度和价值观，因此，每一学科的知识与技能要求适当降低。他们提出了宽基础、重实践操作，重师范素质养成，重文化素养提升的原则，使教材低起点、降难度、缓坡度，便于自学，便于阅读，文字通俗易懂。

该教材的编写人员，都是几十所师范院校对小学教育有专门研究的专家，站位高、设计科学、合理，切合小学的教育教学实际，教材编写有特色，为小学全科教师的培养做了一件重要的工作。

2019年8月12日

（注：顾明远 北京师范大学原副校长，中国教育学会原会长，曾任世界比较教育学会联合会联合主席）

编者的话

党的二十大要求培养高素质教师队伍。习近平总书记明确提出成为党和人民满意的好教师要满足“四有”“四个引路人”和“四个相统一”的标准，为培养师德高尚、业务精湛、结构合理、充满活力的高素质教师队伍指明了方向。

基础教育是我国教育的重要阵地，小学教育是基础教育中的基础。2012年以来，教育部先后出台了多个文件，提出了发展小学全科教师，解决小学(尤其是农村小学)结构性缺编问题，提升小学教师综合素养，借鉴国际小学全科教师培养经验。近年来，我国多省(区、市)已经开展了全科教师培养，编写了部分教材，在此基础上，我们在教师工作司和多省(区、市)教育主管部门的支持下，邀请了16个省(区、市)60余所高校的专家、学者编写了此系列教材。我们力求体现以下主要特点：

第一，注重综合素质，降低单科要求。小学全科教师要掌握2～4门学科的专业知识与技能、过程与方法，形成正确的情感态度与价值观，因此，每一学科的知识与技能适当降低要求，且适当增加综合素质的培养(训)内容与要求。

第二，拓宽学科基础，重视实践操作。小学全科教师走上工作岗位会执教多个学科，因此，教材既注重多学科的基础学习，又注重学科之间的贯通性，适当增加实践技能，注重学生师范素质的养成，注重学生教学技能的培养。

第三，适当降低起点，放缓坡度。教材注重便于自学与阅读，通俗易懂。适当降低起点和学科理论要求，适当放缓坡度和减少内容，适当减轻小学全科教师负担。

第四，注重学生文化素养提升，发展核心素养。教材贯彻“立德树人”根本任务精神，每章设置了名人名言、学习提要、思维导图、思考与练习、小结等板块，让学生在潜移默化中提升自身文化素养，具备终身发展的能力。

本套教材邀请了30余位小学教育领域有影响的高师院校、教科院、进修学院和小学知名的专家、领导组成了“小学教育(全科教师)专业系列教材”编委会。编委会对教材使用和教师的培养(训)进行指导。

由于时间紧、任务重、科目多，编写团队庞大，且编者编写风格和水平上存在差异，问题和错漏在所难免。恳请各位学者、教师、学生，及时向我们提出宝贵意见和建议并发送至邮箱xszjfs@126.com。

教育部西南基础教育课程研究中心　小学全科教师教材编写组

前言

子曰:“其身正,不令而行。其身不正,虽令不从。”教师是学生的成长导航者和榜样示范者。教师的言行举止对学生产生着潜移默化的重要影响,尤其对具有较强向师性的小学生而言,良好的礼仪与表达能为他们的成长传递健康积极的价值观。同时,礼仪与表达是人际互动的基础,也是教师重要的职业素养。教师职业具有较强的人际互动性,良好的礼仪有助于教师构建积极的人际关系,而良好的表达有助于教师提高教学效能,并促进与学生、家长、同事等建立积极的人际关系。礼仪与表达作为教师重要的职业素养,是教师资格考查及岗位能力评价的重要观测内容。

为系统并有针对性地提升小学全科教师礼仪与表达素养,在梳理、借鉴相关领域已有成果的基础上,特组织编撰了此册《教师礼仪与表达》。本书分为绪论、上篇、下篇三个部分。绪论介绍了教师角色的概念内涵、基本特征、时代转型,希望通过对教师角色的分析构建其形象塑造的基础;上篇“教师礼仪”介绍了教师礼仪的概念内涵、主要特点、意义价值,从教师仪表、教师仪容、教师仪态三方面具体介绍了教师礼仪的相关内容,并从师生关系、同事关系、家校关系三方面阐释了教师工作礼仪的注意事项和基本技巧;下篇“教师表达”介绍了教师表达的概念内涵、主要类型、基本要求、主要特征,从发声技巧、基本方法两方面阐释了语音表达的基础内容,并从教学表达、日常表达、艺术表达三方面具体介绍了不同情境中教师表达的注意事项和基本技巧。

本书在编撰过程中遵循了以下原则:一是针对性,即聚焦教师,尤其是小学教师的职业特性来构建内容体系,强调对教师礼仪和表达的特定技能训练,以期有助于师范生专业技能发展及教师资格认定面试;二是实践性,即在精要阐释相关理论的基础上,注重增强技能训练的实践性,希望在内容选择和设计上有助于师范生进行实践性的技能训练;三是生动性,在教材体例及内容上增强其生动性,设置案例评析、即时考查、情境剧场、资料链接、小贴士等多元形式,希望有助于提升教材的可读性和易学性。

本书由江净帆教授提出编撰框架与主要观点,并组织团队经多次论证、修改而成。全书主要分工如下:江净帆负责全书结构设计及指导修改、最后审稿;李晖旭负责编写第六章“教师表达概述”、第八章“教学表达”并协助审稿;苏敏负责编写第三章“教师仪容”、第五章“教师工作礼仪”并协助审稿;饶玮负责编写第二章“教师仪表”、第四章“教师仪态”并协助审稿;李江负责编写绪论“教师角色与形象塑造”；邢燕萍负责编写第一章“教师礼仪概述”；金夏负责编写第七章“语音表达”；刘湘涛负责编写第九章“日常表达”；乔真负责编写第十章“艺术表达”；书中的插图由孔令鹏绘制。

本书得到了重庆第二师范学院“6—12岁儿童发展协同创新中心”研究团队的支持。同时，本书在编写过程中借鉴和吸收了相关领域的研究成果，陈曦、许耀丹、白怡心、郭映杉、钟婷婷等为资料收集、书稿校订付出了辛勤劳动，在此一并致以诚挚的感谢！由于编写时间较紧，加之编者能力有限，书中难免存在不足之处，敬请读者批评指正，以期再版时加以完善。

编者

2019年5月

目录

下篇　教师表达

绪论
教师角色与形象塑造

随着知识经济社会与信息化时代的到来，全球化进程日益加快，教育也面临着严峻的挑战。教师发展既关系到每一位学生的未来，又是推动教育改革走向纵深的主力军。教育的每一次变革都离不开教师。为了解决教育发展和改革过程中遇到的问题，教师队伍建设和教师专业发展被视为工作的突破口，然而，人们的研究重心多集中在教师的"育人"能力——学科知识的习得和教学技能的训练上，而忽视了教师如何"育己"。叶澜教授曾说，教育是一个使教育者和受教育者都变得更完善的职业，而且，只有当教育者自觉地完善自己时，才能更有利于学生的完善与发展。本书所强调的"育己"不是脱离了教育教学的自我内省，而是在实践过程中深入探究教师职业的特性，反思教师角色的变迁，重塑新时代背景下的教师形象。

第一节　角色与教师角色

什么是教师角色？在瑞典教育学家胡森看来，教师角色有三个维度的含义：第一，教师角色特指教师的教学行为，尤其是在教学情境中可以被直接观察到的教师行为，主要是教师在课堂教学中的行为表现；第二，教师角色代表了教师的社会地位，它指明了教师职业特有的社会地位，这是从教师工作的职业性视角来认识教师角色内涵的；第三，教师角色反映了对教师的期望，它既包括教师个体对自己的期望，也体现了学生、家长、学校领导、社会公众对教师的期望。要想理解和把握教师角色的内涵，必须首先弄清楚教师角色的基本含义，认真梳理教师角色的演变发展历史。

一般而言，教师角色可以归到社会学的概念中，教师角色研究以教师在社会中的关系和地位为研究对象，是基于教师职业的角色特征而展开的理论探究与实践思考。人类为了维持自我生存与物种的繁衍与发展，为了将社会生产、生活中积累的先进经验传承下去，为了完善自我、成就他人、发展社会，在特定社会政治经济基础下分化出了教育活动，诞生了专门从事教师工作的人员，形成了学校教育，发展了教育体系。在不同时代，社会对教师职业的要求不尽相同，建构了教师角色内涵的不同时代特点。教师职业具有与时俱进的特征。

一、教师角色的内涵

（一）角色

“角色”一词本来是戏剧表演的常用术语，它是指演员根据剧本或其他文本扮演的特定人物形象，后来美国社会心理学家G.H.米德将其引入社会心理学的研究领域，借用“角色”来比喻人们在社会大舞台上的身份和行为。英国著名的戏剧创作大师莎士比亚在《皆大欢喜》中写到，全世界是一个舞台，所有的男男女女不过是一些演员，他们都有下场的时候，也有上场的时候，一个人一生中扮演着好几个角色。“角色”具有三个方面的基本含义：第一，每种社会角色都代表特定的行为模式，是个体社会行为的内在表征；第二，每种社会角色都是由其在社会关系中的地位和身份所决定的，它反映了个体在社会群体中所处的位置；第三，角色能够反映社会期望，每种社会角色都必须遵循社会期望赋予角色本身的行为规范。

角色代表了个体在社会关系中的特定身份，代表了这种身份对应的行为规范和行为模式。每个人都是各种角色的总和，社会赋予不同角色的特定行为规范和行为模式都集中反映在每个人身上。个体在不同的社会关系中充当着不同的角色，只有个体践行了占主流的角色所要求的行为规范和行为模式，才是真正履行了社会赋予个体的角色职责。

（二）角色的特征

1. 社会性

社会性是角色的本质属性，它强调的是处于某种角色的个体无法脱离社会而孤立存在。一方面，这种社会属性能够促使个体更好地适应社会；另一方面，也体现了个体作为社会成员生存于集体的社会现实。个体的行为不仅必须符合角色规定的行为规范和行为模式，还需要结合自己对角色的理解调整自己的行为，以适应社会对角色本身的期望。

2. 客观性

客观性是指角色不以个体的意志为转移，它不能被人为控制。例如：角色不会被人为地抹杀，也不能随心所欲被人为地创造。角色客观地反映了人们的社会关系以及人们在社会关系中的地位。角色的产生与存在都具有客观性，它是社会发展的客观必然，集中体现了社会发展与变革，与践行角色要求的行为个体无关。

3. 相对稳定性

相对稳定性是指与社会地位相匹配的角色本身及其行为表现模式是相对固定的。个体的社会关系以及个体在社会关系中的地位并不是一成不变的，不过在某个阶段或某个时期内，会表现出一定的稳定性。这种稳定不是绝对的不可变，它会伴随个体的发展而发生改变，个体的社会关系及其地位的稳定性、可变性会映射在个体承载的社会角色上，导致角色具有同样的相对稳定性和可变性。

4. 可取代性

可取代性是指角色扮演过程中行为主体的变动带来的不确定性。一是人们的行为模式不是一成不变的，社会关系固有的复杂性往往会导致人们要扮演多种角色，个体在复杂的社会关系中需要进行角色转换；二是每种角色不是定向于单个个体，而是指向某一类群体的，这种群体化的指向会导致角色与个体之间的关系是一对多的呈现方式，当某一个体无法适应该类角色必须承担的责任时，就必须由其他个体将其取代。

（三）教师角色

"角色"强调的是某一群体在社会中的地位以及社会赋予该群体的行为期望。作为复杂社会体系的成员——教师，也是处于一定社会关系并受到相应行为模式约束的群体。教师角色承载着社会（包括教师自己）赋予教师群体的期望，蕴含了教师群体的社会地位及其行为模式。人的发展性使得教师一生将要扮演不同的角色，拥有不同的社会地位和行为模式，当然，社会生活也是复杂多元的，即使处于同一社会地位的不同教师，也会扮演不同的社会角色。例如，对男教师而言，他是教师，也是儿子、父亲和兄弟；同样，女教师承担教师角色责任、履行教师角色义务的同时，还需要履行女人、母亲、姐妹等角色的职责。

从专业化发展的视角看，教师角色并非仅仅是"教育者"，还是"研究者""学习者"。1966年，联合国教科文组织在《关于教师地位的建议》中首次将教育工作视为一种职业，从此，教师职业是专业性工作、教师是专业人员成为教育界的共识。然而，为了保持教师工作的社会适应性和教师专业工作的先进性，教师需要不断汲取新知识，不断学习新的专业知识和技能，促进教师角色从"教育者"走向"自我发展者"。也就是说，教师不能仅仅是被动地按规范、按标准去执行教育教学要求，而应该做到主动理解教育教学规范、个性化解读教育教学情境，扮演具有创造性的角色。因此，只有教师自己成为不断进步的学习者，才能更好地指导学生学习；只有教师自己主动建构自己的专业发展，才能更好地开展教育教学工作；只有教师自己不断主动反思自己的教育教学行为，才能实现教学过程的情境化解读与个性化分析。

（四）教师角色的演变历程

从社会发展的历史长河来看，教师角色随着社会发展和时代进步而呈现出动态变化的态势，与教师角色对应的行为规范和行为模式也经历了不同的阶段，有不同的时代特征。教师角色的演变体现了社会发展和时代进步对教育教学的新要求，提升了教师角色的时代感和生命力。不仅如此，从社会发展的历史脉络梳理教师角色的演变历程，还有助于我们理解当前教师角色的多样性。

1. 原始农牧社会的教师角色

自人类社会诞生之初，教育活动就存在了。当然，原始农牧社会的生产力水平不高，教育活动没有从社会生产生活中分化出来，没有形成专门的教育体系，教师也不是一种独立的社会职业。所以，在原始农牧社会，教师和学生都不是专门的、固定的人员，部落中的年长者承担了教师的角色，受教育者则主要是氏族中的未成年人，教育内容以生产生活的技能和技巧为主。原始农牧社会的教育活动与生产生活紧密结合，采用“示范—模范”的直观教学方式，由年长者向氏族中的年轻一代传授狩猎、纺织、种植以及捕捞等基本技能。这些年长者便是这个时期的教师角色主体。

2. 奴隶社会、封建社会的教师角色

随着社会生产力的发展，劳动生产的剩余产品被部分人占有，这部分人脱离了直接的物质生产劳动而专门从事脑力劳动，私有制代替了公有制。为了维护、巩固其统治地位，培养忠于本阶级的接班人，他们在宫廷、官府中开办学堂，官吏充当了教师的角色，官即师，师即官。更进一步梳理，不难发现，我国自春秋战国到清朝时期的教育体制中，教师往往集中由官吏担任。最著名的如战国时期齐国的“稷下学宫”，官办教育、诸侯养士制度是当时显著的教育特色，择优聘请的教师被封为“上大夫”，专门从事学术研究和人才培养工作。随后，秦朝的“以吏为师”政策、汉代的“独尊儒术”政策、唐代的“六学”都极大地发展了官学制度。宋朝设立了西京国子监和东京国子监，明代除了大学性质的国子监与太学外，还出现了宗学、武学、医学等专科学校，清代甚至在各省、州、县设立官学。可见，教师与政治的关系极为密切，其中最具有代表性的例子就是孔子，作为大教育家的孔子主张“学而优则仕”。

3. 工业化社会的教师角色

工业革命以来，工业化生产对劳动者的文化素养和专业技能提出了更高的要求。社会分工细化，劳动者必须掌握专门的技能才能生存。因此，学校进一步分化成培养各种专门人才的专业化机构，以满足社会工业化生产对劳动力技能的需求。工业化发展促进了劳动者素质和技能的提升，教育随之变得更加专业，也更普及，国民教育制度得以建立。同时，社会对教育质量提升的要求反映在教师素质上，体现为只有经过专门训练的人才能胜任教育教学工作，教师成为一种独立的职业。国家统一管理教育事业，借助法律的形式规定教育的组织形式、教学内容、培养目标以及教师和学生的权利与义务，教师是拥有专门知识的群体，教师角色成为传授知识的知识拥有者。

4. 现当代社会的教师角色

20世纪50年代以来，世界各国教育事业发展迅猛，教师队伍建设过于重视数量的增加而忽视了对质量的要求。到了20世纪80年代，随着世界各国教师专业标准相关文件的出台，教师专业化运动蓬勃发展起来。人们逐渐意识到，教师职业的性质与医生、律师、工程师等相似，只有经过严格筛选的人才能从事。教师是履行教育教学职责的专业人员，尤其是在基础教育课程改革逐步推进和深化的进程中，教师角色必须应对来自知识、技能甚至自我发展的全方位挑战，这都凸显了教师角色的多元化、专业化发展趋势。教师的专业权利逐步渗透到教育研究、教学改革、学术管理以及自我发展等领域。在这一时期，我国教师职业的劳动性质也发生了根本性变化，教师角色要与时俱进，转换为专业的教育工作者。尤其是在终身教育理念指导下，教师必须保持随时随地学习的热情，不断提高自身的从教素养，将外在的社会规范与价值导向内化为个体素质，从而成为一名与时俱进的专业人员。

5.信息化社会的教师角色

近年来，信息技术被广泛应用于社会各个领域、各个行业中，网络技术致使整个社会的生产和生活方式发生了天翻地覆的变化。人们的社会交往、活动方式也发生了前所未有的改变。在以网络为基础的信息化社会中，人们的交往与互动超越了物理时空的界限。教育正面临着巨大变革，人们的教育观、教学观、知识观以及学生观等都将发生颠覆性变革。在教育过程中，学习过程不再是简单的知识传递过程，而是学习者在特有的知识结构和经验基础上，主动建构知识的过程。在这一过程中，教师角色要为学生学习提供指导，对教育教学进行组织，从而帮助学生建构对应的知识体系。教师的职责已经越来越少地传递知识，而越来越多地激励思考。除了其正式职能以外，教师将越来越成为一位顾问，一位交换意见的参与者，一位帮助发现矛盾论点而不是拿出现成真理的人。或者说，教师角色将转变成学生学习过程的领航者，职责的重心在于积极引导，避免学生在浩瀚的知识海洋里迷失方向。

第二节 教师的角色定位

在人类社会绵延数千年的发展历程中，教师作为人类精神文明的开拓者和传播者，始终承担着传承文化、传播知识、弘扬科学、崇尚研究、开启民智、哺育人才的历史重任。随着社会的发展与转型，教育需要承担的职责日益增多，教师个体所承载的角色要求和角色期待也呈现多元化趋势，教师的职业角色发生着新的变化。所以，必须从社会发展的最本质、最重要的问题出发，结合时代发展辩证地认识教师角色定位。在社会中，每个人总是扮演着这样或那样的角色，并通过彼此的角色定位和身份界定交织在一起。那么，教师角色是如何定位的？它和社会是怎样相互作用的呢？在不同的时代背景下，各类社会主体对教师有不同要求和期望，要求教师不仅要清晰地认识自己所承担的角色形象，还要用发展的视角与时俱进地调整和转换自己在教育教学中的角色。因此，如何在基础教育改革逐步走向纵深的基础上，尊重历史，结合现实发展，科学而不是臆测地论述教师角色定位，是教师角色研究中应当解决的一个重要问题。

一、隐喻中的教师角色定位

隐喻，从本质上讲，是一种认知活动，它是通过认知推理、类比判断，用一个熟知的、具体的概念来构造另一个抽象的、难以理解的概念。隐喻不仅是一种修辞方式，还是一种特殊的思维方式。不可否认,教师角色是一个非常抽象的概念,人们不能直接感知。借助隐喻,在具体概念和抽象概念之间形成关联概念,集中反映了社会对教师角色的评价或期望,有助于准确定位教育教学中的教师角色,准确定位社会发展中的教师角色。

(一)蜡烛

蜡烛是历史最悠久的教师角色隐喻之一。诗词“春蚕到死丝方尽,蜡炬成灰泪始干”集中体现了教师职业的无私奉献精神——牺牲自己,照亮别人。用蜡烛隐喻教师角色反映的是“学生比教师重要”的师生关系,教师的存在意义在于服务学生,他们只有燃烧自己才能完成工作职责。当我们想到默默燃烧自己的蜡烛时,脑海中不禁就会出现“残烛燃尽”的场景,而且会联想到教师收入低下、捉襟见肘的“穷酸”样儿。这是带有理想色彩的教师角色写照。

(二)园丁

园丁是对教师角色富有田园诗意的比喻,教师像园丁一样对种子(学生)精心呵护,细心照料,学生就像花儿的种子,有自己的胚胎和自然发展的可能,教师只是辅助其生长的劳动者。将教师比作园丁,一方面体现了学生的可发展性;另一方面,也强调了学生发展的差异性。用园丁作隐喻,教师的作用不过是营造氛围、创设环境、提供服务,在某种程度上没有意识到教育对学生发展的重要性,没有意识到教师对学生发展的重要性。教师“栽培”学生的过程需要教师运用自己的智慧解决很多突发性问题。这是带有一定片面性的教师角色隐喻。

(三)工程师

工程师是工业模式视角下对教师角色的比喻,它反映了教师职业的崇高性——塑造学生的灵魂。用工程师形容教师角色,将教师的作用提升到了神圣的境地,教师按照“圣人”的标准塑造学生,塑造工作紧紧围绕着教师的意愿开展,提升了教师工作的权重。“流水线产品”式的教育过程忽略了学生的个性发展和差异化需求,弱化了学生的地位。同时,用工程师作隐喻在某种意义上也反映了教师缺乏教学自主权,只能按照上级主管部门规定的“工艺”和“图纸”设计教育教学蓝图,只能按照固定程序制造产品。这是带有规训性的教师角色隐喻。

二、教师角色的时代转型

2015年3月5日,李克强总理在第十二届全国人民代表大会第三次会议上所做的政府工作报告中,首次提出了要制定“互联网+”行动计划。以互联网为核心的信息技术推动着社会发展,教育面临着前所未有的挑战——课程理念、课程结构、课程内容、课程实施、课程评价和课程管理等方面都将发生重大转折与突破。信息化社会的到来，对广大教师的教育教学工作提出了更高的要求与挑战，否则，不变的教师怎么能满足学生的发展需求呢？所以，传统的“粉笔加黑板，教材即教案”的教学已经不能适应学生的发展，有必要对社会转型下的教师角色进行重新定位。

（一）从知识传递者转向信息筛选者

从根本上讲，教学过程是教与学的结合，传统的教师承担着知识传递者的角色，教师是学生获取知识的唯一来源，学生被视为接收知识的容器。然而，随着信息时代的到来，知识的快速更迭及其不确定性表现得尤为突出。教师不再是学生获取知识的唯一途径，面对浩瀚如海的知识，学生往往会感到很兴奋、很新奇。但是，并不是所有的信息都是有益于学生发展的，学生又没有分辨信息的能力，所以，筛选和判断这些良莠不齐的信息就成了教师的重要任务之一。

（二）从教学主导者转向学习指导者

传统的教学过程中，教师主导着教育教学，知识的传递是单向的，学生是被动接受的。互联网信息技术背景下，知识资源呈现出几何级增长的速度，碎片化、零散化的知识充斥在我们周围，需要教师有效监控学生的学习过程，结合学生的实际情况，有针对性地提升学生的情感体验，加强其审美品位。教师由教学过程的主导者转变为学生学习的指导者。教育过程中，教师要善于激发学生的学习兴趣，指导学生掌握学习方法与学习策略，形成良好的学习习惯，提高其社会适应能力和自我调节与监控的能力。

（三）从教材实施者转向课程开发者

一般意义上讲，教师是按照国家规定的课程标准、教学大纲开展教育教学的。教师不过是教材的实施者与执行者，必须按规定的教学内容进行教学，而不能对教材进行个性化解读和情境化分析。事实上，在信息化社会中，教师的主体性得到了充分发挥。教师参与到课程的开发过程中。教师的课程开发权激发了教师教育教学的内生力，增强了课程的多样性和针对性。

（四）从台上独白者转向台下合作者

传统的教育教学过程是教师的独白过程，教师和学生是一对多的单向关系，教师处于管理者的地位，对学生发展施以有目的、有价值的影响。在这种关系的基础上，教师是高高在上的独白者。教育离不开交往，没有交往的关系是不能成为教育关系的，在信息化社会里，教师和学生的交往关系趋向平等和协作，教师的交往权威变得模糊化。互联网信息技术打破了人与人交往的时空界限，丰富了教师和学生的交往途径，师生关系更加多样化、平等化，合作意蕴得以彰显。

（五）从结果评价者转向过程记录者

传统教学是围绕学生获取知识而展开的，教学过程的潜在假设将教师的教和学生的学看作两个不同的阶段，学生是在学习之后才去做、去解决问题。所以，教师是权威的代名词，教师负责制订学生学习结果的评价标准，并实施评价。然而，信息化社会可以为学生提供丰富的教学资源，学生可以随时结合自己的思考，对接收的信息进行加工与转换，形成解决问题的方案和推论并做出验证。在这一过程中，教师的权威地位不断减弱，教师的职责重点在于记录学生的学习过程，帮助学生开展学习效果的自我评估、自我反思与自我管理，强化了教师角色的指导意义，而弱化了其评价权。

第三节　教师形象及塑造

形象，是物质存在的一种空间表现形式，也是物质内蕴的精神状态的外在表现形态。教师形象具有两方面的内涵：一是指教师角色承载的教育教学过程中的印象总和；二是指人们对教师个体或教师群体的评价总和。教师形象既反映了教师在工作中的人格与价值，也体现了教师在教育教学活动中表现出来的仪态仪表、职业能力和职业品德。教师形象分为教师内在形象与教师外在形象，内在形象是外在形象的基础，外在形象是内在形象的外化。教师形象的塑造，离不开教师个体的自我认识和主动建构。

一、教师内在形象

（一）高尚的道德情操

道德素养是做人的根本，更是教师的基本素质，教师的职业特性决定了教师必须是道德高尚的人。教师高尚的道德情操是在实践中培养起来的，有没有高尚的道德情操，是检验教师是否具有职业示范性和职业纯洁性的重要标准。高尚的道德情操是成为一名合格教师的必要条件，是引导学生践行社会主义核心价值观的先决条件。

（二）渊博的专业知识

渊博的专业知识是教师有效教学的基本保证，常言道："要给学生一杯水，教师必须具备一桶水。"浅显易懂的语句中蕴含着丰富的哲学内涵。尤其是知识更迭迅速的现代社会，拥有渊博的专业知识的教师更能吸引学生学习的注意力，激发学生学习的兴趣。

（三）豁达的内心世界

教师性格应该是开朗豁达的，能够用乐观的性格感染学生，用豁达的行为影响学生，为学生树立坦率而生机勃勃的良好印象。内心世界的豁达主要表现为遇事沉稳不慌张、反应灵活不极端，尤其是当学生犯错的时候，教师要控制自己的情绪，以豁达的心胸和充满爱的心境包容学生、引导学生，帮助学生感受来自教师的关怀与帮助。

（四）和谐的人际关系

教师和谐的人际关系是开展教育教学活动的关键。和谐的人际关系能够在学校产生强大的凝聚力，调动各方面的积极性，在教师群体间形成团结协作的氛围。教师和谐的人际关系为高质量的教育教学活动和学校的可持续发展提供了动力源泉，它有助于缓解学生的学习压力，促进学生高效地学习。

（五）好学的求知态度

作为一名教师，必须不断学习，与时俱进。庄子有言："吾生也有涯，而知也无涯。"教师肩负着传播、传递先进文化的重任，需要保持学习的热情和激情，随时随地借助不同工具，通过不同渠道获取最新知识，拒绝浮躁，以虚心好学的求知态度与学生共同成长。

二、教师外在形象

（一）得体的职业礼仪

教师外在形象体现为从事教师工作必须在仪表着装、饰物佩戴、妆容打扮以及姿势仪态等方面做到高标准、严要求，积极主动建构和谐的师生关系、同事关系和家校关系。第一，教师仪表着装应遵循干净整洁、得体协调、简雅大方的原则，在服装搭配和饰物佩戴时要避免过于超前的奇装异服，不宜佩戴过多或过于夸张的装饰物，应该特别注意的是，女教师不能穿过于暴露的服装，男教师也不能穿戴过于随意的服装和鞋帽。第二，教师的妆容打扮应遵循干净得体、适度护理或适度美化的原则，不能浓妆艳抹；教师的坐立行走都应合乎礼仪规范，彰显教师工作的职业要求。第三，在教育教学活动中，教师要善于根据不同场景需要适当调整自己的仪容仪表，丰盈自己的外在形象。无论是课堂活动还是课外活动，教师都应该重视不同教学环境对职业礼仪的特殊要求，提高与教学情境的匹配度。当然，教师工作的最显著特征就是与人交往，所以，教师外在形象还体现为建构和谐的师生关系、同事关系和家校关系。

（二）正确的职业表达

教师外在形象还体现为从事教师工作必须做到正确的语言表达、教学表达、日常表达和艺术表达等。正确的职业表达是教师顺利完成教育教学工作的必备中介，教师的表达效果直接影响着教学效果。第一，教师要熟练运用普通话，教学语言运用准确，体现专业的语言表达形象；第二，教师要精准掌握教学内容，熟练运用教学技巧，做到抑扬顿挫、声情并茂，凸显专业的教学表达形象；第三，教师要熟练掌握交往技巧，在不同场合面向不同对象，要善于运用不同的表达方式与学生交流、与家长沟通、与同事研讨，树立和谐的日常表达形象；第四，教师要丰富自己的艺术表达能力，尤其要熟悉能够训练小学生朗诵与表演能力的诗歌、散文、寓言、绕口令以及各类主题式表演技巧，彰显高雅的艺术表达形象。

三、教师形象塑造

教师形象是教师与学生交往过程中最直接、最具体的媒介，也是对学生发展影响最大的直接因素，塑造良好的教师形象对学生发展具有重要的现实意义。教师形象的塑造过程是教师角色的扮演过程。塑造教师形象应坚持求真、向善、趋美三个维度的目标。求真，就是教师应树立追求真理的外在形象；向善，就是教师要遵循道德规律服务于学生发展的取向；趋美，就是教师要认识到教育是一门艺术，在教育教学中塑造追求美、创造美、传递美、欣赏美的教师形象。塑造教师形象主要从以下三个方面展开。

（一）提高自我认知，夯实职业基础

塑造教师形象应该培养教师的主体意识，使其认清肩负的责任与使命，夯实从事教师职业的基本技能和专业素养。掌握科学的专业知识是教师形象的重要组成部分，塑造教师形象离不开用科学的知识武装自己的头脑。教师职业的根本在于对社会先进生产力和先进文化的传递、传播与创造，所以，提高自我认知、夯实职业基础是塑造教师形象的第一要素。教师要善于将所学、所思、所悟运用到教学工作中，强化知识储备，训练专业技能，培养研究能力，做到育人有方。

（二）加强自我修养，涵养角色认同

塑造教师形象的关键在于加强自我修养，实现教师角色认同的自我革新与提升。教师职业要求其从业者必须以身作则，严于律己，为学生树立榜样，用一言一行为学生做好表率。教师应主动、积极探索适合学生的教学风格，展现自己的学术人格魅力，激发教师专业发展的生命价值。教师形象的塑造，还体现在教师个体的职业认同感及职业幸福感上，教师作为人，有着实现人生价值的精神追求，要形成这种合力，教师必须加强自我修养，将教师职业视为能够实现个人生命价值的并愿意为之奋斗终生的事业。

（三）适应社会发展，塑造内外形象

适应社会发展是塑造教师形象的时代要求。创新是当今的时代主题，更是教师形象持续更新的潜在动力。新时代背景下的教师，应该寻求创新，转变方向，适应时代变迁，善于将职业的超然精神与实际工作状态相统合，以开放包容、脚踏实地的态度迎接社会发展带来的冲击，坚持终身学习，不断用知识武装自己，在实践中修炼提升。

上篇

教师礼仪

第一章
教师礼仪概述

人无礼不生，事无礼不成，国无礼不宁。

——荀况

国尚礼则国昌，家尚礼则家大，身有礼则身修，心有礼则心泰。

——颜元

美德是精神上的一种宝藏，但是使它们生出光彩的则是良好的礼仪。

——约翰·洛克

礼貌之于人性如同热量之于蜡烛。

——叔本华

学习提要

(1)了解礼仪的起源与发展。

(2)理解礼仪的内涵、实质与原则。(重点)

(3)掌握教师礼仪的意义。(难点)

中华文明传承数千年，礼仪作为中华文明的重要组成部分，在数千年的发展演变过程中，从原始社会“立于敬而源于祭”起，经过了形成期、发展期、礼制完备期和现代变革期的发展，形成了包括古代社会安邦定国的“礼制”、秩序道义的“礼义”和现代社会平等尊重的“礼仪”在内的丰富内涵。

教师礼仪具有系统性、强制性、集体性、示范性和审美性的特点，凸显出教师职业特征和交际对象的特殊性，也折射出教师礼仪在塑造教师的职业形象、维护教师的职业尊严、协调教师的人际关系、引领学生的修养导向等方面的重要意义。

第一节　礼仪的基本内容

古人有言:“中国有礼仪之大,故称夏;有服章之美,谓之华。”华夏民族正是以丰富的礼仪文化著称于世。起源于原始祭祀活动以表“敬”意的“礼”,由周公制礼作乐,经整个封建时代的发展逐渐完备,形成了以“礼”——“治国法度与社会文明”为精神实质,以“仪”——“礼节形式与行为细则”为外在表现的传统礼仪文化。这种礼仪文化经现代社会的选择、补充和完善,成为适应社会发展所需的,全民共同认可、大力倡导并共同遵守的文明准则。

一、礼仪的起源与发展

中国具有五千年文明史,素有“礼仪之邦”之称。礼仪文明作为中国传统文化的一个重要组成部分,对中国社会历史发展有着广泛且深远的影响。

(一)礼仪的起源

礼仪所涉及的范围十分广泛,几乎渗透于古代社会的各个方面。现代人类学、考古学的研究成果表明,礼仪起源于人类最原始的两大信仰:一是天地信仰;二是祖先信仰。

“礼”,古文写作“禮”,《说文解字》:“禮,履也。所以事神致福也。从示从豊,豊亦聲。”古文“禮”,即礼,履行敬拜活动,用来敬神致福的仪式。字形采用“示、豊”会意。从“禮”字的造字结构可以看出,左边是“示”字旁,为祭祀的容器;右边的“豊”字,甲骨文像许多打着绳结的玉串与有脚架的建鼓,表示击鼓献玉,敬奉神灵。“禮”的造字本义是:击鼓奏乐,并用美玉和美酒敬拜祖先和神灵。

“礼”字与古代祭祀神灵的仪式有关,这些祭祀活动在历史发展中逐步完善了相应的规范和制度,正式成为祭祀礼仪。随着人类对自然、社会各种关系的认识逐步深入,仅以祭祀天地、鬼神、祖先为礼,已不能满足人类日益发展的精神需求和调节日益复杂的现实关系所需。于是,人们将事神致福活动的一系列行为,从内容和形式都扩展到各种人际交往活动,从最初的祭祀之礼扩展到社会各个领域的各种各样的礼仪。后来,随着社会的不断进步,礼的含义也不断延伸、不断拓展。

(二)中国古代礼仪的形成与发展

1.形成期

“礼”起源于原始氏族部落举行的宗教祭祀活动。作为一种文化现象,在夏朝以前的原始社会,礼就是一种肢体语言,产生于人与天、人与神、人与人的交往之中。

原始社会,生产力水平低下,上古先民对自己尚不了解的自然万物和自然规律心存敬畏,并将其视为神灵的意志。在某些特定的时间,先民们通过一系列相对固定的程序和肢体语言,表达对天地神灵的敬畏之情。同时,他们也希望通过这种仪式化的行为,祈求天地神灵和祖先的庇护,实现丰衣足食和部落繁荣的愿望。人与天地神灵就在这样的仪式化过程中,实现了无形的交流。随着仪式流程与肢体语言的不断固定和规范,礼仪的雏形就此形成,并进一步从“人神对话”演化到了人与人之间表达互敬互爱的“人人对话”。

礼仪的正式形成,始于奴隶社会。这一时期的礼仪,由原先祭祀天地神灵和祖先的形式跨入了全面制约人的行为的领域。

随着社会生产力的发展,原始社会逐步解体,奴隶制社会到来。为了维护统治,奴隶主将原始的宗教礼仪发展成符合奴隶制社会政治需要的礼制。殷周之际,周公制礼作乐,提出了礼制纲领,成为后世“礼”的渊源。《周礼》《仪礼》《礼记》“三礼”的出现,标志着周礼已达到了系统、完备的阶段,中国第一次形成了比较完整的国家礼仪形式与制度。礼仪的内涵也由单纯的祭祀天地、鬼神、祖先的形式,跨入了全面制约人们行为的领域,打上了阶级的烙印。

2.发展期

春秋时期,经孔子、孟子、荀子等人的提倡和完善,礼乐文明成为儒家文化的核心,形成了以儒家学说为主导的正统的封建礼教。这一时期,“礼”的内容比较全面地规定了处理和调整社会各种关系的准则与规范。

孔子把“礼”看作治国、安邦、平定天下的基础,提出了“不学礼,无以立”,要求人们用礼的规范来约束自己的行为,并选取了必须学习的礼制十七篇,编辑成《礼》,在周礼的基础上有所发展,形成了比较完备的流传至今的传统礼仪。孟子把“礼”解释为对尊长和宾客严肃而有礼貌,即“恭敬之心,礼也”,并把“礼”看作人的善性发端之一。战国后期的荀子说:“……人无礼不生,事无礼不成,国无礼不宁。”他把“礼”看作一种实践可行的东西,是社会用来维护政治秩序和规范人伦的客观需要,也是衡量贤德与不肖以及高低贵贱的尺度。管仲则把“礼”看作人生的指导思想和维持国家统治的第一支柱,认为“礼”关系到国家的生死存亡。

资料链接

中国古代有“五礼”之说，祭祀之事为吉礼，冠婚之事为喜礼，宾客之事为宾礼，军旅之事为军礼，丧葬之事为凶礼。

实际上，中国古代礼仪可分为政治与生活两大部类。

政治类包括祭天、祭地、宗庙之祭，祭先师先圣、尊师乡饮酒礼、相见礼，军礼等。

生活类包括诞生礼、成年礼（男子为冠礼、女子为笄礼）、聘礼、婚礼、乡饮酒礼、宾礼、射礼、五忌、傩仪等。

3.礼制完备期

封建社会，礼仪已进入了礼制完备的时期。在这一时期，人们对礼仪的起源、本质和功能进行了系统的阐述，第一次在理论上全面深刻地论述了社会等级秩序的划分及其意义。

奴隶社会的尊君观念在这一时期被演绎为“君权神授说”的完整体系，并具化为“三纲五常”。按照儒家的说法，天地万物皆由阴阳合成，“阳”应当总是处于主导地位，而“阴”则总是处于服从地位。君、父、夫是“阳”，臣、子、妻是“阴”，“阴”要永远服从于“阳”，所以必须“君为臣纲”“父为子纲”“夫为妻纲”。“五常”即仁、义、礼、智、信，是五种封建伦理道德的准则。“君权神授说”夸大和神化了帝王的权力，“三纲五常”则妨碍了人类个性的自由发展，阻挠了人类的平等交往。礼仪在这一时期成了限制人们思想自由的精神枷锁。

宋代将封建礼仪推向了一个新的高峰，出现了以程颢、程颐和朱熹的理学为代表的“程朱理学”这一天理理论。这种理论认为，自然界天地万物无不体现天理，而人性的本质就是天理的体现。“家礼”的兴盛是宋代礼仪的又一特点，道德和行为规范是这一时期封建礼教强调的中心。“三从四德”成为这一时期妇女的道德礼仪标准，“三从”即“在家从父”“出嫁从夫”“夫死从子”；“四德”是指“妇德”“妇言”“妇容”“妇功”。按照当时封建统治者的设想，只要人人在家尽“孝”，在社会尽“忠”，每个妇女对丈夫尽“节”，社会各阶级就会和谐相处，封建统治就能长治久安。

明、清两代延续了宋代以来的封建礼仪，并有所发展，家庭礼制更加严明，将人的行为限制到“非礼勿视，非礼勿听，非礼勿言，非礼勿动”的范畴，从而使封建礼仪更加完善。

纵观封建社会的礼仪，其内容主要包括关系国家政治的礼制和关乎日常生活的家庭伦理两类，这一时期的礼仪构成中华传统礼仪的主体。尽管在不同的朝代，礼仪具有不同的社会、政治、经济和文化特征，但共同点却是：礼仪一直为统治阶级所利用，成为维护封建社会等级秩序的工具，以“礼”之名，将人们的行为纳入了封建道德的轨道，礼逐渐变成了妨碍个性自由发展、阻挠平等交往、窒息思想自由的精神枷锁。

资料链接

中国传统的礼,在道德规范上可以概括为"四维""八德"。

"四维"是指礼、仪、廉、耻。

"八德"包括忠、孝、仁、爱、信、义、和、平。

4. 现代变革期

辛亥革命以后,受西方资产阶级自由、平等、民主、博爱等思想的影响,中国传统礼仪制度和礼仪规范受到了强烈的冲击。五四运动摒弃了专制落后的礼教,繁文缛节被逐渐淘汰,符合时代要求的礼仪则被继承和完善。与此同时,一些国际通用的礼仪形式不断传入中国,新的礼仪标准和价值观念得到了推广和传播。

中华人民共和国成立后,逐渐确立起以平等相处、友好往来、相互帮助、团结友爱为主要原则的新型社会关系和人际关系。改革开放以来,随着中国与世界的交往日趋频繁,西方一些先进的礼仪、礼节陆续传入中国,并同中国传统礼仪一道融入社会生活的各个方面,构成了现代礼仪的基本框架。许多礼仪从内容到形式都在不断变革,其发展进入了全新的时期。

现代礼仪最终形成,以互相尊重、诚恳和善、谦恭有度的"礼"为精神内涵,以人们交往中的语言、行为、仪态等方面的细节规范的"仪"为外在形式。随着社会的进步、科技的发展、国际交往的增多,现代礼仪必将得到不断的完善和发展。

二、礼仪的内涵与实质

礼仪是中国传统文化的重要组成部分,"礼"与"仪"相互依存,缺一不可。"礼"是规,是天地自然之道;"礼"是德,也是治国之法规律条,是可以凝聚民心的一种精神。"仪"是矩,是治国、做人的尺度,也是社会生活中一切行为的准则。

(一)礼的古代内涵

1. 礼制

礼制即"礼乐制度"。

起源于西周时期的"礼乐"制,是在衣食住行等方面规范贵族身份地位的制度,用来维护宗法制,并与宗法制、分封制互为表里。"礼乐"制是为政者"经国家,定社稷,序民人,利后嗣"的依据,也是保持政令畅通的重要手段。在这样的整体架构下,中国古代礼乐制度分为"礼"和"乐"两个部分。"礼"主要对人的社会身份进行划分和规范,最终形成等级制度;"乐"主要是基于礼的等级制度,以音乐为载体,通过一系列仪式流程缓解社会矛盾。中国古代礼制的最终目的,就是通过规定人与人之间的关系礼法,来维护一个稳定的社会统治秩序。

2. 礼义

礼义即"礼法道义"。

中国古代社会的等级制度以及与此相适应的一套礼节仪式谓之"礼",合乎"礼"的做法即为"义"。礼义,即对社会行为规范及其价值的解释,属于伦理道德的范畴。

在儒家"五常"的"仁、义、礼、智、信"中,"义"与"仁"并用为道德的代表,是一种人生的责任和奉献。据《说文解字》,"义"的本意是合于道德的行为或道理。从某种意义上说,"礼义"就是一种道德文化,学习和遵守"礼义"是达成善良人格的重要途径。立于礼是为人之善,即以礼为做人的根本;行于礼是处事之善,即以礼为做事的准则;让于礼是交往之善,即以礼为交往的准则。可见,在中国古代社会,"礼"是指社会等级秩序;"义"则是指遵循做人的原则,敬人、利他、讲道。

3. 礼仪

礼仪即社会生活中的仪节。

礼仪的中心问题是用仪式表达社会价值观念。中国古代的"礼"和"仪",是两个不同的概念。"礼"是制度、规则和一种社会意识观念;"仪"是"礼"的具体表现形式,是依据"礼"的规定和内容所形成的一套系统而又完整的程序。这套程序又包括礼节和仪式,礼节一般是个人化的,并且不需要借助其他物品就可以完成,如磕头、鞠躬、拱手、问候等;而仪式大多是集体性的,一般需要借助其他物品来完成,如宗庙祭祀、朝廷法典、婚丧嫁娶等。

中国古代的礼仪所包括的范围、内容和形式非常广泛,它是一个几乎囊括了国家政治、经济、军事、文化等一切典章制度,以及个人的伦理道德修养、行为准则规范的庞大的概念。

资料链接

"礼"在中国传统文化中占有什么样的位置,意见并不统一。然而,通观古代典籍,可以发现儒家对礼的概念和功用的论述,往往因具体的语境不同而有不同的层次。

(1)"礼"是人类自别于禽兽的标志。

(2)"礼"是文明与野蛮的区别。

(3)"礼"是自然法则在人类社会的体现。

(4)"礼"是统治秩序。

(5)"礼"是国家典制。

(6)"礼"是社会一切活动的准则。

(7)"礼"是人际交往的方式。

——彭林.中国古代礼仪文明[M].北京:中华书局,2004.

（二）礼的现代内涵

现代礼仪继承了古代礼仪的文明成果，更多体现人们的道德情操、文明素养、自由平等和相互尊重。在现代社会，礼仪主要是指在不同历史、风俗、宗教、制度和潮流等的影响下，人们在社会交往活动中，以相互尊重、平等互爱为基础，在仪容、仪表、仪态等方面，以约定俗成、共同认可的程序和方式来表现律己、敬人的程序与行为规范。

1. 礼貌

礼貌是指人们在彼此交往的过程中，通过言语动作的外在表现，相互表示尊敬、谦逊和友好的一种态度和品质。

礼貌是人类为维系社会正常生活而共同遵守的最起码的道德准则，是人们在长期共同生活和相互交往中逐渐形成，并以风俗、习惯和传统等方式固定下来的行为规范。礼貌侧重于人的品质与素养，是一个人的思想道德水平、文化修养、交际能力的外在表现。在人际交往和社会生活中，平等尊重的态度、谦虚恭敬的言行举止是有效沟通、增进友谊、提高自身吸引力的必要条件，它不仅表现出一个人的文化内涵和良好修养，还体现着人际关系的质量和社会风气的好坏。

2. 礼节

礼节是礼仪的一种外化形式，是人和人交往的礼仪规矩，是礼貌在语言、仪表、仪态等方面的具体表现。

与礼貌相比，礼节处于表层，是在日常生活中通过一定的言行表现出来的个体行为，具有形式化的特点，但这并不代表礼节只是一种表面形式。如果说礼貌侧重于强调个人的道德品质，那么礼节强调的就是这种品质的外在表现形式。有礼貌而不懂礼节，虽有对他人尊敬友好的心意，却不知怎样表达，在与人交往时就往往会因为尴尬、紧张、手足无措而失礼；不懂礼貌的内在品质，只掌握表面的礼节形式，就难免机械模仿、故作姿态，让人感到虚情假意。因此，懂礼貌、讲礼节应是内在品质与外在形式的统一。

3. 仪式

仪式是一种较为正式的礼节形式，一般指典礼的秩序形式与标准要求，是在一定场合举行的具有专门程序和形式的社会活动。

仪式同样是现代社会一种重要的社交方式，它是组织者对内营造和谐氛围、增加凝聚力，对外协调关系、扩大宣传、塑造形象的有效手段。仪式主要是集体性的，往往是在一些比较盛大的、比较庄严隆重的正式场合里，为激发出席者的某种情感，或者为了引起其重视，参照合乎规范与惯例的程序举行的某种活动的具体形式。作为礼仪的一种外显化形式，仪式的实施要做到主题鲜明突出、策划周密细致、环节流程安排得当。

（三）礼的实质

“礼”是中国传统文化的代表性思想之一。从广义上讲，“礼”是千百年来维护社会秩序的社会规范和政治准绳；从狭义上讲，“礼”是社会生活中约束人们言行举止的道德标准。

1. 立国治人之道

从奴隶制社会到漫长的封建时代，“礼”用以维护政治秩序和规范人伦。中国古代礼仪强调以“立国”为根本的“礼制”和以“治人”为核心的“礼义”。

“礼”，源于自然，是中国人朴素价值观的体现。在中国古代社会，“礼”主要是一种社会基本伦理观念、组织结构和行为准则，其核心意义在于人与天地关系的明确、人伦关系的构建和政治体系的稳固。作为典章制度，它是社会政治制度的体现，是维护上层建筑以及与之相适应的人与人交往中的礼节仪式。作为道德规范，它是国家领导者和贵族阶层一切行为的标准和要求。

在中国传统文化中，“礼”与“法”相结合，互为表里。“礼”虽不是法律，但在某种意义上高于法律，因为它根植于人的内心，是日常行为习惯，是价值判断标准，是辨别是非的尺子。因此，在政治上，“礼”起到了维护社会秩序、巩固封建统治的作用。

2. 敬人敬己之情

现代社会，自由平等思想的影响、人际交往的频繁、法制法规的健全，“礼”的“立国治人”的精神内核，逐渐被日常交往中“律己敬人”的行为规范所取代。礼的本质更侧重于社会往来中的一种敬重、友好、谦恭、关心和体贴之情。

现代礼仪只是人类的一种世界性交流语言，而非等级秩序的标志。它是人与人交往过程中向对方表示尊重、友好的一种惯用形式，也是建立在平等互敬基础上的一种主动的自我约束。当人们通过礼仪对他人表达尊重时，也会赢得对方对自己的尊重。

现代礼仪尊重人性，维护人权，追求的是人与人之间的友好尊重，营造的是一种安定和谐的气氛，创造的是一种舒适美好的生活环境。

即时考查

父母呼	应勿缓	父母命	行勿懒	父母教	须敬听	父母责	须顺承
冬则温	夏则凊	晨则省	昏则定	出必告	反必面	居有常	业无变
事虽小	勿擅为	苟擅为	子道亏	物虽小	勿私藏	苟私藏	亲心伤
亲所好	力为具	亲所恶	谨为去	身有伤	贻亲忧	德有伤	贻亲羞
亲爱我	孝何难	亲憎我	孝方贤	亲有过	谏使更	怡吾色	柔吾声
谏不入	悦复谏	号泣随	挞无怨	亲有疾	药先尝	昼夜侍	不离床
丧三年	常悲咽	居处变	酒肉绝	丧尽礼	祭尽诚	事死者	如事生

思考：《弟子规》中所记录的传统礼仪，哪些已不再适应现代社会的礼仪原则？哪些仍具有现实价值和意义？

三、礼仪的基础性原则

“礼”是约定俗成的行为规范，作为规范，便应有标准与尺度作为衡量的准则。综观各类礼仪规范与行为准则，现代礼仪主要强调以下原则。

（一）尊重原则

礼仪的核心是“敬”，正如孟子所言：“尊敬之心，礼也。”敬，即“尊敬”“敬重”。古人云：“敬人者，人恒敬之。”懂得尊敬，是一个人的教养，尊敬他人，同时也是尊敬了自己。尊重是礼仪的情感基础，人际交往活动中，只有相互尊重，人与人之间的关系才会融洽，才能营造和保持和谐愉快的人际关系。

尊重的原则即向对方表示尊重，表达敬意，同时对方也还之以礼。在社交活动中，交际双方只有互相谦让、互相尊重，才能友好相待、和睦相处。

（二）平等原则

平等原则是社交礼仪的核心，是现代礼仪的基础，是现代礼仪有别于讲究“位序尊卑”的中国古代礼仪的最主要的原则。

平等原则是指以礼待人，有来有往，既不盛气凌人，也不卑躬屈膝。平等原则要求在交际活动中，对任何人都以礼相待，一视同仁，不因交际对象的性别、年龄、种族、文化、职业、身份差别等加以区别对待，而应一视同仁，给予同等程度的礼遇。

（三）适度原则

适度原则即在社会交往中把握分寸，掌握技巧，合乎规范，适度得体。既不冷漠拘谨，也不敷衍浮夸；既不傲慢无礼，也不粗俗轻浮。

礼仪是一种程序规定，程序自身就是一种“度”。在人际交往中要注意掌握好不同情况下的社交准则，把握好与特定环境相适应的人们彼此间的感情尺度。礼仪无论是表示尊敬还是热情，都有一个“度”的问题，礼不足失礼，礼过度也失礼，没有“度”，施礼就可能进入误区。

（四）自律原则

自律原则是礼仪的基础和出发点，学习、应用礼仪，最重要的就是首先从自己做起，按照礼仪规范严格要求自己，知道自己该做什么，不该做什么。

每个人都是礼仪行为的实施者。礼仪规范不是只用来约束他人，更重要的是用来修正自己。在人际交往过程中，人们在内心深处树立道德信念和遵循行为修养准则，即可获得一种内在的力量。在这种内在的力量下，人们能不断提高自我约束、自我克制的能力，自觉遵守礼仪规范，不需别人的提示或监督就能做到自我要求、自我约束、自我反省。

小贴士

中国人的见面礼：握手礼

欧美国家的见面礼：拥抱礼

欧美国家的见面礼：吻颊礼

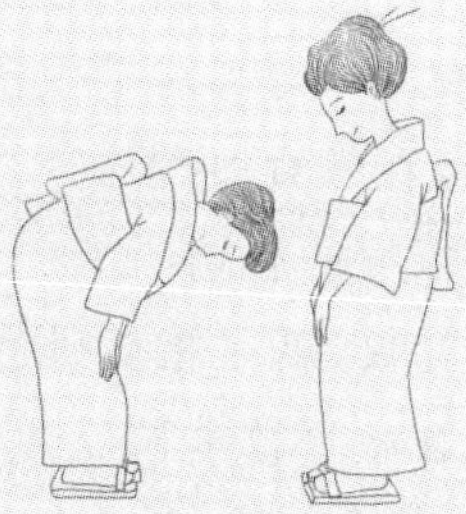

日本人的见面礼：鞠躬礼

小贴士

现代握手礼

(1)握手礼的顺序，应是主人、尊长、女子先主动伸出手，客人、晚辈、男子再予以迎握。

(2)关系亲密者，可各伸出双手久握力握；关系一般者，可各伸出一手轻握即止。

(3)晚辈与尊长相握，晚辈宜稍躬身迎握。

(4)男子相握时，要先脱帽，并示以微笑，忌戴手套相握，更忌边握边注视第三者。

(5)男女相握时，男子宜轻握女子手指部位；与男子握手，女子可不摘手套。

(6)多人握手时，切忌交叉相握。

第二节　教师礼仪的内容

教师不仅是科学文化知识的传播者,也是学生思想道德的教育者,还是传承文明的力量。一名合格的教师,不仅要有健康的身心、高尚的品德和广博的知识,还要有为人师表的职业形象。教师的职业使命与教师的道德、个性紧密相连。教师良好的文明礼仪习惯,不仅是展示教师个人道德品质和个性的基础,也是教师必须具备的基本素质。

一、教师礼仪的内涵

著名教育家马卡连柯曾指出,高等师范学校应当用其他方法来培养我们的教师。如怎样站,怎样坐,怎样从桌子旁边的椅子上站起来,怎样提高声调,怎样笑和怎样看待等"细枝末节"……这一切,对教师来说都是很有必要的,如果没有这些技巧,那就不能成为一个好教师。可见,对于教师来说,礼仪有着特殊意义。教师作为传道、授业、解惑的典范,一言一行都对学生产生着潜移默化的影响。教师礼仪不仅是教师个人的品质修养,而且在教育过程中对学生的思想、道德、意志、情感、个性品质、言行举止等方面都产生着巨大的影响。

所谓教师礼仪,就是指教师在工作岗位和社会生活中表现出来的应有的气质和风度。它是教师在教育教学和社会交往过程中所遵循的尊敬他人、讲究礼节的程序,所恪守的仪容仪表,待人接物、为人处世的行为规范和准则,是教师的道德修养、文化素质、风度气质、行为操守等的外在表现。

教师礼仪是教育工作者必备的职业素质和职业道德,也是教育工作者必须掌握并娴熟运用的人际传播技能。《中小学教师职业道德规范》对教师的礼仪做了如下规范:"衣着整洁、大方,举止端庄,语言文明,礼貌待人,以身作则,为人师表。"可见,教师礼仪至少应包含内在的精神素养和外在的礼貌礼节、仪表仪容、言行举止等方面的规范要求。

二、教师礼仪的特点

教师承担着传承人类文明、弘扬民族精神的特殊职业使命,面对的是人生观、价值观、道德观正在形成发展过程中的特殊交际对象,教师礼仪也因此呈现出自己所独有的特点。

(一)系统性

作为学生成长道路的引领者,教师的礼仪规范是包括内在精神风貌和外在言行形象的完整系统。就内在的精神实质而言,教师礼仪应是包括自尊自信的心态、真诚正直的品质、活泼开朗的性格、豁达宽容的心胸和平和健康的情绪在内的振奋的精神面貌。就外在的具体表现而言，教师礼仪应包括由健康洁净的容貌、美观适宜的发型、文雅得体的着装所呈现的端庄高雅的仪容；由标准的发音、文明的用语、亲切的语气、艺术的效果所构成的规范和艺术的言语；由稳健协调的身姿、得体适度的手势、和蔼可亲的表情所呈现的有礼有节的举止。

（二）强制性

无论古代社会还是现代社会，不同职业的人都要遵守自己的职业规范。教师的言行举止不仅展现着教师的职业风貌，还影响着学生乃至社会的道德风尚。这就要求教师的言行要更加谨慎稳重，恪守教师职业所特有的礼仪规范，一切以职业规范和要求为核心，不能随心所欲，更不能因自己个人的喜怒哀乐而影响或违反职业要求。在教师的职业生涯中，要有更多的自我克制，来共同遵守和维护这份职业的礼仪规范，从而使教师的形象更有气质，更有魅力，更有感染人、感化人的力量。

（三）集体性

教师不仅是一种职业，也是一个特殊的社会群体。在这个群体中，任何一个个体的形象，都会影响自己的学校、整个教师群体乃至教育事业的形象。因此，教师礼仪不仅是教师个人的行为，更是教师集体的行为。可以说，教师礼仪是教师作为一个教育工作者所应该具有的价值标志，是教师对自己个性和职业选择的自我尊重和自我肯定的基础。

（四）示范性

教师是学生心目中知识的源泉、言行的典范。教师，特别是小学教师，往往是学生模仿、学习甚至崇拜的第一对象。除了知识的汲取，学生还在潜移默化中习得教师的思维方式和行为模式。在校园学习生活中，教师的礼仪形象在举手投足间渗透到教育教学活动的每一个环节，学生往往通过对教师形象的观察和模仿，逐渐形成对自己形象的定位和塑造。规范有品的教师礼仪在树立教师自身良好形象的同时，也影响着学生形象的塑造，对学生价值标准、审美标准的形成起着不容忽视的引导作用，对学生的品德修养、言行规范有着重要的示范作用。

（五）审美性

礼仪文化具有自身的审美价值。教师礼仪的审美性，主要是指教师的礼仪文明给学生和其他社会成员带来的感官上的赏心悦目和内心的感染熏陶。教师职业的特殊性，使得教师的每一次亮相、每一个细节都在学生审视的目光之中。作为人类灵魂的工程师，当教师内在的学识修养和外在的礼仪形象和谐地统一起来，让人于朴实大方中见高雅的情趣，于规范得体中见丰富的涵养，教师庄重优雅的礼仪风度就能带给人们美的熏陶和感染。

案例评析

我国著名教育家张伯苓,1919年之后相继创办南开大学、南开女中、南开小学。他十分注意对学生进行文明礼貌教育,并且身体力行,为人师表。一次,他发现有个学生手指被烟熏黄了,便严肃地劝告那个学生:"烟对身体有害,要戒掉它。"没想到那个学生有点不服气,俏皮地说:"那您吸烟就对身体没有害处吗?"张伯苓对于学生的责难,歉意地笑了笑,立即唤工友将自己所有的吕宋烟全部取来,当众销毁,还折断了自己用了多年的心爱的烟袋杆,诚恳地说:"从此以后,我与诸同学共同戒烟。"果然,打那以后,他再也不吸烟了。

——摘自"瑞文网"《教育家张伯苓的两则小故事》

案例评析:学生的反问反映出学生对教师礼仪的关注,体现出教师礼仪的示范性。张伯苓先生的做法既体现出对平等原则的遵守,也诠释了教师礼仪的集体性与强制性。

三、教师礼仪的意义

教师是人类灵魂的工程师,是为人师表的典范,承担着教书与育人的重要职责。教师的个人修养和礼仪文明,不仅直接影响着职业形象的塑造和学生素质的培养,还影响着整个社会文明礼仪传播的进程。具体而言,教师礼仪具有如下几方面的意义。

(一)塑造教师的职业形象

就个人而言,礼仪是一个人思想水平、文化修养和交际能力等的外在表现;就社会而言,礼仪是社会文明程度和道德风貌的重要反映。

教师是学生的人生启蒙者,也是社会文明的传播者。教师形象的优劣影响着学生和社会对教师群体和教育行业的认同度,影响着全社会对礼仪文明的认知、践行与传承。教师良好的礼仪规范,可以帮助教师塑造良好的职业整体形象,拉近教师与学生之间、教师与其他交际对象之间的心理距离,提高社会对教师群体的信任度,形成对教师教育教学活动的有效认同。同时,教师也能在良好礼仪规范的自觉恪守中,增强职业自信心、职业责任感和职业自豪感。

教师应该清醒地认识到,教师礼仪不是一般的礼貌,而是一种职业素养,一种道德境界。因此,每位教师应该怀着高度的事业心和强烈的社会责任感,自觉遵守教师礼仪,加强师德修养,培养高尚的文明行为,不断提升自身的礼仪素养,做到举止得体、文雅谦和、言而有理、行而有矩,这样才能符合职业需求,才能赢得学生和社会的尊敬与喜爱。

(二)维护教师的职业尊严

教书育人是教师工作的首要任务。教育教学活动的过程,是人与人相互影响的过程。在这个过程中,知识的传递、品行的培养、人格的塑造,都是通过人际交往的形式来实现的。因此,教书育人最具感召力的就是教师的行动表现中所展现出来的人格魅力与职业威信,即师德的力量。

教师的礼仪文明是师德最直接的外显形式,规范的教师礼仪不仅能使师德成为一种重要的教育力量和教育要素,也是师德师风的社会价值得以实现的一种基本途径。它不仅有利于增强教师行为的道德示范性,培养学生健康的道德情感,也有利于维护教师的职业尊严,在学生及各社会成员中树立教师的威望。

教师的威望是一种潜在的教育力量,它的形成不仅与教师的学识、能力等密切相关,同时也受教师外在礼仪形象的影响。举止文雅、仪态端庄的教师形象,有助于教师在学生中树立起威信。反之,在公共场合言语行为粗俗,在教育教学活动中不尊重学生,日常形象过于随意或过于矫揉造作等缺乏基本礼仪规范的教师,往往成为学生背后指点的对象,丧失了教师的威信与职业尊严。

(三)协调教师的人际关系

人际关系是人与人交往过程中产生和形成的一种直接的心理关系或心理距离。人际关系反映了个人或群体寻求并实现自己的社会存在感、认同感和价值感的心理需求,因此,人际关系的变化发展取决于交际双方心理需要的满足程度。礼仪的一项重要功能就是对人际关系的调节作用。人们在社会交往过程中,按照礼仪文明的规范去接人待物、为人处世,有助于培养人们之间互相尊重、友好合作的新型关系,缓解或避免某些不必要的情感对立。

教师的职业特点,决定了教师的职业活动总是在与人交往的过程中完成的。人际关系中的沟通与协调能力,对教师的职业活动,尤其是教育教学活动的成效有着重要的意义。

教师在与学生、同事、家长等交际对象的交往中,自觉主动地用礼仪来规范自己的言行,树立自己的良好形象,除了可以使自己在职业活动中充满自信、胸有成竹、处变不惊外,还能够向交往对象表达自己平等、尊重的立场和友好和善的态度,有利于增进交际对象对自己的信任,增强彼此之间的了解,从而使交际双方避免和消除误解与矛盾,有效沟通,促进交际双方思想与情感的传递与反馈,在和谐的人际关系中提高工作效率,顺利完成工作。

(四)引领学生的修养导向

马卡连柯曾指出,教育者对被教育者的作用“首先是教师品格的熏陶、行为的教育,然后才是专门知识和技能的训练”。教师礼仪恰恰是教师把这种“品格熏陶”和“专门知识和技能的训练”有机连接在一起的桥梁和纽带。

首先,教师良好的礼仪行为能有效地让学生体验到被尊重、被理解,从而使传统的师生关系转变成人格平等、相互尊重的新型师生关系,构建起师生相互信任、相互理解的教育渠道,促进学生的健康发展。

其次,教师良好的礼仪形象直接关系到学生的学习兴趣和教育效果的好坏。古人云:“其身正,不令而行;其身不正,虽令不从。”教师庄重得体的礼仪形象和规范文明的礼仪言行,在展示自己的自信、气质、涵养的同时,必然能留给学生良好的师者形象,获得学生发自内心的尊重。学生也会在教师人格魅力的影响下,自然而然地“亲其师”而“信其道”,激发起内在的学习动力,积极主动地投入学习与训练中。

再次,教师良好的礼仪形象有利于学生良好品格的形成。作为人生的导师,教师形象往往是学生模仿的榜样。在教师施教的同时,学生会通过对教师形象的观察、模仿,而形成对自己形象的定位。一名优秀的教师不仅通过课堂教学对学生实施教育,而且时刻注重规范自己的言行,以良好的师德风貌、高尚的人格品质,对学生实施着潜移默化的影响。因此,教师的礼仪文明,对学生正确的人生观、价值观的树立,对学生健康的审美情趣、良好的人格品质的形成,都有着重要的示范与影响作用。

最后,教师的礼仪行为还肩负着传承与弘扬中华民族传统美德的崇高使命。规范的教师礼仪不仅能使师德成为一种重要的教育力量和教育要素,也是师德师风的社会价值得以实现的一种基本途径。教师的个人修养如何,不仅会直接影响学生的学习效果,而且会直接影响整个社会中文明礼仪传播的进程。学生既是中华传统美德的传承者,又是体现时代进步要求的新道德规范的实践者。教师的礼仪文明的示范作用,能够促进优秀的中华民族传统美德在青少年一代身上继承和发扬。

情境剧场

前情提要:J小学五年级数学期中考试考场上,李老师端着茶杯在来回巡视中,不时“呼呼”地吹开水面漂浮的茶叶,然后用力“呲溜、呲溜”地喝着杯中的茶水。考场中的同学有的皱着眉头,有的不满地抬头看一眼李老师。

考试结束后,考场外的走廊上:

雯雯:哎,李老师今天很烦人呢。

瑞瑞:是呀,喝水的声音那么响,吵得我都没法集中精力做题了。

依依:他喝水的声音不仅烦人,还很难听。

本章小结

中国是传承数千年的礼仪之邦，声名播于海外。中国古代礼仪的起源可以追溯到原始社会时期对神灵与祖先的敬重与祭祀。自殷商时期周公制礼作乐形成相对完整的体系开始，中国古代礼仪经过了形成期、发展期、礼制完备期和现代变革期。几千年的发展变化中，中国礼仪形成了包括礼制、礼义和礼仪在内的丰富内涵，体现出以“敬”和“诚”为精神实质的立国治人之道和敬人敬己之情。发展到现代社会，礼仪规范具有了尊重、平等、适度、自律的重要原则。

在种类众多、要求各异的现代职业礼仪中，教师因职业的特殊性，其职业礼仪体现出振奋的精神面貌、端庄高雅的仪容、得体和谐的举止等特点和要求，具有塑造教师的职业形象、维护教师的职业尊严、协调教师的人际关系、引领学生的修养导向等重要意义。

教师礼仪概述 — 礼仪的基本内容 — 礼仪的起源与发展 / 礼仪的内涵与实质 / 礼仪的基础性原则

教师礼仪概述 — 教师礼仪的内容 — 教师礼仪的内涵 / 教师礼仪的特点 / 教师礼仪的意义

【思考与练习】

1. 请你谈谈礼仪的起源与发展。
2. 礼仪的内涵与实质是什么？
3. 结合生活实例，谈谈你对礼仪原则的认识。
4. 你是如何理解教师礼仪的意义的？试举例说明。

【学习评价】

评价维度	评价内容	
	评价标准	评价等级（A、B、C、D）
知识与技能	了解礼仪的起源与发展	
	理解礼仪的内涵与实质	
	掌握礼仪的原则	
过程与方法	通过案例评析，理解并掌握教师礼仪的特点与意义	
情感态度与价值观	具有对中国传统礼仪文化的热爱之情	
	树立高尚的职业道德观	
	具有自觉践行教师礼仪文明、树立良好师德形象、传播礼仪文化的责任感	

【推荐阅读】

1. 袁涤非 . 教师礼仪[M]. 北京：中国人民大学出版社，2018.

2. 程维薇 . 教师礼仪实训教程[M]. 成都：西南交通大学出版社，2016.

3. 彭林 . 中国古代礼仪文明[M]. 北京：中华书局，2004.

4. 刘青，邓代玉 . 中国礼仪文化[M]. 北京：时事出版社，2009.

第二章
教师仪表

衣冠不正，则宾者不肃。

——管仲

适当的整洁不等于奢侈浪费，不必要的肮脏落拓不等于艰苦和前进。

——夏衍

服装往往可以表现人格。

——莎士比亚

你的服装往往表明你是哪一类人，它们代表着你的个性。一个和你会面的人往往自觉不自觉地根据你的衣着来判断你的为人。

——索菲亚·罗兰

学习提要

(1)了解教师修饰仪表的意义与作用。

(2)理解教师修饰仪表的原则与要求。(重点)

(3)掌握服装搭配和饰物佩戴的方法与技巧。(难点)

从古至今，为人师表都是社会公众对教师提出的基本要求。这一要求有两个基本的内涵：一是要求教师在品德和学识方面做出表率，这是一种内在要求；二是要求教师必须在公众形象方面也成为表率，这是一种外在要求。本章所讲的教师仪表即为人师表的外在要求，是指教师在工作、学习和生活中，通过穿着打扮呈现出的个人外在的公共形象。教师仪表不仅事关公众对自己印象的好坏，而且是自己教养与素质最直观、最形象的展示，因此，教师必须高度重视自己的仪表修饰。

第一节　仪表修饰原则

教师仪表修饰，是指教师通过对服装和饰物进行规范，以美化和提升自身的外在形象。教师仪表规范是师德建设的重要内容，是社会交往中教师德、才、体、貌等素质的基本表征。小学生正处于审美观的形成期，并且非常善于模仿。作为学生的榜样，教师的仪表对学生有着潜移默化的示范作用，影响着学生审美观的形成。同时，如果教师的仪表不得体，还会使学生产生反感，进而影响自身在学生中的威信，乃至影响课堂教学的效果。因此，教师必须做到衣冠整齐、干净清洁，款式得体、色彩协调，简洁雅致、庄重大方，塑造良好的个人形象。

一、衣冠整齐，干净清洁

（一）衣冠整齐

衣冠整齐即衣服、帽子要穿戴得整齐得体。苏联教育家马卡连柯曾指出："教师应衣服整洁，头发和胡须要弄得像样。鞋袜洁净，双手清洁，修好指甲和经常备有手帕。"瑞典诗人海登斯坦曾说："无论如何，一个人应永远保持有礼和穿着整齐。"因为一个人的仪表在一定程度上可以反映其修养与素质、心态与风貌以及审美与态度。就教师而言，整齐的着装不仅能体现出教师个人的良好修养，展现教师良好的精神风貌，也能反映出教师对自我职业身份的认知、认同与尊重。同时，无论是在教学工作的开展中，还是在日常生活的交往中，每一名教师的个人形象往往会代表着整个教师群体的形象。如果一名教师经常穿着皱巴巴的破旧衣服，戴着已经破损的饰物，不仅会影响个人的形象，也会影响社会对教师整体的印象。因此，每一名教师都应该重视个人着装的整齐规范。

（二）干净清洁

教师应该时刻保持仪表的干净清洁，做到着装无异味、无异物、无异色、无异迹。因为小学阶段的孩子非常乐于亲近教师，干净清洁的仪表除了能保护教师个人的健康，还能在与孩子的接触过程中，减少细菌、病毒对孩子的侵袭。同时，孩子们的模仿能力极强，教师做到自身仪表的干净清洁，不仅能拉近与孩子们的距离，还能在一定程度上起到榜样示范作用，促进学生养成注重卫生的好习惯。

案例评析

张明是A小学四年级的一名数学老师。从教8年的他,有着扎实的教学基本功和丰富的教学经验,所带的班级数学成绩也十分优异。平时他对待学生耐心十足,与同事相处温和谦逊,但在某次对任课教师的满意度调查中,学生对张老师的评价却有些不尽人意。“老师的袖口上经常有大片的油渍。”“有一次上课我看见老师的裤子破了一个洞。”“老师上次给我讲题的时候,我看见老师手上的戒指有些地方变黑了。”……看到这样的评论,张老师才恍然大悟,作为一名老师不仅要抓好教学工作,也要注意自己的仪表规范。

案例评析:教师的仪表是教师内在修养与素质的外化,客观上会影响学生对教师的评价,甚至影响教学效果。张老师的案例告诉我们,仪表规范是为人师表的基本要求,千万不可忽视。

二、款式得体,色彩协调

(一)款式得体

随着时代的发展,越来越多的教师也想通过衣着的款式来突出个性、彰显风格、追求时尚。但由于教师特殊的职业性质,过分新奇古怪、新潮时尚的衣着不仅与教师职业形象相悖,也会过度吸引学生的注意力,影响教学的效果。因此教师在着装时要注意选择大方得体的款式,不应过于追求个性,而要符合教师的职业身份。不能在课堂中身着奇装异服、佩戴造型奇特的饰物,例如穿破洞牛仔裤、吊带衫、渔网袜,戴夸张的大耳环等;也不应在工作的场合穿着太过随意散漫,例如穿拖鞋、背心、沙滩裤等过于休闲的服饰。

小贴士

不适宜女教师的服饰包括:

衣领过低的衣裙

过大、过小、过短的衣服

面料太轻薄且透明的衣服

图案过于夸张的上衣、裤子、裙子

衣领、门襟上有过多花边或其他装饰的衣服

过于紧身的衣服

拖鞋、吊带裙、短裤

无袖上衣

不适宜男教师的服饰包括:

露脚趾的鞋子

无袖上衣

无领T恤

膝盖以上的短裤

背心、沙滩裤

过于紧身的衣服

面料轻薄透明的衣服

即时考查

根据所学知识，请在你认为适合教师穿戴的服饰下画√。

( )

( )

( )

( )

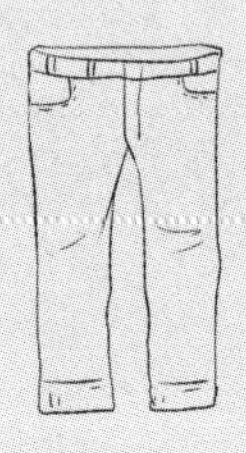
( )

( )

( )

( )

（二）色彩协调

教师需要注意服饰之间的色彩协调。正如美国心理学家彼得·罗福所说："一个人的服饰并不只是表露他的情感，而且还显示着他的智慧。"色彩的搭配能反映出教师的审美品位以及着装智慧。教师在选择服饰时应避免色彩过于鲜艳复杂或单调沉闷，保持色彩之间的协调美观，这样有利于学生注意力的集中，进而提高课堂的教学效果。

三、简洁雅致，庄重大方

（一）简洁雅致

对于教师而言，简洁大方、精致有型的服饰往往比复杂烦琐的服饰更符合其职业身份。在日常教学工作中，简洁雅致的着装不仅会提升教师整体的气质，还有利于拉近教师与学生的距离，同时也能避免分散学生的注意力，影响教学效果。在家长会、研讨会等特殊的场合中，简洁雅致的着装更能给家长、领导以干净利落的感觉，有利于增加彼此之间的信任，进而更好地传达个人观点以及重要信息。

（二）庄重大方

在与孩子、家长、同事的日常交往中，教师往往需要表现得成熟稳重。因此，教师在着装时应避免选择过于俏皮可爱的服装和饰物，例如穿印有卡通花纹的衣服、戴兔耳朵帽子等。教师也应避免选择过于宽松休闲的服饰，例如蝙蝠衫、低裆裤等。同时，还应避免选择过于性感的服饰，例如超短裤、超短裙等。

案例评析

小杨是一名刚刚入职不久的英语老师，同时也是一名班主任。可就在第一次家长会刚刚结束不久，小杨老师就听到了一些家长的议论："这个小杨老师看起来年龄真小，感觉没什么经验的样子。""我也觉得，不知道她能不能管理好班级呀！""我看语文老师王老师成熟稳重，她要是当班主任，我会更放心的。"小杨老师听到这些话不免有些苦恼，便开始留心观察王老师。她慢慢发现，除了平时的言语谈吐外，王老师穿着打扮的风格也和自己大有不同，王老师更倾向选择简洁端庄的衣服，可自己却喜欢穿俏皮可爱的衣服。这时，她才明白那天家长会上，自己的穿着打扮过于俏皮，不够大方和稳重，所以不能赢得家长的信任。

案例评析：在工作场合，一个人的衣着服饰必须符合自己的职业身份，反映出自己的审美品位和性格特质。与小杨老师相比，王老师简洁端庄的服饰显然更符合教师的职业特点，更能赢得家长和学生的信任。

除了以上原则，教师的仪表修饰还应注重体现学科特点。学科不同，教师的仪表修饰自然也不能千篇一律，要注意配合教育教学活动的开展。比如体育教师，上课时就不能西装革履。文科教师的仪表要显得生动活泼，理科教师的仪表要显得朴实严谨，体育教师要显得健康阳光，音乐教师要显得精致典雅，美术教师要显得灵动洒脱……教师的衣着配饰是一种文化，是一种文明，是一种无声的语言，应向学生充分展示教师良好的个人品位，充分体现审美性和育人性。

第二节　教师着装礼仪

教师着装礼仪，是指教师从自身体形和着装的款式、色彩、场合等多方面对所穿着的服装进行规范和美化，使其符合职业身份和社会交往的要求。

莎士比亚说："服装往往可以表现人格。"郭沫若先生说："衣裳是文化的表征，衣裳是思想的形象。"服饰是一种文化，是一种文明，是一种语言，是一种品位。教师在学生心目中是崇拜和学习的榜样，教师的职责就是通过自身的品行、学识和形象影响、教育下一代。学生每天有三分之一的时间在学校和教师相处，他们会有意无意地对教师进行观察，自觉或不自觉地向教师学习。教师的着装大方得体，可以让学生在美的环境中接受熏陶，在美的气氛中学习成长，在潜移默化中得到审美能力的提升。因此，教师必须注重自己的着装礼仪，这不仅仅是个人喜好的问题，还在一定程度上体现了教师对学生、对他人、对社会的尊重，是自爱、爱人、热爱生活的一种表现。

本小节将从教师着装的原则、教师着装的禁忌、男教师服装搭配的技巧、女教师服装搭配的技巧以及教师着装色彩的搭配技巧五个角度阐述教师着装礼仪。

一、教师着装的原则

“TPO”原则是现在世界公认的着装原则。“T”代表时间、季节、时令、时代，“P”代表地点、场合、职位，“O”代表目的、对象。对教师而言，这个原则就是要求教师的着装与时间、季节吻合，与地点、环境吻合，与职业、身份吻合，能够给学生留下良好的印象。这与着装品牌无关，与流行无关，与金钱无关，重要的是和谐雅致、庄重大方。

二、教师着装的禁忌

莎士比亚曾经说过：“千万不要华丽而低俗，因为从衣服往往可以看出一个人。”可见着装对人的重要性。教师的着装要能够体现学校形象和个人形象，要符合本国、本地的习俗和道德规范，必须注意以下几点：

（1）不能脏。衣裤要干净，无异味、无异物、无异色、无异迹。

（2）不能破。衣裤不能有破洞、破口，掉纽扣等。

（3）不能皱。衣裤要外观完好，不能皱巴巴。

（4）不能乱。穿西服不打领带，穿中山装不系纽扣，穿衬衫不束下摆，卷裤脚，敞衣服，不系鞋带等，都是着装杂乱的表现。

（5）不能露。特别是夏天，不管天气多热，教师的穿着都不能露出乳沟、肚脐、胸毛、腋毛、腿毛等。穿着时也不能选面料太透的服饰，切忌内衣内裤若隐若现，同时着装不能过分短小，不能太紧，否则很不雅观。

（6）不能怪。不能穿奇装异服，比如穿的衣服上印有怪异的、不文明的字母或图案，穿破破烂烂的牛仔裤，穿得大红大绿，这都是和教师的职业身份不相吻合的。

三、男教师服装搭配的技巧

（一）与形体特点相协调

每个人的身形都不一样，男教师在进行服装搭配时首先应了解自身的形体特点，做到扬长避短。体形较为瘦小的男教师不宜选择过大、过长或过于修身的服装，在穿西装时可以选择双排扣、宽领、格子图案的款式，并系上宽型领带。体形较胖的男教师不宜选择紧身、横条纹的服装，也不宜选择瘦型短款西装，可以选择竖条纹、宽松的衣物来修饰自己的身材。

（二）与服装饰物相搭配

教师在进行服装搭配时，需要注意服装之间以及服装与饰物之间的搭配。服装之间，首先，应保持整体服装风格协调，例如不可在穿西装时搭配牛仔裤、运动鞋，不可在穿运动装时搭配皮鞋。其次，应保持服装面料的般配，所穿衣物面料应大致趋同。

服装与饰物之间，首先，应保持服装与饰物之间的风格一致，例如男教师不宜在穿西装时佩戴夸张的运动手表。其次，应保持饰物与服饰之间的比例协调，例如男教师在穿西装时，领带的宽窄应与西装上衣领成正比，长度应恰好触及腰带扣的上端，而领带的花纹、款式也应与所穿西装相协调。另外，在佩戴领带夹时，应注意佩戴的位置不能太靠上，以衬衣领第四粒与第五粒纽扣之间为最佳。

小贴士

三一定律：男教师在出席正式场合时，可以使公文包、腰带、鞋子在色彩和质地上保持一致。如身穿黑色皮鞋时，公文包以及腰带也可选择黑色皮质。

（三）与场合环境相协调

教师的着装需要考虑工作的场所，应根据不同的工作环境、工作内容特点选择适宜的服装。

在日常教学中，男教师若教授体育，则应以运动装为主；若教授数学，则需要选择简洁利落的服装；若教授语文，则可以根据课堂内容适当地改变自己的服装。

在家长会、研讨会等特殊的场合，教师往往需要穿更正式的服装来凸显自己的成熟稳重、踏实可信，这时男教师可以选择西装、中山装以及图案简单、款式朴素的衣物。

小贴士

男士领带系法之温莎结(Windsor Knot)

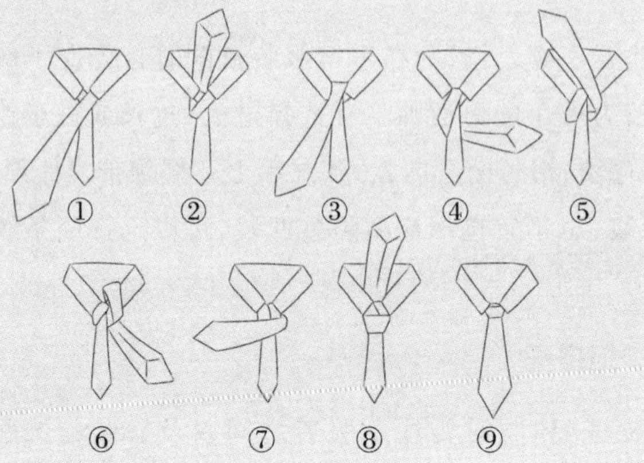

四、女教师服装搭配的技巧

(一)与自身特点相协调

与男教师相同,女教师在搭配服装时也应当充分考虑自身的特点,做到扬长避短。具体而言,女教师可以根据以下两种身形特点来搭配服装的款式,为整体形象加分。

一是根据体形选择衣服的款式。体形偏胖的女教师可以选择较为宽松、呈筒状的服装来掩饰自己的不足,也可以选择竖条纹的服装来拉长身形,产生修长、苗条的视觉效果。体形瘦小的女教师可以选择横条纹让自己稍显丰满,同时也要避免选择过大、过长、过于紧身的衣物。

二是根据脸形选择衣服的领型。圆脸、三角形脸这类脸形偏短的女教师,可以选择穿V型领来延伸脸形,尽量不穿高领,因为视觉上会显得脸更短,也尽量不穿小圆领,会使脸显得更圆;倒三角形的脸形偏长的女教师,可以选择一字领的衣服使脸看上去没那么长,也可选择小圆领、加宽领来弥补脸颊瘦削的不足,但尽量不要穿低领,会使脸形显得更长;国字脸、四方脸的女教师可以选择圆形领的服装来使脸显得圆润一些,但不适合穿一字领的服装,这样会使脸在视觉上变得更大;鹅蛋脸、瓜子脸的女教师,适合各种领型。

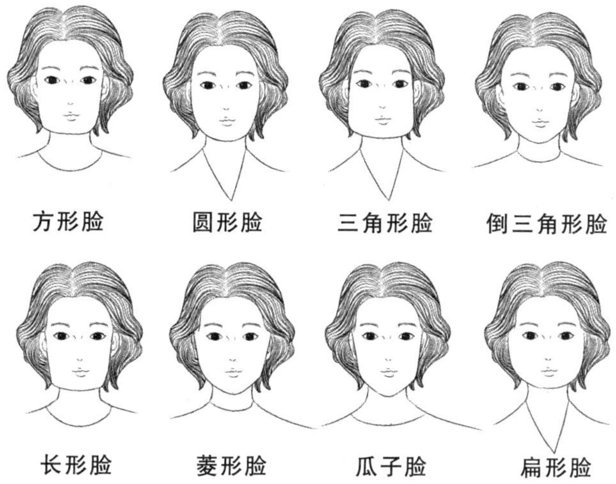

(二)与服装饰物相协调

服装与服装之间,女教师应该注意着装风格的一致。例如,穿运动装时不宜穿高跟鞋、皮鞋;上身穿休闲装时,下身不宜搭配西装套裙。同时,女教师也应该注意着装面料的趋同。

服装与饰物之间,女教师应注意服装与饰物的风格保持一致。例如,运动装以及过于休闲的服饰不宜与珍珠、翡翠、玛瑙等优雅饰物相搭配,而西装、礼服等正式的服装不宜与运动手表以及俏皮可爱的饰物相搭配。

(三)与场合环境相协调

与男教师相同,女教师在选择服装时也需要考虑工作的场合、内容以及环境。例如,在操场上与学生一起活动时,女教师不宜穿高跟鞋、裙子,以免行动不便;在语文课堂上讲到富有传统文化的篇目时,女教师可以通过穿素雅的旗袍增添课堂的古韵氛围,帮助学生更好地融入课堂;在实验课上,女教师应避免穿着复杂烦琐的服装,以免影响实验的操作。

小贴士

请为以下两位老师选择适合她们的服饰。

五、教师着装色彩搭配的技巧

（一）与自身特点相协调

服装的色彩往往会给人留下深刻的影响，而合理巧妙地搭配色彩能使整体形象更协调。教师在选择服饰时，不能仅从对颜色的偏爱和色彩的流行两个方面入手，也需要根据自身的特点进行搭配。具体考虑以下两点。

一是根据肤色选择配色。东方人虽被称为“黄种人”，但细究起来肤色也是千差万别，可大致分为偏白、偏红、偏黄、偏黑四个大类。肤色偏白的教师往往更适合黄绿色、杏色、亮金色、浅棕色。皮肤偏红的教师更适合浅蓝色、蓝灰色、薰衣草紫、粉红色、浅绿色。肤色偏黄的教师适合橙色、金色、褐色、橄榄绿、芥末黄、深棕色。肤色偏黑的教师往往更适合银灰色、纯黑色、深紫红、海洋蓝、玫瑰粉色。

二是根据体形选择配色。体形较胖的教师可以选择富有收缩感的深色、冷色调的服装，从视觉上显得更苗条。体形较瘦小的教师应选择富有扩张感的淡色以及沉稳的暖色调服装，不宜选择蓝绿色调以及高明度的暖色调。

（二）与服装饰物相协调

在考虑自身特点的基础上，教师也应使服饰之间的色彩相协调，打造大方得体、庄重优雅的外在形象。总体而言，教师着装需遵循三色原则，即上下衣着的具体颜色应保持在三种以内。此外，教师还可以通过以下五种技巧进行色彩搭配。

一是含色搭配。即全身以某种色彩为主，把同一种色相、明度接近的色彩搭配起来。例如深灰与浅灰、深红与浅红，进而形成一种和谐的色彩美。

二是近色搭配。选择色谱上相近的颜色进行搭配，如选择粉色与紫色、橙色与黄色，蓝色与绿色。同时也可将两种颜色的纯度和明度错开，如用深绿色搭配浅蓝色。这样的搭配能收到调和的效果。

三是反差搭配。在配色时教师可采用深浅、明暗、冷暖两种不同特性的色彩进行搭配，使整体呈现出静中有动的效果。

四是呼应搭配。着装搭配时教师可以在配饰与服装的某些地方采用同一种颜色，进而通过互相呼应产生美感。例如包与鞋的颜色、围巾与鞋的颜色。

五是点缀搭配。即教师在采用同一种配色时，可以通过在某些小范围选择不同的颜色进行点缀，美化整体形象。

案例评析

小杨和小云是从小一起玩的好朋友。有一天放学后，两人聊起了自己班上的英语老师。小杨说："我太喜欢王老师了，她每次上课都很注意自己的形象，衣服的款式和色彩很好看，饰品搭配非常协调。当她出现时，我就觉得眼前一亮，特别的舒服，加上她优美的声线，我觉得上英语课就是一种享受。"听了这一番话，小云有些难过了："你上英语课是一种享受，可我上英语课却是难受。我们班的英语老师永远都是一身深色的衣服，再加上她本来就很严肃，每次上课我就感觉特别的闷，真希望王老师也能来教我们班。"

案例评析：色彩能够通过视觉感受对人的情绪产生影响。教师得体、协调的服装色彩搭配，能够使学生产生积极的情绪体验，促进教育教学活动的开展。

（三）与场合环境相协调

在考虑自身特点以及整体着装的基础上，教师也应基于场合环境调整服装的色彩搭配。

在较为正式的场合中，服装的颜色应更加庄重、正统，而不应过于轻浮、花哨。如男教师可以选择藏蓝色、黑色、灰色的西装，女教师则可以选择蓝色、白色、黑色的衣物。

在日常教学中，教师也可以根据教学的内容选择服装的色彩，例如在讲悲情基调的课文时不宜选择暖色调的衣物，而应以冷色调的衣物为主。

小贴士

穿西装需要注意的问题：

(1)西装一定要平整。

(2)衬衫领口要与颈部贴合，不要松松垮垮。

(3)衬衫袖子要比西装略长些。

(4)着装时言行要稍严肃谨慎。

(5)裤脚不能翻起。

(6)头发要打理干净，不要让西装上粘上头屑。

(7)夏天如果在空调环境中办公，尽量不要在西装中穿短袖衬衫。

(8)尽量不要在西装中穿毛衣。

第三节　教师饰物礼仪

教师饰物礼仪，是指教师在着装时选择佩戴的耳环、项链、手链、头饰、胸针、领带等装饰性物品搭配合理、符合礼仪规范。饰物的巧妙佩戴，具有修饰、点缀、陶冶的作用。教师佩戴饰物时应遵循数量适宜、安全轻巧、简单大方的原则，并注重饰物与饰物、服装、场合的搭配，力求提升个人气质。

一、教师佩戴饰物的作用

（一）修饰作用

巧妙佩戴饰物，可以有效弥补外表中的瑕疵或缺点，美化外在形象，同时给予他人愉悦的观感。

小学教师面对的是正处于身心发展阶段的儿童，他们的认知能力还不成熟，对于人的认识首先源自对其外在形象的感受。所以，巧妙地运用饰物既可以掩饰外表的瑕疵或缺点，提升个人形象，增强教师自信心，还可以给学生带来亲切、舒适的感受，从而拉近与学生的距离。

（二）点缀作用

服装整洁大方是个人仪表的基本要求，巧妙佩戴饰物能起到锦上添花的作用，有利于提升个人气质。

教师如果服装搭配已经足够干净整洁、大方得体，此时若能根据自己的服装款式、气质特点搭配合适的饰物，则能够更加充分地展现个人独特魅力，给学生留下深刻印象，赢得学生喜爱。

（三）陶冶情操作用

教师职业具有特殊性。小学是学生审美能力发展的奠基时期，作为学生人生中的重要他人，教师对于饰物的选择和搭配所体现出的审美品位，对学生审美能力的培养起着潜移默化的陶冶作用。

案例评析

S小学一位三年级的美术老师，在一次意外中被烧伤，颈部留下了一块显眼的疤痕。为了掩饰自己的这一瑕疵，同时不影响教学工作，她常常系一条丝巾。由于她佩戴的丝巾色彩柔和、款式多样，学生们觉得十分漂亮，都很想和这位老师亲近，在她的课堂上也表现得非常认真。

有一次，美术老师让同学们画下自己最喜欢的老师。她惊奇地发现，学生画中的老师们，大都系着款式各异的丝巾。

案例评析：优雅的饰物能够起到修饰、点缀个人形象和陶冶情操的作用。案例中的美术老师巧妙地通过饰物掩饰了身上的瑕疵，提升了个人形象，并用她良好的审美感染了学生。

二、教师佩戴饰物的原则

（一）数量适宜

教师在佩戴饰物时，数量不宜过多，种类一般不应超过三种，且同一种饰物不应超过两件。

调查显示，60%的学生认为男教师上课只能戴手表和戒指；70%的学生认为，如果女教师在课堂上佩戴的饰物过多或过杂，例如戴多个耳环或同时佩戴耳环、项链、胸针、手镯、戒指等饰物，会引起他们对饰物较多的关注，不利于其学习注意力的集中和维持。

（二）安全轻巧

由于工作性质的特殊，小学教师常常需要与孩子们近距离接触。如果教师所佩戴的饰物棱角锐利、材质易碎，会给孩子带来安全隐患。另外，教师还常常需要进行板书等教学活动，如果教师所佩戴的饰物过于笨重或累赘，有可能会影响到教师的行动，导致相关工作无法灵活开展。

案例评析

伍老师有一枚棱角分明、雕刻着漂亮花纹的戒指。有段时间，她非常喜欢这枚戒指，常常戴在手上。有一次，她组织了一个户外活动，在走平衡木的环节中，意外发生了，杉杉脚下一滑，眼看就要从平衡木上掉下来。伍老师连忙伸出双手去扶她，不料，她手上的戒指一下从杉杉的脸上划过，留下了一道浅浅的红色划痕。

伍老师赶紧把杉杉带到休息室，给她搽了芦荟胶，并及时和她的家长取得联系，说明了情况。虽然家长并没有追究，杉杉也并无大碍，但伍老师依然感到很自责。之后，大家就再也没有见到伍老师戴那枚戒指了。

案例评析：教师佩戴饰物，安全是第一准则，因为师生间难免存在近距离的接触。因此，教师要尽可能地消除饰物带来的安全隐患，避免发生与伍老师类似的情况。

（三）简单大方

教师所选择的饰物应当与工作场合相符合，应避免选择夸张突兀、带有炫耀性质的饰物，例如款式怪异的耳环、耀眼夺目的珠宝，而应该选择简单大方的饰品。很多具有实用价值的物品也可以起到简单的修饰作用，例如女老师佩戴的发卡，不仅可以固定头发，还可以起到点缀作用；男老师佩戴手表，不仅可以查看时间，手表也能起到装饰作用。

即时考查

小蔡是一位爱美的小学教师，喜欢佩戴各种精致的饰物。下面请你根据教师佩戴饰物的原则，为她选择今天上班所要佩戴的饰品。

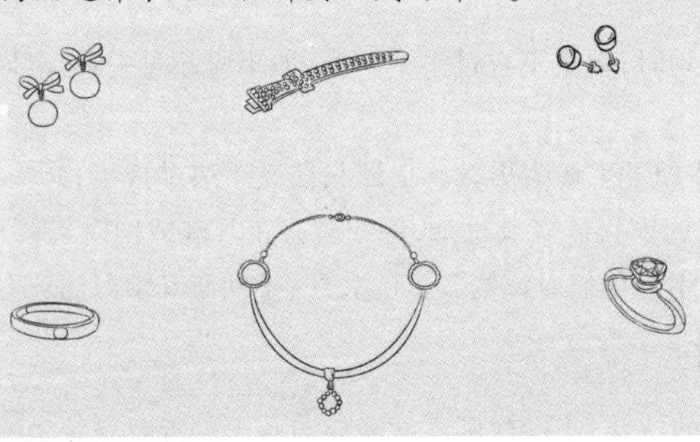

三、教师佩戴饰物的技巧

（一）饰物与饰物的搭配

情境剧场

前情提要：S小学四年级二班，星期五上午语文课，王老师戴着自己新买的一副不对称的黄金耳环和最喜欢的珍珠项链高兴地来到教室，没想到却引起了同学们的小声议论。

杉杉：哎，老师今天看起来怪怪的。

莹莹：我也这样觉得，她今天戴的项链和耳环不好看。

杉杉：以前她也戴过这条项链，没觉得不好看呀！

莹莹：那可能就是她这耳环的问题了！

作为一名老师，你是否也遇到过类似的尴尬情境？想要避免这种情况的发生，需要掌握以下三点饰物与饰物搭配的技巧。

第一，佩戴的饰物应该质地一致。在佩戴镶嵌饰物时，镶嵌物质地应一致，托架也应力求一致。例如，对于王老师而言，如果选择佩戴珍珠项链，那么其耳环的质地也应以珍珠为佳。

第二，佩戴的饰物应该款式一致。例如，王老师的耳饰一个是环形，一个是链条式，这两者款式各异，搭配不协调，可佩戴都是环形的简洁耳饰。

第三，佩戴的饰物应该避免集中。一般而言，不要同时佩戴耳环、项链与胸针，三者皆集中于齐胸一线，若同时出现，显得过分张扬且繁杂凌乱。

（二）饰物与服装的搭配

饰物与服装搭配时应注意质地、款式、色彩、风格相协调。一般而言，着鲜艳服装应佩戴淡雅饰物，或不佩戴饰物；着单一深色服装应佩戴明亮、精巧的饰物。

例如，女教师在穿款式宽松、色彩明丽的毛衣时，可以选择素雅的毛衣链，不宜搭配璀璨夺目的珍珠项链。男教师可以利用领针的亮度或领带的颜色来打破西装的呆板沉闷。

小贴士

男教师西装与领带色彩的搭配技巧

（1）穿银灰、乳白色西服，适宜佩戴朱红、墨绿、海蓝、褐黑色的领带。

（2）穿红色、紫红色西服，适宜佩戴乳黄、银灰、湖蓝、翠绿色的领带。

（3）穿深蓝、墨绿色西服，适宜佩戴橙黄、乳白、浅蓝、玫瑰色的领带。

（4）穿褐色、深绿色西服，适宜佩戴天蓝、乳黄、橙黄色的领带。

（5）穿黑色、棕色的西服，适宜佩戴银灰色、蓝色、白红条纹的领带。

（三）饰物与场合的搭配

教师应在简洁大方的基本要求之上，基于不同场合的具体特点，调整自己所搭配的饰物。

家长会上，为给家长留下一种成熟稳重、踏实负责的印象，不宜佩戴俏皮可爱的饰物。而在特殊的教学情境中，教师可选择与教学内容相契合的饰物，以营造相关情境，达到更好的教学效果。例如，一年级的教师上《小白兔和小灰兔》一课时，可以通过佩戴兔耳朵和山羊角的头饰与学生一起进行角色表演、情境体验，帮助学生更直观地理解课文，使课堂更生动有趣。

本章小结

教师仪表对学生具有重要的示范和影响作用。教师应注重修饰个人仪表，满足衣冠整齐、干净清洁的基本要求，达到款式得体、色彩协调的整体效果，努力塑造简洁雅致、庄重大方的教师形象。

在着装礼仪方面，男女教师应掌握不同的服装搭配及色彩搭配技巧；在饰物礼仪方面，应遵循数量适宜、安全轻巧、简单大方的佩戴原则，注重饰物与饰物、饰物与服装、饰物与场合的协调搭配。

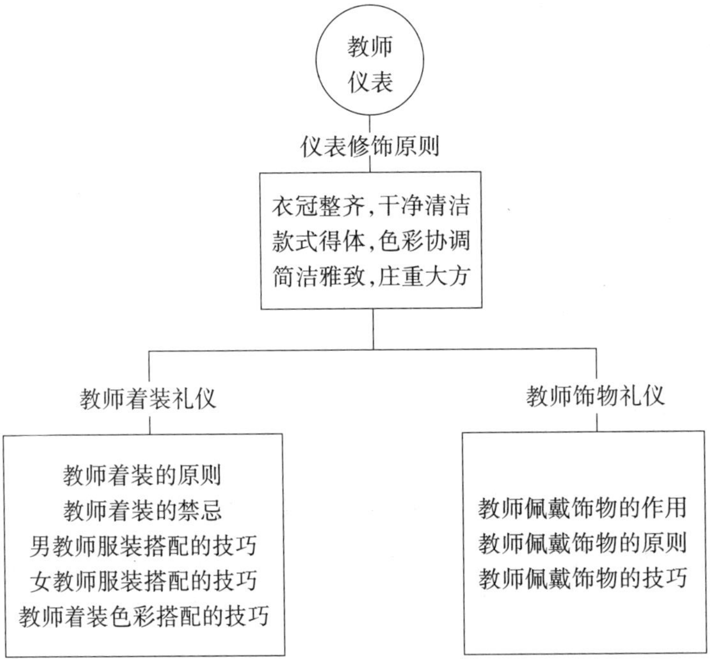

【思考与练习】

1. 请你谈谈教师仪表修饰的原则是什么。

2. 请你联系实际谈谈着装色彩搭配的技巧。

3. 请谈谈你对教师佩戴饰物作用的认识。

4. 作为新时代教师，你可能也想通过饰物给自己的整体形象加分，我们先来做个小练习，请你画出佩戴好饰物后的自己。

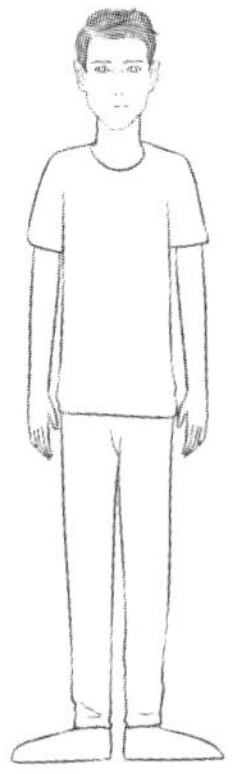

男教师

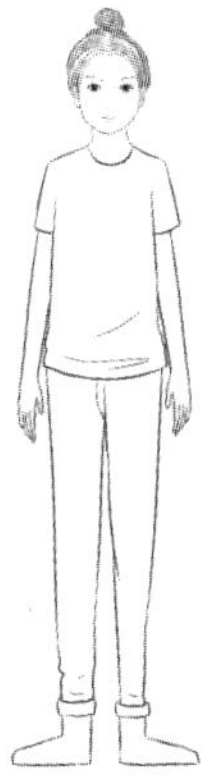

女教师

【学习评价】

评价维度	评价内容	
	评价标准	评价等级（A、B、C、D）
知识与技能	了解教师修饰仪表的意义与作用	
	理解教师修饰仪表的原则与要求	
	掌握教师服装搭配和饰物佩戴的方法与技巧	
过程与方法	结合案例评析、即时考查，理解并掌握教师仪表修饰的原则与方法	
情感态度与价值观	重视教师仪表修饰的作用	
	具有对教师职业身份的认同感	
	具备自觉遵守礼仪规范、注重仪表修饰、展现教师良好职业形象的责任感	

【推荐阅读】

1.[日]山本昭子.极简穿搭：日常服装穿出别样风采[M].林晓敏，译.南昌：江西人民出版社，2018.

2.[日]杉山律子.三色妙穿搭[M].王丹阳，译.北京：北京美术摄影出版社，2018.

3.北京西蔓色彩文化发展有限公司西蔓色研中心.中国人形象规律教程.女性个人色彩搭配分册[M].第2版.北京：中国纺织出版社，2016.

第三章
教师仪容

君子之修身也，内正其心，外正其容。

——欧阳修

礼仪之始，在于正容体，齐颜色，顺辞令。

——戴圣

教师应衣服整洁，头发和胡须都要弄得像样。鞋袜洁净，双手清洁，修好指甲和经常备有手帕。

——马卡连柯

人在智慧上应当是明豁的，道德上应该是清白的，身体上应当是清洁的。

——契诃夫

学习提要

(1)了解教师肢体修饰的作用和发型修饰、妆容修饰的误区。

(2)理解教师肢体修饰、发型修饰、妆容修饰的原则。(难点)

(3)掌握教师肢体修饰、发型修饰、妆容修饰的方法和技巧。(重点)

捷克教育家夸美纽斯说："教师是太阳底下最光辉的职业。"阳光健康、积极向上的教师职业形象的塑造，离不开仪容修饰。

教师仪容，是指教师在肢体、发型、妆容等方面呈现出的整体效果，是教师职业素养的重要表征。教师肢体清洗、美化、护理得当，发型符合教师的身份和气质，妆容修饰自然得体，能够展现阳光的教师职业形象，表现出对交往对象的尊重，有利于给学生、同事、家长留下良好的印象。因此，教师仪容应符合礼仪规范，做到干净清爽、端庄大方。

第一节　肢体修饰礼仪

教师常常使用肢体语言以辅助教学内容的讲授和情绪情感的表达。在小学阶段的教学和师生沟通交流的过程中，教师常常需要与学生进行肢体接触，因此，教师首先应当对自身肢体进行基本的修饰，使其符合礼仪规范的要求。教师的肢体修饰应注重示范作用、安全作用和美化作用，遵循干净清洁、修剪得体、护理得当、美化适度的肢体修饰原则。

一、教师肢体修饰的作用

（一）示范作用

“师者，人之模范也。”尤其是在小学阶段，学生缺乏分辨是非的能力，但他们善于模仿，向师性及可塑性极强。教师在小学生心中具有权威性，教师的每个细节都有可能成为学生模仿的对象。比如，教师注重个人卫生，肢体干净清洁，学生也会向老师学习，养成保持肢体整洁卫生的良好习惯。因此，教师的行为具有示范作用，需注重肢体修饰，重视细节问题。

（二）安全作用

小学教师在表示亲和、肯定、鼓励时，常常会与小学生进行肢体接触，例如握手、击掌、摸头等。但小学生的免疫力较差且皮肤细嫩，若教师肢体带有病菌或者有害化学物质，可能会导致学生生病；若教师指甲过长或者较为锐利，可能会划伤学生。因此，教师应注重肢体修饰，保持自身肢体的整洁卫生，保障自己和学生的安全。

（三）美化作用

小学阶段的学生注意力难以长时间集中，教师需要借助丰富的肢体语言，以集中学生注意力，辅助自己的教学，因此，教师肢体是小学生注意力集中较多的部位。若教师双手皲裂、长满倒刺，或是体毛过于茂盛，或是身上带有异味等，会丑化教师形象，削弱学生对课堂的注意力，使学生对教师产生距离感甚至反感。反之，干净秀美的肢体往往能美化教师形象，增加教师的亲和力，获得学生对教师肢体语言的喜爱和关注。

案例评析

洋洋是S小学二年级四班的一名学生，她喜欢留着长长的指甲。每次妈妈给她剪指甲，她总是大哭大闹，无论妈妈怎么讲道理都无济于事。无可奈何的妈妈将此事告诉了洋洋的班主任何老师。何老师耐心地与洋洋交流，并给洋洋展示了自己的指甲。何老师的指甲特别好看，修剪齐整、晶莹剔透，洋洋非常羡慕。何老师告诉洋洋，要想使指甲变得像老师的指甲一样好看，就要学习老师，按时清洗、修剪指甲。从此以后，妈妈给洋洋剪指甲时，洋洋都会乖乖配合。

案例评析：小学阶段的学生，善于模仿，向师性及可塑性极强。因此，教师应注重个人卫生，保持肢体干净清洁，发挥积极的示范作用。

二、教师肢体修饰的原则

（一）干净清洁

干净清洁是教师肢体修饰的基本原则。教师应勤洗澡、洗手、洗脚，勤换干净衣裤和鞋袜，拒绝藏污纳垢甚至散发异味，努力使肢体保持干净、清爽、卫生。

（二）修剪得体

在干净清洁的基础上，教师应注重手指甲、脚趾甲以及腋毛、腿毛的修剪。手指甲、脚趾甲的长短应适宜，不应修剪为较为锐利的形状，过于茂盛的腋毛、腿毛应当定期进行修剪。

（三）护理得当

教师应注重肢体的有效护理，保持肢体健康、光滑、无伤痕。教师应采用正确的方法定期进行手部护理，防止手部皮肤粗糙、红肿发炎甚至是皲裂变形；应采用正确的方法进行腿部护理，预防静脉曲张等腿部疾病。

（四）美化适度

教师在对肢体进行美化时应遵循适度原则。例如，许多年轻女教师喜欢通过美甲修饰自己的双手。教师美甲时应尽量选择色彩柔和、含醋酸盐的指甲油，避免选择颜色鲜艳怪诞、含有甲醛或丙酮的指甲油。当然，无色透明且质量健康的护甲油是教师的更优选择。

即时考查

李老师是S小学四年级的英语老师，她很喜欢美甲，经常留着长指甲，涂着颜色鲜艳的指甲油。因此，李老师每次上课，班上的同学都会小声议论，课堂效果一直不佳。

请指出题目中的李老师没有遵循教师肢体修饰的哪些原则。(　　)

A. 干净清洁　　B. 修剪得体　　C. 护理得当　　D. 美化适度

三、教师肢体修饰的方法

(一)勤于清洗

1. 勤洗澡和换衣

人的皮肤每天都会产生油渍和沾上污垢，因此需要经常清洗。人如果长时间不洗澡，不仅自身会因皮肤油腻而感到不适，还容易因污垢堵塞毛皮下的脂腺引发皮肤病。而且，如果不勤换洗衣物，肢体还会产生汗味等异味，使周围的人避而远之。

教师时常与学生相处，更应当勤洗澡、勤换衣，保持肢体清洁、无异味。尤其是在夏季，教师每天都需要洗澡换衣，如果腋下有异味的教师还应注意采取有效措施，如搽抹药物，避免散发异味。

2. 勤洗手

与其他部位相比，手常常暴露在外，更容易接触细菌和污垢，而许多传染性疾病常通过手的各种触摸活动进行传播。因此，无论是基于个人卫生的角度，还是他人健康安全的角度，都应保持手部清洁，做到勤洗手。

教师会经常接触粉笔、黑板擦、墨水等物品，双手容易沾上粉笔灰、印墨等污渍。小学教师与学生的肢体接触较多，小学低段的教师还时常需要帮助学生洗脸、洗手等，所以教师下课后也应及时洗手，随时保持双手清洁。

在日常生活中，一般用清水洗净双手即可，但在接触有污渍的物品后，需要用洗手液或肥皂仔细去污。洗手时间通常控制在30秒左右，但须注意不要将洗手液等残留在手上。洗手时，为避免弄脏手臂，当双手相互揉搓后，应将手自然下垂，指间向下，让污垢随流水冲走。洗完手后，还需用清洁的毛巾或纸巾将手擦干。

3. 勤洗脚换鞋袜

人的脚部由于汗腺较多，容易出汗。而汗液的大量分泌会导致异味产生和细菌滋生。如果穿不透气的鞋袜更易加剧汗腺分泌和异味产生。因此，我们需要做到以下三点：第一，坚持每天洗脚，认真清洗脚趾、脚趾甲、趾缝、脚跟、脚腕等部位，保持脚部清洁。第二，勤换洗鞋袜，不要长时间穿同一双鞋和袜子，也不要堆积穿过的袜子，避免细菌在鞋袜上继续滋生，产生异味。应勤清洗、晾晒鞋袜，保持鞋袜干净，利于脚部健康。第三，选择透气性好的鞋子和吸湿性强的袜子，保持脚部干爽。

作为学生面前的公众人物，教师尤其要注意勤洗脚、勤换鞋袜，不穿残破、脏污、有异味的鞋袜。在条件允许的情况下，夏季应每天换一次袜子，冬季应至少每三天换一次袜子；在穿鞋前，注意清洁鞋面、鞋跟、鞋底的污垢。如果穿皮鞋，还应定期清洗并上油，保持其光泽度。

一般而言，在正式的教学工作场合中，教师不适合穿露趾凉鞋。在炎热的夏季，教师若想在非正式场合穿露趾凉鞋，应注意时刻保持脚部干净、清洁。

小贴士

医院常用七步洗手法

第一步(内)：洗手掌——流水湿润双手，抹洗手液(或肥皂)，掌心相对，手指并拢相互揉搓；

第二步(外)：洗背侧指缝——手心对手背沿指缝相互揉搓，双手交换进行；

第三步(夹)：洗掌侧指缝——掌心相对，双手交叉沿指缝相互揉搓；

第四步(弓)：洗指背——弯曲各手指关节，半握拳，把指背放在另一手掌心旋转揉搓，双手交换进行；

第五步(大)：洗拇指——一手握另一手大拇指旋转揉搓，双手交换进行；

第六步(立)：洗指尖——弯曲各手指关节，把指尖合拢，在另一手掌心旋转揉搓，双手交换进行；

第七步(腕)：洗手腕、手臂——揉搓手腕、手臂，双手交换进行。

(二)定期修剪

1. 指(趾)甲的长度要适宜

如果手指甲太长，不仅不易清理指甲中的污垢，而且容易划伤皮肤，对自己或他人造成伤害。如果脚趾甲过长，会不利于步行，甚至引发甲周炎等疾病。如果手指甲、脚趾甲太短，可能会造成软组织受损，也可能会诱发甲沟炎。因此，指甲需要定期修剪，且修剪长度应适宜。手指甲修剪适宜的标准为：掌心向内将手举起，指尖与眼睛保持水平时，看不到指甲即可。脚趾甲的修剪长度应与脚趾尖大致齐平。

一般应每周修剪一次手指甲、脚趾甲。应当选用专门的修剪工具，避免修剪工具选用不当对指(趾)甲造成损伤，同时，应避免不使用修剪工具而直接挖指甲、咬指甲，因为这不但会影响指甲的正常发育，甚至会使指甲板向两侧生长而嵌入软组织，刺激甲沟形成“嵌甲”，影响指甲美观。修剪完后，还应用小锉刀将边缘修饰光滑，最好将手指甲、脚趾甲修成椭圆形。

2. 死皮的修剪要正确

当发现手指甲周围有死皮时，应及时用专门的修剪工具进行修剪。如果用手直接撕去死皮或用牙齿直接咬掉死皮，容易使指甲周围渗血。若教师采用不当的方法处理死皮，不仅会影响手部的美观，还会给其他教师和学生带来不舒服的感受。

3. 体毛的处理要得当

小学教师应在学生面前树立亲和的形象。由于生理原因，有的教师的腿毛或手臂上的汗毛过浓过长，有的教师腋毛较为浓密，若外露则不利于亲和形象的塑造，也不符合礼仪。所以，教师应当重视对体毛的修剪和处理。尤其在炎热的夏季，不方便利用服饰对体毛进行遮挡时，应当注意定期修剪体毛，或是使用专业的脱毛用品。

案例评析

小李是S小学二年级的语文老师，不仅年轻漂亮、性格开朗，而且上课生动有趣，同学们都很喜欢她。但她有个怪癖——爱咬手指甲及其周围的倒刺，常常为了咬掉倒刺而将手弄出血。有一次课间，小李正在办公室和倒刺“搏斗”，几个孩子来找她问问题。小李一着急，又将手弄出了血。孩子们见李老师的手渗出了血，既害怕又内疚，含着泪花不断地道歉。小李见此连忙安慰孩子们，并向他们解释缘由，这才止住了孩子们的哭泣。从此以后，小李便努力克制自己，使自己改掉咬指甲的坏习惯。

案例评析：采用不正确的方式对指甲和倒刺进行修剪，不仅容易使肢体遭受损伤，还可能给他人带来不舒服的感受。教师应选用专门的工具进行定期修剪，保持肢体的干净清爽。

（三）护理保养

1. 手部护理技巧

洗手后，手上的水珠挥发时会将皮肤中的部分水分一并带出。尤其是在空气干燥的冬季，由于天气寒冷，人们常常使用热水洗手，热气蒸发更会加速手部水分的流失。因此，洗手后应尽快将手擦干，并适当搽抹护手霜。在不同季节应当选择不同类型的护手霜，例如冬季，宜使用含甘油的手霜，以保持手部滋润，防止手部出现细纹；夏季，宜使用清爽的啫喱状手霜，以保持手部水润，有效避免油腻。

平时还应充分摄入富含维生素A、维生素E及锌、硒的食物，如绿色蔬菜、鸡蛋、牛奶等，这类食物能有效补充水分，避免手部干燥、皲裂；每天还应摄入含有适量钙、铜元素的食物，能有效避免指甲变脆、易断；还可做适当的手部按摩，促进新陈代谢、血液循环，避免手部浮肿。在进行手部按摩时，可采用先按摩手指，再放松手背，最后活动手掌的方式，也可采用在温水中做手部操的方式。

2. 腿部护理技巧

教师在日常工作中以站姿和走姿为主，是下肢静脉曲张的高发人群。静脉曲张会使腿部表层血管明显凸出皮肤表面，像蚯蚓一样呈团状或结节状曲张，小学生容易对此产生恐惧心理。教师应当重视腿部护理，防止下肢发生静脉曲张。

首先，应合理饮食，多吃清热利湿、活血化瘀的清淡食品，如黄瓜、西红柿、萝卜等，少吃热性、辛辣刺激的食品，如羊肉、辣椒等；其次，应常做血管保健操，定期进行脚部按摩，但需注意把控力度；最后，还应坚持锻炼，如每天步行30分钟。

小贴士

脚部按摩的基本步骤

第一步：温热水泡脚30分钟左右，可加入浴盐或精油。

第二步：用大拇指和食指从每一根脚趾的根部按摩到趾尖，多肉的部分可稍用力。

第三步：用打圈的动作按摩脚趾尖的部分。

第四步：用大拇指上下轻捏脚后跟骨。

第五步：两脚交互做脚尖向下的弯曲动作。

小贴士

血管保健操的基本步骤

第一步：背伸脚趾。

选择合适的凳子自然坐下，双脚放松置于地面上。配合呼吸，背伸脚趾。即在吸气末端勾脚背，同时要绷紧小腿后部肌群，脚跟着地，呼气时放松双脚，把双脚再次平放于地面上。

第二步：揉捏小腿肚。

选择合适的凳子自然坐下，右脚搭在左膝盖上方，呈“二郎腿”状。右手扶稳右脚，左手从右脚踝关节揉捏小腿肚至右膝关节下方，再以同样的方法按摩左腿。但需注意由远心端至近心端按摩小腿肚。

第三步：床上蹬单车。

平躺于床上，背部紧贴床，双腿举高并交替伸缩，呈“蹬单车”状。做这一动作时，要注意配合小腿后部肌肉的收缩。

第四步：前后滚轮。

选择合适的凳子自然坐下，双脚分别踩一滚轮，一脚将滚轮推前时，另一脚同时将滚轮拉后，然后两脚交替做前后运动。前脚向前推滚轮时，要尽量使脚背下压与小腿绷直成一条直线；后脚向后拉另一滚轮时，要尽量下压脚跟，确保小腿后部肌肉得到充分锻炼。

第二节　发型修饰礼仪

教师的发型修饰礼仪，是指教师的发型修饰得当，符合教师的身份和气质。发型修饰，应遵循干净整齐、自然大方、利落干练的原则，使发型与年龄、脸形、体形、季节、服装等相协调，同时注意避免头发护理不当、发型长短不当、发型点缀不当等发型修饰误区，力求使自己的发型符合礼仪规范。

一、发型修饰的原则

（一）干净整齐

人的头皮会随时产生汗液和各种分泌物，同时头发还会吸附空气中的油烟、灰尘等污渍。如果不勤洗头，汗液、分泌物和吸附的污渍则会混杂在一起，产生难闻的气味。教师因工作的特殊性，经常接触粉笔灰等灰尘，所以头发更容易变脏，建议至少每三天洗一次头发。当然，须根据实际情况决定洗头发的时间，如油性发质的教师应至少两天洗一次头发；当遇上淋雨、出汗较多等某些特殊情况时，应及时清洗头发，而不必拘泥于固定的洗发时间。

在保持头发干净的同时，还应保持发型整齐。对于男教师而言，需勤理发，至少一个月修剪一次头发，头发最好不长于7厘米，前发不覆额，侧发不掩耳，后发不及领，鬓发在耳部的1/2处。对于女教师而言，要注意及时清理头发的分叉部分，勤梳头，避免头发纷乱。教师在上课前、早上起床或午休之后，以及运动、劳动等造成发型凌乱变形后须及时梳理头发。

即时考查

李老师周六要参加市里举办的数学教师学术交流大会，长发的她可以选择下列哪些发型？(　　)

披散的长发　丸子头　高马尾　低马尾　盘发

（二）自然大方

恰当地美化发型有利于美化个人形象、提升个人气质。教师因职业的特殊性，在追求发型美观精致的同时，注意遵循发型自然大方的原则，修饰发型时雕琢痕迹不宜过重，避免浮夸前卫、标新立异，应结合自身条件，根据场合斟酌美化发型的方式。

如有大量白发或杂色头发的教师可以通过染发改变自己的发色，一般应染黑色，如果想要选择其他发色，也应选择素雅自然而非鲜艳抢眼的发色。根据中国人的肤色和相貌特点，通常可选择板栗色、深褐色、深葡萄酒色等发色。

还有部分教师因发量较少或为了修饰脸形而选择烫发。但在烫发前需要根据自己的发质、年龄、性格等特点选择合适的发型，尤其不应烫不符合教师身份的、复杂、繁乱、夸张的发型，例如爆炸头、羊毛卷、螺旋烫等。

案例评析

唐老师是S小学五年级一班的班主任，漂亮乖巧，年轻新潮。当夸张的螺旋烫小卷发红遍网络时，唐老师很心动，在周末去理发店完成了这个“大工程”。周一那天，顶着一头夸张的螺旋烫小卷发的唐老师到教室检查早自习，不料同学们炸开了锅，纷纷放下早读的书本，盯着她的头发研究。有的学生说：“唐老师像一只绵羊，毛茸茸的。”有的学生说：“唐老师的头发好像触电了的爆炸头。”还有的学生说：“唐老师的头发像是方便面，但又比方便面更卷。”因为自己的发型而使同学们的注意力分散，这让唐老师很苦恼。

案例评析：螺旋烫小卷发这一发型较为复杂、繁乱、夸张，容易分散小学生的课堂注意力，不符合自然大方的教师发型修饰原则，有违教师的身份和气质。

（三）利落干练

教师在干净整齐、自然大方的基础上，应注重头发细节的整理和修饰，使发型和形象更加利落干练。

在教室、办公室等工作场合，头发较软的男教师或碎发较多的女教师可以使用适量的发油、发胶、摩丝等美发用品将自己的头发定型。

女教师应避免头发遮挡眼睛，齐耳短发的女教师可将头发别于耳后，用发卡固定，但发卡不宜过大或过于花哨；齐肩短发的女教师可将头发束于脑后；长发女教师可扎高马尾或将头发盘于脑后。

小贴士

盘发技巧

1. 丸子头盘发

第一步，将头发扎成一个高马尾，尽量扎得蓬松一些。

第二步，把马尾分成两部分，然后把两部分头发分别拧紧，再编成一股辫儿。

第三步，把发辫盘成发髻，用手抓住发尾，把盘好的发髻弄蓬松后用发卡固定好发尾。

2. 职业盘发

第一步，将头发全部向后梳理光滑，可适当使用免洗润发乳，防止头发毛糙。

第二步，把头发均匀地分为两部分，并用发夹将其固定好。

第三步，将两部分头发以系鞋带的方式打结，并用较松的头绳将其固定好。

第四步，重复第三步的打结方式，将发尾处的头发再次打结，并用头绳、发卡固定好。

第五步，用适量的发胶固定耳旁、颈后的碎发，使头发定型。

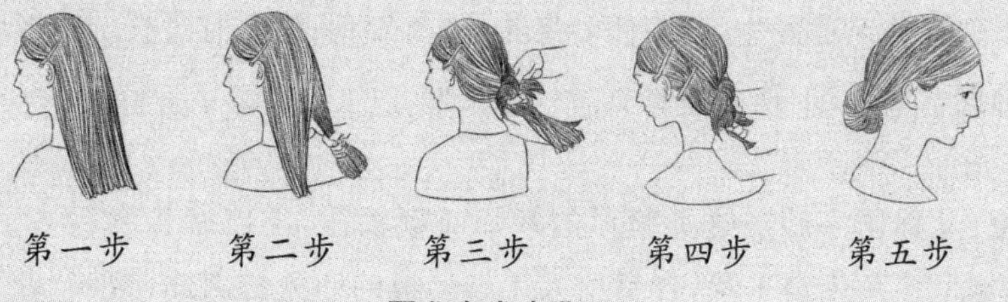

职业盘发步骤

二、发型修饰的技巧

(一)根据年龄选择发型

随着年龄的增长,教师的发质和发量会随之改变,个人气质也会发生变化。

通常年轻教师的发质较好,发量较多;而许多处于中老年时期的教师发质易断,发量较少,不少男教师在这一时期可能会出现严重的脱发情况,甚至出现秃顶,大部分女教师在这一阶段白发会增多且容易掉发。因此,处于中老年时期的教师头发不宜太长,男教师可将头发剪为寸头,也可适当使用假发修饰发型,女教师可剪为短发或留位于肩部与胸部之间的中长发,并适当染发。

(二)根据脸形选择发型

脸形是决定发型最重要的因素之一,适当的发型可以修饰脸形,达到扬长避短的效果。一般而言,椭圆形的鹅蛋脸适合的发型种类较多,而圆形、方形、菱形、三角形等脸形,以及短下巴、高额头、小鼻子、低颧骨等比较特殊的脸形则需要教师正确利用衬托、遮盖、填充等发型修饰技巧。

1. 圆形脸

这类脸形的教师,其前额与下巴的距离大约与两侧脸颊之间的距离相等,发际线呈圆弧形,下巴较圆,脸宽而有肉,容易给人偏胖的印象。这类脸形的教师需要使顶部的头发较为蓬松,从而增加头顶高度,在视觉上将脸形拉长。

圆形脸的女教师需要避免整体蓬松的发型或卷发增加脸部的宽度,而应该选择垂直向下的直发,不仅简单自然,其纵向的线条还能起到削减脸部宽度的效果。此外,该脸形的长发女教师披发时应将头发四六侧分,束发时应选择丸子头、高马尾等高部位束发,且在额前留有发丝,并使其向两侧自然垂下。短发女教师可以选择非对称发型,留一侧刘海儿,削薄发梢,但不宜过长。圆形脸的男教师应选择脸颊两侧头发很短、顶部和发冠稍长的发型。

2. 方形脸

方形脸,又称国字脸。这类脸形的教师前额较宽,下巴颧骨突出,脸部轮廓呈多角度扁平状,容易给人严肃死板的印象。因此,这类脸形的教师不宜将头发压得太平整,而应该将头发向上梳,加强头顶蓬松度,从视觉上拉长脸形。同时,还应把耳前发区的头发留厚,使整个轮廓看起来更蓬松,给人以柔和感,但不宜过厚和过长。

方形脸女教师选择发型应注重修饰脸部棱角,所以应避免选择运动型的超短发和平直中分的长发，可以选择内扣的短直发、四六偏分的大波浪长卷发或碎长直发。内扣的短直发两侧发尾向内卷，既能起到修颜瘦脸的效果，还可以柔和脸部的棱角，使脸形更立体；偏分卷发不仅可以呈现出蓬松丰盈之感，还能突出脸部竖线条，形成椭圆形脸的视觉效果；碎直的长发自然下垂能很好地遮盖脸部鼓出来的"刚硬"部分，缓和脸部坚硬的线条，达到以圆破方、以柔克刚的效果。另外，该脸形的女教师不宜将额头全部暴露，也不宜选择齐刘海儿，可以选择不对称的刘海儿修饰前额宽直的轮廓，如从一边眉毛的中间往上斜偏分的刘海儿，或者两侧向内收拢、使脸形变窄的刘海儿。方形脸的男教师选择偏分的发型，既可以改变脸部比例，拉长线条，又可以打破呆板沉闷的形象。

3. 长形脸

这类脸形的教师，其脸长大于脸宽，且脸颊轮廓又长又直，面部肌肉不够丰满，常给人以忧郁老成、缺乏生气之感。因此，该脸形的教师选择的发型应达到缩短脸长、增加脸宽的效果，从视觉上改变脸部比例。长形脸教师需要将顶部头发尽量压实，并选择偏分度较大的发型，如三七分头、二八分头、一九分头，避免剪过短的头发、将两侧头发打薄或将头发全部向后梳。

长形脸的女教师应避免选择斜刘海儿、长直发和齐耳及耳部以上的短发，最好采用齐肩短卷发，并用旁分法将刘海儿向两侧分开梳理，使额前产生自然的大波浪，用蓬松卷曲的头发突出脸部宽度，达到缩短脸长度的效果。想留长发的女教师则可以用齐刘海儿提高眼睛的位置，也可用侧分刘海儿协调脸形，但须使两侧头发，尤其是鬓边的头发丰满蓬松，不紧贴脸颊。长形脸的男教师需要将侧发加厚，顶部头发尽量压实，通过发型的修饰让脸部产生较宽的感觉。

4. 菱形脸

这类脸形的教师前额和下巴较窄，两颊颧骨又高又宽，整个脸的上半部分为正三角形，下半部分为倒三角形，整体脸形与长形脸相似。因此，该脸形的教师适合的发型与长形脸的教师大同小异。

菱形脸的女教师也应避免露出前额或将两边的头发紧紧地扎在脑后，而应该尽量增加颧骨以下头发的蓬松度，以掩盖颧骨突出的部分，修饰尖长的下巴。长发的女教师可以通过烫发，将发型设计为大波浪卷发；短发的女教师可以将发型设计为偏分直发或内扣微卷发。

5.心形脸

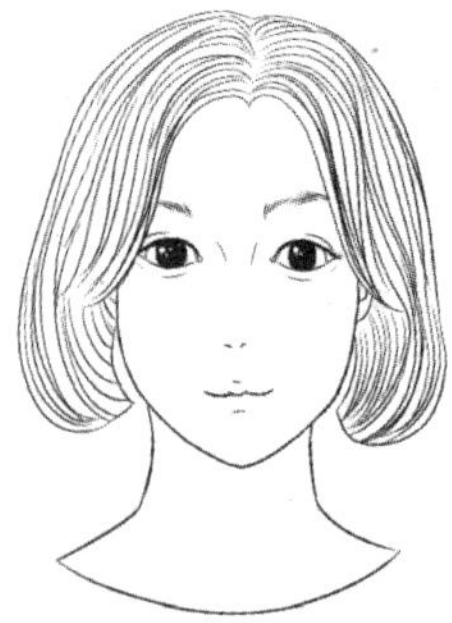

心形脸，又称倒三角形脸。一般这种脸形的教师前额和颧骨两侧较宽，下颌轮廓较窄，容易给人留下尖酸刻薄、不易亲近的印象。因此，在设计发型时，教师应力求达到缩小前额宽度，增加下颌宽度的效果，利用发型转移视线，避免因头发向后梳或顶部头发蓬松而使得额头和下巴成为脸部的重点。

心形脸的女教师最好不要采用朴素单调的短直发或长直发，而应该选择微卷内扣的短发、梨花头或中长与垂肩长卷发，并搭配中分八字刘海儿或四六分斜刘海儿。这种发型不仅使女教师看起来稳重优雅，还可以从视觉上减小前额和颧骨的宽度，降低尖下巴的薄弱感，使脸形看起来较为丰满。心形脸的男教师可以选择干净利落的寸头或无刘海儿的短直发。

6.三角形脸

这种脸形正好与心形脸相反，前额与颧骨两侧较窄，下颌轮廓较宽。为了避免增加下颌轮廓的宽度，在选择发型时应注重加宽前额，掩饰下巴，可适当增加顶部头发的高度和两鬓头发的宽度，以平衡下颌。

三角形脸的女教师要利用头发的长度或蓬松度修饰宽大的下巴，因此，该脸形的女教师如果选择短发，可以将头发剪出层次，使其前短后长，并将发尾烫成内卷发。如果选择长发，可以将头发留成长直发或烫成大波浪。另外，三角形脸的女教师还要利用额前的刘海儿弥补窄小的额头，建议选择偏梳的长刘海儿或齐眉的空气刘海儿。三角形脸的男教师可以将头发向后梳成宽型，增加头顶宽度。

（三）根据体形选择发型

发型与体形有着密切的关系，适当的发型不仅能修饰脸形，还能弥补体形的不足，发型轮廓与身材比例是否协调对精神面貌的呈现和整体形象的塑造起着至关重要的作用。可运用发型侧部轮廓和后部轮廓的变化搭配不同的体形，如脖子较短的女教师不宜留长发，而应选择短发，发型修饰时须注意侧部轮廓设计，将两侧头发向后梳理并向外翻卷，还须注意后部轮廓设计，使后侧头发长于两侧头发，从视觉上拉长脖子。

常见的体形类型有矮小型、矮胖型、瘦长型、高大型等，在选择发型时，教师应当充分了解自己的体形特征，选择合适的发型。

1.矮小型

身材矮小的教师应借助发型的修饰从整体比例上拉长身高。总体而言，矮小体形的教师的发型应以秀气、精致为主，避免粗犷、蓬松，以免使头部与整个形体的比例失调，给人一种头大身小的感觉。

这一体形的女教师在选择发型时最好采用短发，长发会使头显得更大，身材显得更娇小。在设计短发时，应将头发与头廓贴合，再运用烫发技巧，适当增加波纹，使重心上移。若女教师想要留长发，则可以将头发盘于脑后，从视觉上增加自身高度。这一体形的男教师若两侧头发较短，顶部头发较长，可以选择运用发胶或发油将顶部头发向后梳西装头或选择简洁自然、较为丰满的短碎发，以增加整体高度。

2. 矮胖型

身材矮胖的教师脖子较粗、两腮较宽，应借助发型轮廓拉长整体高度，修饰较胖体形。总体而言，矮胖体形的教师的发型应多采用竖形轮廓。

这一体形的女教师在选择发型时不宜选择长波浪、长直发等发型，应以短发为佳，且头发不宜太薄。在修饰时，顶部头发应向上蓬起，但不能过于蓬松，下部头发应较薄且服帖或在颈背部见茬，这样从侧后部看，可以给人以上升的竖立感。可供矮胖型女教师选择的发型还有运动式发型、有层次的短发、前额翻翘式短发等。这一体形的男教师可留超短碎发，从视觉上缩小头部大小，增加身体高度。

3. 瘦长型

瘦长型的教师，腿长而颈细，体形比较理想，但由于身材清瘦，常给人单薄柔弱之感。在发型修饰时应选择斜形轮廓，使前额、顶部和后侧的头发呈45度角，且发型蓬松下垂，但需注意不要过于蓬松，尽量使整体轮廓给人倾斜形的下沉感，达到丰满身材的效果。

这一体形的女教师适合厚实饱满的发型，以齐肩短发为佳，且头发不宜梳得过紧、剪得过薄或高盘于头顶。直发的女教师可以借助卷发筒，洗头后，待头发八成干，将其分为几绺，用卷发筒分别卷起，头发干透后自然放下，使发型具有一定的弧度，制造出蓬松感。这一体形的男教师可以选择从发际线开始向后梳的一九分油头发型或斜刘海儿短毛寸发型等。

4. 高大型

高大型的教师个子高，身体结实，给人一种力量美，但这类体形的教师也常给人一种粗犷的感觉，尤其是女教师会缺少温柔亲和的美感。因此，选择发型时，高大型的女教师应追求简洁明快、大方洒脱之美，可采用简单的齐肩短发或线条柔和的大波浪卷发，也可以扎马尾、盘发等，避免选择使自己看起来身材更壮硕的超短发和花样复杂繁重的烫染发型。这一类型的男教师可以选择平头、寸头等比较简洁硬朗的发型，使发型与自己高大的体形特征相协调。

（四）根据服装选择发型

适当的发型与得体的服装都能很好地展现教师的个人形象，如果两者协调搭配，则更能突出教师的气质，因此，教师应注重发型与服装的搭配。

如男教师在穿西装时，若头发略长可梳成西装头。长发的女教师，在穿高领毛衣或有领衬衣时可将头发扎成高马尾或挽成丸子头；在穿长裙时可将头发梳成公主头，也可编成蜈蚣辫；在穿职业装时可将头发低盘于脑后。短发或齐肩发的女教师在选择干练优雅的服饰时，可搭配至锁骨的短碎发；在选择羊绒材质的服装时，可搭配露出额头的微卷短发；在选择纱质过膝连衣裙时，可选择齐耳或齐肩处的柔软大波浪卷发。

(五)根据季节选择发型

季节的变化一般对男教师发型的影响不大，但对部分喜爱变换发型的女教师则有一定影响，女教师可根据季节特点，选择契合的发型。

春季万物复苏，充满生机与朝气，可选择轻快、活泼的发型，如高马尾、丸子头、微卷短发等发型。夏季天气炎热，易出汗，可选择清爽利落的发型，如短碎发、低位盘发等发型。秋季气候宜人，可选择清新雅致的发型，如点缀精致的盘发或辫发等发型。冬季气候干燥，气温较低，在选择发型时应注重发型的饱满度，但注意避免使头部显得过于单薄或过于臃肿，可选择披肩长发、大波浪卷发、内扣短发、梨花头等发型。

案例评析

余老师是S小学五年级三班的语文老师，她虽然身材矮小瘦弱，但留着齐腰的长发，且不太喜欢打理头发，常常将头发随意地披散下来，给人一种不协调的压抑感。夏天快到了，余老师决定换一个新发型，选择了齐耳短发。余老师本以为学生们会不适应自己的新发型，却没想到她换上新发型后第一次走进教室，孩子们就发出了欢呼，很多孩子还大声喊"老师真漂亮""老师好美"。回到办公室，老师们也都说余老师剪完头发后整个人精神十足、活力满满！

案例评析：适当的发型不仅能修饰脸形，还能弥补体形的不足。身材矮小瘦弱的教师可借助短发使整体身材比例更加协调，从而展现出更有活力的精神面貌和整体形象。

三、发型修饰的误区

(一)头发护理不当

日常生活中头发护理不当，不仅会使发型的美观程度大打折扣，还会给身体造成不少的伤害。常见的头发护理不当情况有下述几种。

1. 洗吹方式不当

部分教师认为用指甲使劲抓头皮能将头皮洗得更干净，温度较高的热水溶解力更好，可以有效清除残留的洗发液，因此，在洗头发时，往往为了简单省事，他们直接将洗发液倒于头顶并开始抓搓头皮，后用高温热水冲洗。但倒于头顶的洗发液浓度较高不易洗净，用指甲抓头皮以及用高温热水冲洗会损伤头皮组织，长期如此会使头发变得稀疏脆弱。洗头时应先将洗发液倒在手上，用水揉搓起泡后再均匀涂抹在头发上，再用指腹以锯齿状或画圆圈的方式按摩头皮，最后用温水将洗发液清洗干净并涂抹护发素或护发精油。

部分教师喜欢在睡前洗头，并在洗完头后不将头发完全吹干就入睡。但是，湿发时头皮表层的毛鳞片会张开，水汽会随毛鳞片进入身体，不仅损伤头发和头皮，还易造成感冒。还有的教师为节省时间常用大功率吹风机、高温度热风将头发迅速吹干。但温度过高、风力过大会加速发丝中的水分蒸发，让头发变得更加干燥。因此，洗完头发后应及时吹发，吹发时应小幅度晃动吹风机，避免热气固定在同一地方。同时，随着发丝中的水分越来越少，需要合理调节吹风机的温度和风力，当头发干燥度为80%左右时，可以直接用冷风吹干。

2. 梳理频率不当

头发梳理频率不应过多，也不应过少。有的教师十分注重个人形象，只要头发有一点凌乱，就会拿出梳子将头发梳得整整齐齐，但是频繁梳发会对头发造成伤害，使其打结、产生静电，不容易贴合。还有的男教师则认为自己头发较短，梳头没有必要。其实，正确且有规律地梳理头发，能利用头皮分泌的油脂增加头发的光泽度，适当的梳头力度还能促进头部血液循环。

3. 产品使用不当

为更好地护理头发，教师们会选择保湿乳、护发素、护发精油等护发产品，但常常因使用不当而产生反作用。如有的教师，头发还在滴水时就使用护发素。这样的用法并不能使护发素发挥其功效，正确的用法应是在洗头后用柔软的干毛巾将头发尽量擦干，当头发不滴水时再涂抹护发素，一段时间后用清水冲洗干净，注意护发素不要涂抹在头皮上。还有的教师认为护发产品涂抹的量越多越好、涂抹的部位越全面越好，就在洗头后将大量护发产品涂抹于全部头发上，反而损伤了头发。其实，少量的护发产品便可以从发尾渗透至头发整体，因此，这类产品的使用应该适量，涂抹在发尾处即可。

4. 频繁烫染头发

部分女教师为了追求漂亮，频繁烫染头发，却完全忽视了这种做法会在一定程度上损伤秀发，甚至危害身体健康。因为烫发剂为碱性药剂，烫发会在一定程度上破坏头发组织，使其内部的蛋白质成分变异，成为“死发”而定型，所以经常烫发会给头发造成永久性的伤害，使发质大不如前，头发韧性大大降低，变得枯黄易折。

染发剂的危害远大于烫发剂，它含有不少有害物质，其主要的氧化染料如对苯二胺等物质可以和皮肤中的蛋白质形成完全抗原，容易引发过敏性皮炎，出现头皮红肿、刺痒、灼痛，甚至头部肿胀化脓等现象。有的染发剂中还含有潜在的致癌物质，如果频繁使用，这些致癌物质会聚集在体内，造成体内细胞增生，容易引发皮肤癌、乳腺癌等疾病。

小贴士

不同发质的护理建议

1. 油性发质的护理建议

建议一：选择温和型或清爽型的洗发液，经常清洗头发，保持头皮干净清洁。

建议二：洗发时要避免用力揉搓，因为这样会刺激皮脂腺分泌，使头发更加油腻。

建议三：油性发质缺乏营养，应选择护理产品补充头发营养，但需避免选择油性产品。

2. 干性发质的护理建议

建议一：选择焗油滋润型的洗发液，每隔一天洗一次头。

建议二：可用护发素、营养型焗油膏等，补充头发营养，护理开叉受损的头发。

建议三：尽量少使用电吹风、卷发棒等器具，防止发内水分流失。

建议四：饮食方面，多吃新鲜蔬果和蛋白质含量丰富的食品。

3. 中性发质的护理建议

建议一：尽量用木梳梳头，头发打结时不要生拉硬扯。

建议二：减少烫发、染发频率。

建议三：经常喷洒营养水及免洗型润发露，进行日常护理。

(二)发型长短不当

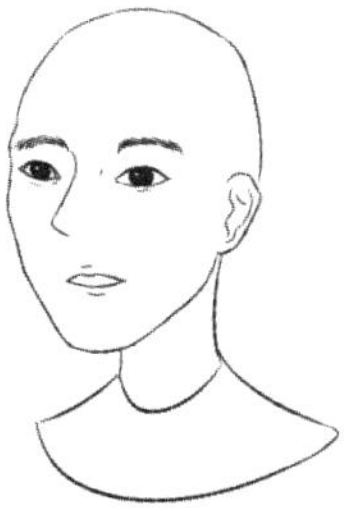

有的女教师为了使自己看起来独特优雅而保留过长的头发,有的头发甚至长到臀部。有的女教师喜欢干练帅气的发型,而选择男士板寸。还有的女教师为了修饰自己的脸形而选择刘海儿,但有时刘海儿过长,甚至遮住了眼睛。

有的男教师为了方便就选择光头或超短寸头等发型,还有的男教师为追求标新立异而将头发留长或扎小辫儿。但教师作为学生的表率,选择这些发型都是不恰当的,应该以身作则,选择长短适宜、大方得体的发型,塑造符合礼仪规范的教师形象。

案例评析

小周老师是S小学六年级一班的数学老师,最近他被一档节目中的一位选手所吸引。这位选手嗓音迷人,而且他齐颈、中分、微卷、黄色的发型非常新潮、十分独特。小周老师决定将头发留长后也去做一个这位选手的同款发型。

为此,原本阳光帅气的小周老师留起了长发,而且在留长发期间对头发丝毫不加修饰,任其凌乱生长,同事们对此不理解,原本和他十分亲近的学生们也逐渐和他产生了距离,甚至原本活跃积极的课堂也逐渐变得缺乏生机了。

案例评析:男教师留长发容易显得颓废邋遢,削弱了学生、同事对自己的亲近感。教师应选择长短适宜、大方得体的发型,塑造符合礼仪规范的教师形象。

(三)发型点缀不当

爱美之心人皆有之,为了将发型修饰得更加精致,同时也使自己看起来更有气质,教师可以适当点缀发型。但如果忽视教师职业身份,胡乱点缀发型,则可能适得其反。

情境剧场

前情提要：S小学四年级二班，星期二早上第一节语文课，林老师起晚了，由于碎头发太多，她来不及仔细梳理，便匆匆忙忙地用一堆发卡将头发别起来。上课时，同学们看到她都纷纷笑着议论起来。

欣欣：你看林老师的头！

小杰：哈哈哈，好多发卡，老师今天要扮演发卡侠吗？

杉杉：可是她别了这么多发卡，为什么还有这么多碎发？

莹莹：哈哈哈，老师今天的发型真奇怪！

其实，像林老师这样碎发较多的教师可以使用适量的摩丝将碎发固定，再利用少量发卡将没有固定住的头发固定即可，切不可过度使用发卡之类的点缀物。此外，一些教师在发型的点缀方面还存在许多误区，如上课时戴帽子，女教师佩戴的发饰花哨新奇、光亮刺眼、体积过大等，这些都是应该避免的。

第三节　教师妆容礼仪

教师妆容礼仪，是指教师面部的装扮修饰自然得体，表现出对交往对象的尊重。教师应遵循干净清爽、简洁端庄、扬长避短的妆容修饰原则，选择适合自己的洁面用品，掌握正确的妆容修饰技巧，避免面部保养不当、化妆品使用不当、化妆品卸除不当等误区，呈现出自然得体、健康阳光的精神状态。

一、修饰妆容的原则

（一）干净清爽

干净清爽是教师修饰妆容的基本原则，是教师对面部进一步美化的前提条件。教师应认真洗脸刷牙、清洗颈部，及时修剪过长的鼻毛、耳毛，及时清除眼角、鼻腔、嘴角、牙齿等部位的异物。在出席重要场合或者从事工作相关活动之前，避免吃大蒜、榴梿等具有较强刺激性气味的食物或巧克力、奶油等容易留下污渍的食物。对于女教师而言，若带妆上班，则应在出门前、上课前、参加各项活动前检查自己的妆容，随时保持面部干净清爽，避免残妆、花妆。对于男教师而言，应及时剃须，在冬季使用润肤品，避免面部干燥、起皮。

案例评析

沈老师是S小学的新进老师，不仅年轻漂亮，还是一个追求精致生活的人，总会精心地梳妆打扮。但有一次，当天工作繁忙，沈老师感到很疲惫，在教师食堂吃完午餐后便趴在办公桌上睡着了。上课铃响后沈老师才匆匆忙忙赶到三年级五班上课。

到教室后，沈老师连忙给同学们道歉，可话还没说完，同学们便哄堂大笑，还不停地起哄。沈老师很生气，也很疑惑。这时，班长递给她一面小镜子。镜子里的自己，妆容花乱，门牙上沾有菜叶，脸上还有深深的睡痕，沈老师顿时羞红了脸。

案例评析：干净清爽是教师修饰妆容的基本原则。教师从事工作相关活动之前，应注意认真检查自己的妆容，随时保持面部干净清爽，避免类似的尴尬场面。

（二）简洁端庄

在干净清爽的基础上，女教师可进行化妆修饰，以进一步美化面部，但因教师的职业特征，应当遵循简洁端庄的原则。如果女教师浓妆艳抹，不仅会给学生留下轻浮之感，还会分散学生的学习注意力。因此，女教师不可盲目地追求时尚，应当避免使用厚重的粉底、夸张的眼线、颜色怪异的口红，远离奢华浮夸的印花妆、烟熏妆、鬼魅妆等，而应选择亲切自然的生活妆。

（三）扬长避短

不论是男教师还是女教师，都要充分了解自己面部的优缺点，恰当地运用面部修饰技巧，在扬长避短的原则下，寻找并适当突出自己面部最有魅力的部位，掩盖或弥补自己的瑕疵部位，使面部整体达到美好、自然、和谐的效果。

二、修饰妆容的技巧

（一）选择合适的洁面用品

选用合适的洁面用品进行彻底洁面，是教师进行妆容修饰的基础。洁面用品祛痘、去黑头的功效极小，其主要作用是洗掉脸上分泌的汗水、油垢和代谢的角质。因此，应选择去油脂效果较好的洗面奶等洁面用品，但须注意并不是清洁力度越强的产品洁面效果越好。人的皮肤呈弱酸性，pH值为5~7，如果选用香皂等碱性较强的清洁用品洁面，清洁效果固然明显，但会改变皮肤的环境，破坏皮肤的保护屏障。所以教师应选择弱酸性的洁面用品，并根据肤质选择不同类型的产品。

常见的皮肤类型有干性皮肤、中性皮肤、油性皮肤、混合性皮肤、敏感性皮肤这五种。其中，干性皮肤的教师面部毛孔细腻，但缺少光泽、不易出油且易有皱纹，应选择非碱性、刺激性小、保湿效果好的无泡沫奶状洁面膏或洗面奶。中性皮肤的教师皮肤状态最好，面部不干不油、光滑、富有弹性，宜选用温和的微泡型洁面乳。油性皮肤的教师面部毛孔粗大，易出油且易出现粉刺、黑头，应选择泡沫细腻丰富的洁面产品，用细腻的泡沫带出毛孔的分泌物，可以每天清洗3次，去除多余的油脂。混合性皮肤的教师皮肤状况比较特殊，其脸颊部位的皮肤偏干、毛孔细腻，T区的皮肤偏油、毛孔较大、易长粉刺和黑头，应将无泡沫洁面膏和多泡沫洁面乳结合使用，先使用无泡沫洁面膏清洁全脸，再用多泡沫洁面乳清洁出油量大的T区，既保湿又去油。敏感性皮肤的教师皮肤红血丝外露，对外界刺激比较敏感，宜选择无香料、无刺激的低泡沫洁面膏。

小贴士

正确的洁面步骤

第一步：洁面之前先清洗双手，防止手部细菌、油脂污染面部。

第二步：用35摄氏度左右的温水浸湿脸部，并取适量洁面品于掌心，加少量水将洁面用品揉搓起泡，如果起泡量少，可以用起泡球、起泡网辅助起泡。

第三步：将泡沫涂抹于面部，油脂较多的T区可适当多涂抹洁面泡沫。

第四步：在额头、脸颊部位，用双手指腹从下往上逆时针画圈按摩，在鼻翼两侧上下揉搓，在脸部其余部位也应轻轻地画圈按摩。切记不要揉搓额头和脸颊的肌肤，更不要使劲挤压有粉刺和痘痘的皮肤，避免伤到皮肤，留下疤痕。

第五步：用温水洗掉脸上的泡沫，注意清洗发际线、眼角、鼻翼等易被忽视的部位。

第六步：再用凉水冲洗一遍，收缩毛孔，并清洗残留的洁面用品。

第七步：轻轻拍打脸部，尽量拍干脸上的水，再用柔软的毛巾擦干脸部剩下的水，注意不要用力擦拭，以免破坏脸部角质层。

（二）男教师妆容修饰技巧

在现代生活中，越来越多的男士开始意识到面部的装扮修饰能够给自己带来自信，于是开始使用洁面乳、紧肤水等洁肤、护肤用品，还会有定期修眉等进一步的面部修饰行为。

对于男教师而言，妆容修饰应当呈现清爽得体、阳光自信的形象，更应当勤剃胡须，避免茂盛、杂乱的胡须给人带来邋遢懒散之感。胡须生长速度较快的男教师应每隔一天刮一次胡须，胡须生长速度较慢的男教师可一周左右刮一次胡须。剃须前，须用温水洁面，选择手动剃须刀的男教师应在涂抹剃须膏1~3分钟后再进行剃须。剃须时，应先顺刮，把长短不一的胡须整理好，降低逆刮时的阻力，避免受伤；后再进行逆刮，将皮肤表面的胡须清理干净，为避免刮伤面部，应上下推动剃须刀。剃须后，要用温水洗脸，还可用温热的毛巾敷脸3~4分钟，并涂上须后水或须后乳调理和镇静紧张的皮肤，但要正确选择须后水，避免酒精成分较高的产品。使用手动剃须刀的男教师还应注意定期更换刀片，防止受到细菌感染。

对于眉形不佳的男教师而言，适当地修眉能提升个人形象，增长阳刚之气。男教师的眉毛应自然、大方，不宜出现过分修饰的痕迹，所以在修眉时应以剑眉、一字眉为主。基本步骤如下：首先清洁面部，用温热毛巾热敷软化眉毛；其次用小刷子顺着眉毛生长的方向从眉头梳到眉尾；再用修眉小剪刀剪掉过长的眉毛尾端；最后用修眉刀修出想要的眉形，注意清除眉心处的杂毛。修眉前如果拿捏不准，可借用女士的眉笔根据自身的眉形画出大致轮廓，再用修眉刀剔除轮廓外的眉毛。

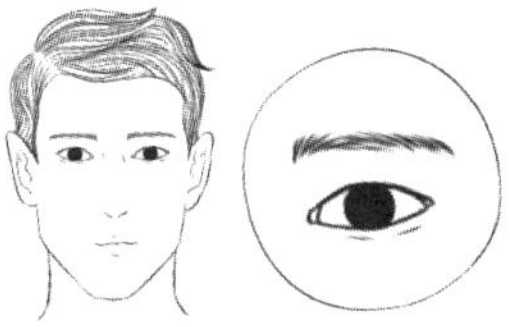

一字眉

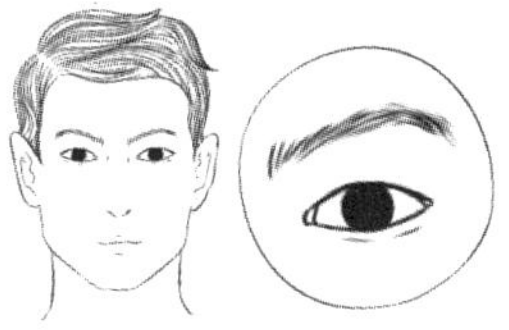

剑眉

即时考查

张平老师是S小学三年级五班的美术老师，他很喜欢留着浓密胡须的大胡子画家张大千，因此他也经常留着一脸的络腮胡子。可班里胆小的孩子却会因为他的大胡子而感到害怕，也有调皮的孩子在课堂上不专心上课而好奇地观察他的胡子。因此，张平老师决定剃掉络腮胡子，在同学们面前展示出干净清爽的形象。

思考：请您根据男教师妆容修饰技巧为张平老师写出剃胡须的步骤，并想一想在剃胡须时他应注意哪些问题。

（三）女教师化妆修饰技巧

情境剧场

前情提要：S小学与国外某小学将联合举办一次为期10天的交换学习活动。为迎接远道而来的外国学习团队，学校还特意组建了一支以李老师为队长的优秀女教师接待团。女教师们出色的表达能力、丰富的教学经验深深地吸引了外国学习团队的成员，但同时，她们的素颜也引起了客人们的关注。

外国学习团男教师："尊敬的李老师，请问你们每天都这样吗？"

李老师："先生，请问您的意思是……"

外国学习团男教师："在我们的国家，我几乎在街上没有见过不化妆的女士。请问你们每天都不化妆吗？"

面对这样的问题，S小学能言善辩的女教师们却陷入了沉默。对于现代女教师而言，化妆已经成了一种职业需要。在上课、参加教研活动、接待外宾等一些正式的场合，女教师都应适当化妆，这既是对自己外在形象的美化，也是对他人的一种尊重。但如果化妆不当，也会带来许多尴尬。因此，女教师需要掌握以下三大化妆技巧。

1. 正确地选择化妆品

在选择化妆品之前，教师不仅需要了解化妆品的种类，还需要了解自己的肌肤，根据实际情况选择化妆品。

首先，教师应辨明自己的肤色，根据肤色选择化妆品，在选择底妆时尤应如此。如红润的肤色应选择肉色的底妆，苍白的肤色应选择略带粉红色的底妆，偏黄的皮肤不能选择颜色过白或过深的底妆，偏黑的皮肤不能选择较浅白的底妆，而应选择与肤色相近的深色底妆。嘴唇是面部的一个亮点，教师口红的颜色能体现出妆容的自然程度。因此，教师在选择口红时也要考虑自身肤色。如肤色白皙的教师适宜选择的口红色系比较多，但颜色不可过于夸张，最好选择色彩明亮的桃红、玫瑰红等色系的口红；肤色偏黄的教师应选择玫瑰红色系的口红，避免橘红、酒红等黄色系暖色调的口红；肤色偏黑的教师可选择暗红、赭红等明亮度较低色系的口红。

其次，教师还应确定自己的肤质，根据肤质选择合适的化妆品。如干性肤质的教师应选择性质温和、高度保湿、不易脱妆的粉底液等化妆品；油性肤质的教师应选择含油脂少、持久保湿、不泛油光的粉状粉底、粉饼等化妆品；混合性肤质要选择既能控制T区出油又能保持两颊水润的化妆品；敏感性的肌肤要选择质量好、过敏度低的化妆品。

当然，教师所选择的化妆品不仅要适合自身特点，还应与教师着装的色彩相搭配，应根据着装的主要色调搭配与之相近或相对的色彩，以取得点缀、协调的效果。口红是最能提升搭配美感的化妆品，如教师在穿浅色服装时应搭配浅色口红，在穿深色服装时应搭配深色口红，在穿蓝色、紫色等冷色系的服装时，应搭配玫瑰红、粉红等带有冷色调倾向的口红。

2. 掌握化妆的基本步骤

第一步：妆前准备。

教师应在化妆前准备好一切化妆用品，并用发带或发卡将头发固定，露出全脸。然后用洗面奶和温水洗去脸上的汗水、油脂、灰尘等污渍，再将洗面奶冲洗干净，特别注意需仔细清洗嘴巴周围和鼻翼两侧。

第二步：护肤。

在彻底清洁面部之后，教师应先将化妆水浸透化妆棉，均匀地涂抹于面部，用双手轻拍至皮肤吸收，再用日霜、润肤霜或乳液等由中央向外部、由下至上画圈涂抹于面部，但鼻部需由上至下涂抹。由于眼部和唇部的皮肤较薄，构造与其他部位不同，应选用眼霜、唇膏等专门的产品护理，因此在涂抹日霜等护肤品时注意避开。

第三步：修眉。

教师应根据自身脸形选择眉形，给面部增强轮廓感，给五官增加立体感。

在修眉前，教师应找到自己的眉头、眉峰、眉尾。眉笔垂直于内眼角与鼻翼之间，笔尖所指处即为眉头；眉笔由鼻翼指向眼尾，笔尖所指处即为眉尾；眉头与眉尾的2/3处即为眉峰。此外，教师还需准备好眉钳、眉笔、眉刷、镜子、小剪刀、润肤霜和小棉球等修眉工具。先用眉毛刷顺着眉毛生长的方向将其理顺，再从上至下梳眉，剪掉过长的眉毛。然后用蘸有酒精或收敛性化妆水的棉球擦拭眉毛及其周围肌肤，最后用眉笔确定眉形轮廓，并用修眉刀修除轮廓外的眉毛，用眉钳拔除眉下沿散乱的毛茬，获得理想的眉形。为了减轻拔眉毛时的刺痛，在拔之前可涂些润肤霜，拔时略拉紧眉部皮肤，沿眉毛生长的方向，向外、向上拔除。

第四步：上底妆。

上粉底是一种调整面部皮肤颜色的基础化妆方法，在涂抹粉底前可用适量的妆前乳或隔离霜使皮肤上妆更加容易、服帖。教师所选择的粉底一定要贴合自己的肤色且符合自己的肤质，在上妆时应用海绵块或化妆刷从鼻子处向外均匀地涂抹粉底，不要忽略眼角、鼻翼等细小的部位，也不要忽略脖颈部位。教师不宜将粉底涂得太厚，应保持面部色彩自然，若还有明显的瑕疵可使用遮瑕膏遮盖。

第五步：画眼妆。

涂眼影、画眼线

夹睫毛

涂睫毛膏

画眉

首先应涂眼影。教师由于工作的特殊性，宜选择色浅、清爽、颜色不超过两种的眼影。涂眼影时应先将颜色较浅的眼影涂于整个眼皮，然后从贴近睫毛根部处刷颜色较深的眼影至眼球最高处，越靠近眼睑的部位眼影颜色越深，越靠近眉毛的部位眼影颜色越浅。值得注意的是，眼影由下至上、由深变浅的过度应是自然且有层次的。

其次是画眼线。画眼线时眼睛微微张开，可用一只手的手指指腹将眼窝轻轻提拉，露出睫毛根部，再贴着睫毛根部由眼尾向眼头描画或从两边向中间描画。一般而言，教师工作妆可不画眼线，但小眼睛的教师由于双眼无神，可通过较长、较宽且在外眼角处略微上扬的眼线提亮眼部；肿胀眼的教师眼球突出，眼皮浮肿，可通过深色眼影搭配较粗、较长的上眼线制造出深邃感；单眼皮的教师可将上眼皮中央部位的眼线画粗一些，两端画细一些，使眼部有圆润感。

然后是夹睫毛、涂睫毛膏。在涂睫毛膏前应先用睫毛夹将上眼睫毛夹至向外微卷，再用黑色睫毛膏从睫毛根部涂抹至睫毛末梢，可采用“Z”字形涂抹方式使睫毛膏均匀地包裹睫毛，以增长睫毛，提亮双眼。待睫毛膏稍干，可根据需要再次涂抹睫毛膏或用睫毛夹轻夹两下，利于定型。

最后是画眉。修眉后，教师需要用眉粉或眉笔确定出理想眉形的大致轮廓，然后顺着眉毛生长的方向描出眉形，注意描眉时由眉头至眉尾的线条应逐渐变细。再用眉粉或眉笔适当填充，因为眉头处颜色较深，所以教师可用眉粉轻轻带过，但眉尾处眉毛较为稀少，需用眉笔加深颜色，画出线条感。最后用眉刷顺着眉毛生长的方向轻轻梳理，使眉形更自然、圆润。

第六步：修饰脸形。

教师在脸颊部位适当使用阴影粉和腮红，在额头和鼻部适当使用高光粉，可以很好地修饰脸形。如圆形脸教师可将腮红向脸颊两侧纵向刷，再于两腮处刷上深色阴影粉，减弱脸的圆润度，从视觉上营造出椭圆的脸形。长形脸的教师可将腮红从离鼻部较远处向外横刷，并将高光粉涂抹在脸部凹陷处或窄额头上，造成光影，从视觉上增加面部宽度，营造丰满之感。三角形脸的教师可将腮红由外眼角向下刷，加宽面部上部分，将高光粉涂抹在太阳穴，增加光感、丰盈脸颊，将深色阴影粉涂抹在两腮，削弱棱角感。方形脸的教师可将深色阴影粉窄窄地沿额头靠近发际线处向下涂抹，至颧骨处加宽涂抹面积，从视觉上减小两颊的宽度。

第七步：定妆。

在完成上述化妆步骤后，为了使面部妆容更加持久、不脱妆，教师需使用定妆粉定妆。用粉扑蘸取定妆粉薄薄地、均匀地扑在妆面上即可，扑好后可用大粉刷扫掉浮粉。

第八步：唇妆。

教师因为要经常讲课，所以应避免黏性较高的口红或唇彩，宜选择清爽淡雅的口红或唇彩。同时，教师需要根据不同的唇形正确上妆。标准唇形的教师，上妆时着色润泽即可。嘴唇厚大的教师，上妆时先涂抹一层比肤色暗一级的粉底，隐去原有的唇廓，再用唇笔画比原唇形小一些的唇廓线，再涂上与唇廓线相近的口红或唇彩，注意内侧较浓，外侧较淡。嘴唇薄小的教师，上妆时用唇笔描出较粗的唇线，再涂抹口红。

第九步：妆后检查。

在完成整体妆容后，教师还需检查自己的妆容是否左右对称，即眼部、鼻部、脸颊、唇部、耳部等部位两侧的形状、浓淡、弧度是否一致；检查妆容过渡是否自然，尤其是脸部与颈部、耳部的底妆色的过渡，眼影、阴影的层次过渡，等等；检查整体与局部是否协调，有无缺妆、漏妆、残妆、花妆。

3. 掌握补妆的基本技巧

由于脸上会不断分泌油脂等，在化妆一段时间后，尤其是在夏季，妆面容易花。因此，教师在发现花妆后，需要及时补妆，补妆应选择在适当的地点，如休息室、卫生间等私密的地方，避免在公众场合补妆。

此外，在补底妆时，应先除掉残妆，再用粉饼补妆，防止越补越脏。如果是出油性脱妆，先用面纸或吸油纸轻压脱妆处，再用粉扑将脸部的余粉推均匀，然后挑选控油效果好的粉饼轻轻按压在脱妆处。注意使用吸油纸擦拭脸部时不要过于用力，避免将油脂全部吸走，破坏面部水油平衡，造成干燥性脱妆。如果是干燥性脱妆，可先用保湿喷雾润湿海绵，清除残妆，再选用保湿效果良好的粉底液轻轻按压在脱妆处。

在补眼妆时，先用指腹或棉花棒轻轻扫过眼皮，带走残妆及油脂。然后用液状遮瑕笔轻刷眼周，恢复眼周明亮感。最后用眼线笔、液或是眼线胶补好眼线，并在眼线处轻压上一层相同色系的深色眼影，增加眼部持妆度。

在补唇妆时，先清除残妆，并用手指蘸取护唇膏按摩涂抹于唇部，再使用保湿度良好的口红或唇彩补妆，将口红涂抹在双唇中间即可，再以唇线笔代替口红描绘唇角。由于唇线笔的质地偏干，嘴角通常不会有晕染、脱妆的情况发生。

三、修饰妆容的误区

(一)面部保养的误区

1. 频繁深层洁面

所谓频繁深层洁面即经常使用去角质产品等洁面，意图去掉脸上的灰尘、毛孔的分泌物、角质等污渍，旨在彻底洗净脸部皮肤，使面部保持干净清爽，促进肌肤新陈代谢。事实上，这种频繁的"彻底清洗"也将皮肤上的皮脂彻底洗掉，使皮肤失去了天然的保护层，使教师感觉面部干燥紧绷。因此，洁面应当适度，可以适当去角质，但不可过于频繁，一般以10~14天为一个周期，且在去角质后需涂抹一定的护肤精华油。

2. 肌肤过度补水

有的教师认为补水越多越好，尤其是部分皮肤干燥的女教师，因此，为保持皮肤水润，经常购买多种保湿产品并同时使用，每当感觉皮肤缺水时便大量补水。但当肌肤处于缺水状态时，立即补水会刺激肌肤，不利于吸收。而且人的皮肤吸收能力有限，过度补水会使肌肤吸收不良，产生吸收压力，还会抑制肌肤呼吸，导致面部红肿、出痘。

此外，还有的教师认为每天敷保湿面膜也能有效补水，敷完保湿面膜不洗脸或者敷着保湿面膜睡觉能使皮肤更好地吸收面膜中的营养成分。但其实这种行为会起到反作用，尤其面膜变干以后会从皮肤中吸收水分，还可能会导致细菌侵入，感染皮肤。

因此，建议教师根据自己的肌肤状况选择合适的保湿产品，并合理使用。通常一周敷保湿面膜2~3次即可，干性肌肤的教师敷保湿面膜前应先喷保湿水。保湿面膜在脸部停留的时间一般不应该超过20分钟，在敷完保湿面膜后应及时洗净脸上的残留，再涂抹适量的精华或乳液。

3. 错选护肤产品

有的教师认为欧美护肤品的品牌相对国内品牌更有名气，产品质量更有保障，更青睐于国外产品。但西方的护肤品是根据白种人的肌肤特点而研发的，白种人毛孔粗大、肌肤较为粗糙，与黄种人毛孔较小、皮肤细腻的肌肤特征不同。因此，教师在选择护肤品时不应盲目追求外国品牌，不应根据品牌选择化妆品，而应根据自己的皮肤特点选择适合自己肌肤状况的产品，选择取材天然、成分温和的护肤品。

还有的教师认为又油又厚的护肤品涂在脸上能更好地形成保护层保护皮肤，因此会选择油性重的产品。但不同类型的护肤品适用于不同特点的肌肤，教师应根据自己的肤质选择护肤品，否则可能适得其反。

(二)化妆品使用误区

1. 化妆品使用类型不当

有的女教师并未根据自己的肤质、肤色选择合适的化妆品，如有女老师认为面部肤色越白越好，在选择粉底时不挑选与自身肤色相近的色号，而是选择颜色偏白的粉底。还有的女教师一年四季都用同一类型的化妆品。由于不同季节的皮肤状态不同，教师需要根据季节选择不同类型的化妆品。如夏季皮肤易油易汗，水分较多，宜选择吸油性的化妆品；冬季寒冷风大，皮肤易干燥缺水，宜选择油质护肤品。

2. 化妆品使用方法不当

有的女教师为了节约，会将未用完的化妆品倒回容器内；有时为了方便，会直接用双手涂抹化妆品。但因为手部经常接触各种物品，有很多细菌，所以，为了避免对肌肤造成伤害，化妆品若未用完也不要再倒回原容器，尽量不要用手直接上妆。

3. 化妆品使用剂量不当

散粉又名定妆粉。为了有效定妆，不少女教师会不断地往脸上扑散粉，不放过任何角落。虽然在T区使用散粉能减少油光，保持脸部清爽，避免脱妆，但在有皱纹的部位使用散粉会让皮肤看起来过于干燥。

俗话说："一白遮三丑。"不少女教师为了使自己看起来更白，总是厚厚地涂抹一层粉底。不仅如此，在使用其他化妆品时也认为用量越多效果越好。如在夏天，有的女教师一出汗就往脸上扑粉，但化妆品的用量都是有规定的，使用过多或过少都会影响妆容效果，过量使用化妆品还会堵塞毛孔，影响肌肤的正常呼吸和油脂分泌，甚至造成肌肤的慢性中毒。

4. 化妆工具换洗不及时

有的女教师不太注重化妆工具的卫生，常常用完后就放在一边，长期不清洗，也不及时更换。但粉扑、海绵等化妆工具在使用后会残留皮脂和细菌，如果长期不换洗化妆工具，不仅不利于上妆，而且工具上的细菌会迅速繁殖，下次使用时细菌则容易侵入肌肤，危害健康。因此，建议用完化妆工具后及时清洗干净，并将其放置于阴凉干燥处。同时，应定期更换化妆工具，使用海绵上妆的教师在海绵变硬、变色时应立即更换。

（三）卸除化妆品误区

卸妆是化妆的女教师每天必须完成的一项"工作"。但有的女教师由于工作繁忙，回家后不卸妆，倒头就睡；也有女教师觉得卸妆步骤太过烦琐，用洗面奶反复洗脸即可，不使用卸妆油或卸妆水等卸妆产品卸妆；有的女教师认为用卸妆油将脸上的彩妆卸掉就可以了，再使用洗面奶洗脸画蛇添足；还有的女教师虽然使用合适的卸妆产品及时卸妆，但没有遵循正确的卸妆步骤。这些常见的卸妆误区，容易使化妆品、污垢堵塞毛孔，破坏肌肤的内部组织，生成封闭型粉刺，对肌肤伤害极大。

小贴士

正确的卸妆步骤

第一步:若教师佩戴隐形眼镜,在卸妆前应先将隐形眼镜取出,再用蘸满眼唇卸妆油的化妆棉敷在眼部10~20秒,由内眼角至眼尾轻轻擦拭,卸掉眼影。

第二步:用蘸有眼唇卸妆油的化妆棉轻轻擦拭眉部。

第三步:将化妆棉放在睫毛下方,用蘸有眼唇卸妆油的棉棒由睫毛根部往梢部移动,卸除睫毛膏。

第四步:将蘸有眼唇卸妆油的棉棒用描眼线的动作横向擦拭,卸掉眼线。

第五步:将纸巾对折,放在嘴唇中间,上下唇轻轻按压纸巾,来回多次,直至按压不出红印为止;用手指蘸取凡士林涂抹在嘴唇上,凡士林与残留的口红融合后,用化妆棉蘸水打湿,轻轻擦拭嘴唇。

第六步:取适量卸妆油,均匀地涂抹在面部,轻柔地按摩;取少量水将肌肤上附着的卸妆油充分乳化。

第七步:用蘸满卸妆水的化妆棉擦拭颈部。

第八步:用洗面奶清洗面部,重点清洗鼻翼、下巴等容易残留污渍的部位。

第九步:涂抹适量的精华液等护肤产品。

本章小结

肢体修饰方面,教师肢体修饰具有示范作用、安全作用、美化作用。因此,教师应遵循干净清洁、修剪得体、护理得当、美化适度的肢体修饰原则,注重肢体的清洗、美化和护理。

发型修饰方面,教师应遵循干净整齐、自然大方、利落干练的发型修饰原则,使发型与年龄、脸形、体形、服装、季节等相协调,避免头发护理不当、发型长短不当、发型点缀不当等发型修饰误区。

妆容修饰方面,教师应遵循干净清爽、简洁端庄、扬长避短的妆容修饰原则,选择适合自己的洁面用品,掌握正确的妆容修饰技巧,避免面部保养不当、化妆品使用不当、化妆品卸除不当等误区。

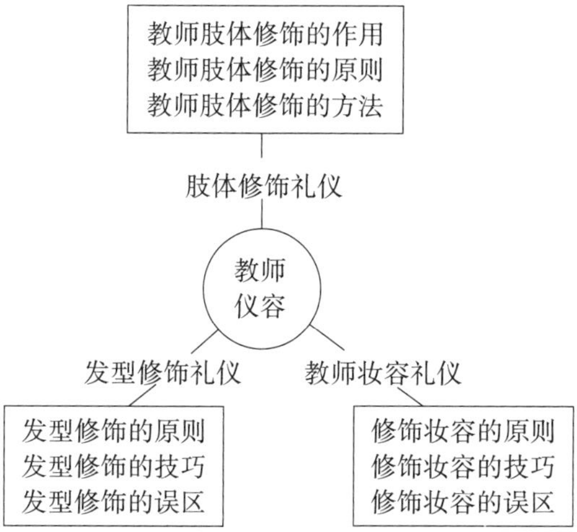

【思考与练习】

1.请谈谈你对教师肢体修饰作用的认识。

2.请你谈谈教师发型修饰的原则。

3.联系实际,请你谈谈女教师化妆时应避免哪些误区。

4.请结合教师肢体修饰、发型修饰、妆容修饰的技巧与方法,为你心中理想的教师画像。(可用文字描述,也可作图)

【学习评价】

评价维度	评价内容	
	评价标准	评价等级（A、B、C、D）
知识与技能	了解教师肢体修饰的作用和发型修饰、妆容修饰的误区	
	理解教师仪容修饰的原则	
过程与方法	通过案例评析、即时考查等,掌握教师肢体修饰的方法和技巧	
	通过案例评析、即时考查等,掌握教师发型修饰的方法和技巧	
	通过案例评析、即时考查等,掌握教师妆容修饰的方法和技巧	
情感态度与价值观	理解教师良好仪容的示范意义	
	具备保持良好教师仪容的责任感	

【推荐阅读】

1.[日]土田瑠美.百变物语:RUMI的超人气快手编发60例[M].张晶晶,译.北京:人民邮电出版社,2017.

2.[日]庆田朋子.护肤全书[M].吴梦迪,译.南京:江苏凤凰文艺出版社,2018.

3.周毅.达脸[M].南京:江苏凤凰文艺出版社,2017.

第四章
教师仪态

凡行步趋跄，须是端正，不可疾走跳踯。

——朱熹

笑的确可以说是人面上的电光，眼睛忽然增添了明亮，唇吻间闪烁着牙齿的光芒。

——钱锺书

优美的身姿胜过美丽的容貌，而优雅的举止又胜过优美的身姿。优雅的举止是最好的艺术，它比任何绘画和雕塑作品更让人心旷神怡。

——爱默生

眼睛说话的雄辩和真实，胜过于言语。

——塔克曼

学习提要

(1)了解教师仪态的作用和原则。

(2)理解教师各种仪态的基本要求。(重点)

(3)掌握教师各种仪态的常用姿势和禁忌动作。(难点)

仪态也叫仪姿、姿态，泛指人们身体所呈现出的各种姿态，包括举止动作、神态表情和相对静止的体态。仪态是反映一个人涵养的镜子，也是构成一个人外在美好的主要因素。教师仪态是教师整体风范之一。著名教育家马卡连柯说，高等师范学校应当用其他方法来培养我们的教师。如怎样站，怎样坐，怎样从桌子旁边的椅子上站起来，怎样提高声调，怎样笑和怎样看等“细枝末节”……这一切，对教师来说都是很必要的，如果没有这些技巧，那就不能成为一个好教师。由此可见，正确运用仪态礼仪是教师基本功(教态)的重要体现。教师的仪态要做到自然、文明、稳重、美观、大方、优雅、敬人，充分展示自身的职业素养和良好素质。

第一节　站姿礼仪

站姿即站立姿势，又称立姿，是指人在停止行动后直立身体双脚着地的姿态。这种静态的身体造型是人们日常生活中一种最基本的仪态动作，也是其他动态身体造型的基础和起点。

教师站姿礼仪，是指教师在站立的过程中头、手、肩、腿、脚的动作符合礼仪规范。本小节将从教师站姿的基本要求、教师站姿的常用类型、教师站姿的禁忌动作三个方面对站姿礼仪进行阐述。

一、教师站姿的基本要求

（一）基本要领

教师良好的站姿能传达出自信、干练的信息，增加自身的可信度、可依赖度，从而给学生以鼓舞和信心。"站如松"既是对一个人仪态自然美的一种要求，又是对一个人礼仪修养的基本规范。由于男女性别的差异，通常要求男教师的站姿具有挺拔、稳健的阳刚之美，女教师的站姿具有端庄、优雅的阴柔之美，但总体而言，男女教师都应掌握以下五个站姿的基本要领。

头正：双目平视，下颌微微上抬，面部表情放松。

肩平：肩部放松，微向后下沉。

臂垂：两臂自然下垂。

躯挺：气息提到胸部，胃部向上顶，整个气息保持在胃部、胸部，有节奏地呼吸，同时收腹、立腰、提臀，身体重心向上。

腿并：两腿直立，大小腿并拢，脚跟靠拢。

案例评析

王老师从大学毕业后到一所小学任教。他读书时成绩优异，学科专业水平较高，任教时教育学生耐心又认真，应该说是完全可以胜任教师工作的。但是，负责指导他的老教师却发现班里总有部分学生在王老师的课堂上分心走神，学习效果不理想。通过多次观察，老教师发现并不是王老师讲得不好，而是他在讲台上的站姿出了问题。王老师站在讲台上时喜欢靠着讲台或者黑板，含胸驼背，两只手还不停地晃动，让人感觉他对自己的讲授不太自信，自然也就不能吸引学生。得到老教师的提醒后，王老师对着镜子专门进行了一段时间的练习，站的时候挺胸抬头，将双手放在身体两侧，双臂自然下垂。一个月后，老教师再次来听王老师的课，发现他在课堂上表现得更自然、自信了，学生也越来越尊重他了。

案例评析：要做一个优秀的教师，不光要储备知识、饱含爱心，良好的教学仪态也十分重要。王老师通过专门的练习，改掉了不良站姿，以阳光、自信的姿态站立在讲台上，自然能够受到学生的尊重和喜爱。

（二）手位

教师站立时，可采用以下手位：

（1）双手置于身体两侧。

（2）双手叠放于体前。

（3）双手叠放于体后。

以上三种手位，男女教师均可采用。

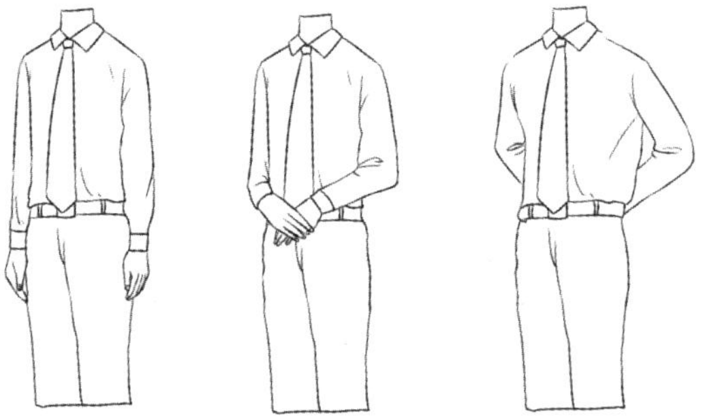

（三）脚位

教师站立时，可采用以下脚位：

（1）“V”字形。

（2）双脚平行分开不超过肩宽。

（3）小“丁”字形。

小“丁”字形脚位通常适用于女教师。

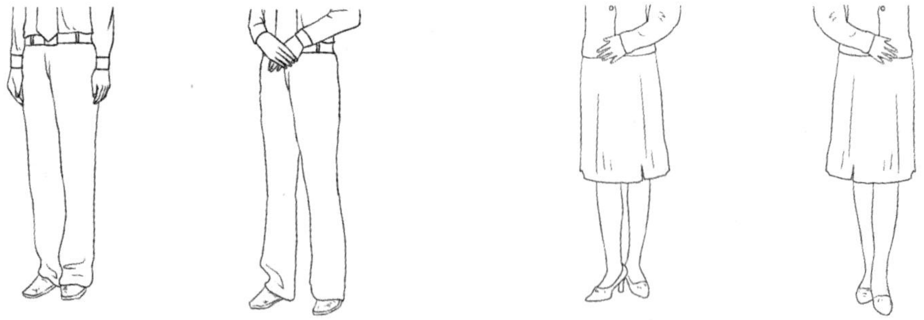

二、教师站姿的常用类型

(一)"V"字步站姿

教师须做到头正,双目平视,下颌微微上抬,面部表情放松。同时,双肩自然下沉,两臂自然下垂,收腹、立腰、提臀,身体重心向上,有节奏地呼吸。大小腿并拢,脚跟靠拢,两脚夹角保持在45度至60度。男女教师均可采用这种站姿。

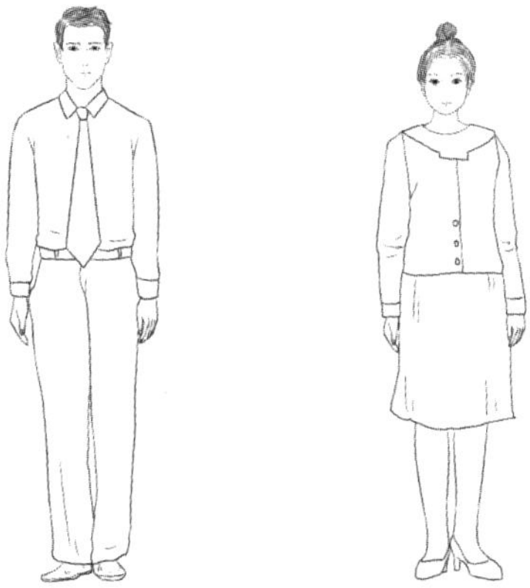

(二)并腿式站姿

教师须做到头正,双目平视,下颌微微上抬,面部表情放松。同时,双肩自然下沉,两臂自然下垂,收腹、立腰、提臀,身体重心向上,有节奏地呼吸。大小腿并拢,双脚靠拢,脚尖正对前方。男女教师均可采用这种站姿。

(三)"丁"字步站姿

教师须做到头正,双目平视,下颌微微上抬,面部表情放松。同时,双肩自然下沉,两臂自然下垂,收腹、立腰、提臀,身体重心向上,有节奏地呼吸。将左脚跟靠于右脚内侧中部的位置,两脚尖分开约45度。一般这种站姿更适合女教师。

(四)分腿式站姿

教师须做到头正,双目平视,下颌微微上抬,面部表情放松。同时,双肩自然下沉,两臂自然下垂,收腹、立腰、提臀,身体重心向上,有节奏地呼吸。两腿分开距离与肩同宽。这种站姿一般更适合男教师。

(五)体前握手式站姿

教师须做到头正,双目平视,下颌微微上抬,面部表情放松。同时,双肩自然下沉,两臂自然下垂,收腹、立腰、提臀,身体重心向上,有节奏地呼吸。大小腿并拢,脚跟靠拢,两脚夹角保持在45度至60度,双手四指并拢,交握于体前。一般男教师左手在上,女教师右手在上。

（六）体后背手式站姿

教师须做到头正，双目平视，下颌微微上抬，面部表情放松。同时，双肩自然下沉，两臂自然下垂，收腹、立腰、提臀，身体重心向上，有节奏地呼吸。大小腿并拢，脚跟靠拢，两脚夹角保持在45度至60度，双手握于体后。男教师也可将双腿分开，呈大“八”字状。

小贴士

教师站姿训练的四种常用方法

（1）五点靠墙法：背墙站立，脚跟、小腿、臀部、双肩和头部靠着墙壁，以训练全身的控制能力。

（2）头上顶书法：站立者按基本动作要领站好后，在头上顶本书，努力保持书在头上的稳定性，以训练头部和身体的控制能力。

（3）双腿间夹纸法：站立者两腿并拢，在两腿之间夹上一张纸，保持纸不松、不掉，以训练全身的控制能力，这种方法尤其可以帮助女教师养成站立时不分腿的好习惯。

（4）对镜训练法：面对镜子，检查自己的站姿及整体形象，看是否歪头、斜肩、含胸、驼背、弯腿等，发现问题及时调整。

每次站姿训练的时间不少于20分钟，训练时最好配上节奏感强、欢快、能调动人体内在潜力的音乐，这样可以缓解疲劳，提高训练效果。

三、教师站姿的禁忌动作

教师在公共场合的站姿，不仅会体现出内在的修养和素质，也会在一定程度上影响教学工作。因此，教师应时刻规范自己的站姿，做到文明、优雅、敬人、有度，避免在站立时出现以下不规范的动作。

（一）禁忌的手位

1. 教师在站立时，应避免将双手抱于胸前

从肢体语言的角度上来讲，这样的动作往往会反映人的防卫心理，因此带给人一种傲慢、有距离的感觉。对于教师而言，这样的动作不利于拉近与学生的距离。

2. 教师在站立时，应避免将双手叉于腰间

叉腰是世界通用的肢体语言，往往传递出攻击挑衅的信号，因为双手叉腰的姿势会使得人所占据的空间更大，可以起到威慑他人的作用。在日常教学中，这样的动作会使教师显得不够和蔼，令人难以亲近。

3. 教师在站立时，应避免将双手斜撑在讲台上

教师在课堂上往往需要长时间站立，久而久之会产生疲惫、劳累之感，这时部分教师会选择将双手撑在讲台上缓解疲劳。但这样的动作会造成身体倚靠在讲台上，给学生、家长和领导以倦怠、懒散、拖沓、无精打采的感觉。因此，教师在教学过程中应该避免出现这样的动作。

4. 教师在站立时，应避免过于频繁的双手小动作

教师在课堂中的一举一动都会引起学生的关注。教师过于频繁的小动作往往会给学生眼花缭乱的感觉，会分散学生的注意力，影响良好教学效果的达成。因此，教师在站立时应该避免手部出现过多的小动作。

5. 教师在站立时，应避免将手插于口袋中

这样的动作会传递一种疏远、拘谨、不严肃的感觉，容易给学生以距离感，不利于与学生亲近。

（二）禁忌的脚位

1. 教师在站立时，应避免双脚间距离过大

在日常的工作中，教师可以根据不同的教学需要以及教学环境改变自己的站姿。一般而言，教师多采用“丁”字步、“V”字步以及双脚平行分开的脚位。但需要注意的是，教师应保持双腿之间的距离不超过肩宽，否则会影响整体仪态的美观。

2. 教师在站立时，应避免抖腿、垫脚、点地等不雅动作

这些体态往往会给人不严肃、随意、散漫的感觉，与教师的职业形象不符。因此，教师应避免此类不雅动作，塑造优雅、端庄的外在形象。

（三）禁忌的站姿

1. 教师在站立时，应避免弓腰驼背

弓腰驼背这样的体态不仅会影响个人的身体健康，还会传达出一种无精打采、颓废不振的感觉，影响整体外在形象的美观度。因此，教师无论是在课上还是课后、校内还是校外，都应该时刻以饱满的精神状态面对学生，传达出积极向上的能量，避免出现弓腰驼背的站姿。

2. 教师在站立时，应避免长时间耸肩、腹部凸出

长时间工作往往会使整个人疲倦、懈怠，这时耸肩、腹部凸出等不雅的站姿就会出现。但这样的站姿不够美观、优雅，不符合教师仪态的要求。因此，教师应避免耸肩以及腹部凸出这样的站姿。

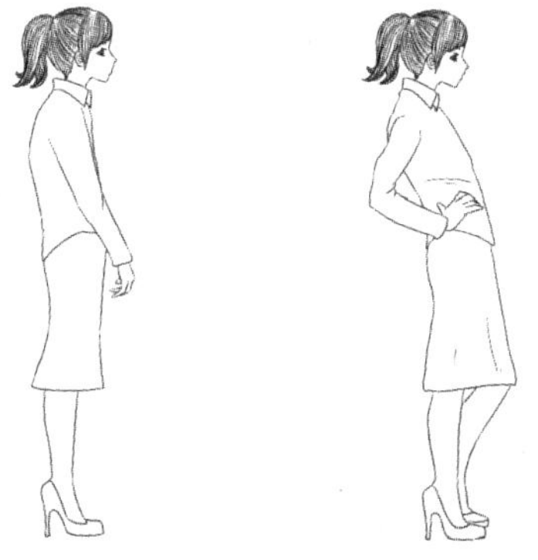

弓腰驼背　　　　腹部凸出

小贴士

教师站姿的小技巧

教师上课时由于长时间保持站立姿态，腿部肌肉长期处于紧张状态，下肢的血液回流就受到了影响，容易造成下肢肿胀、疼痛，严重的时候还会引发静脉曲张。因此，教师授课时可以将身体重心交替地由一只脚移到另一只脚上，始终保持一只脚处在不受力状态，也可慢步走动。课余时间，教师要多活动双腿，肢体抬

高，加快腿部的血液循环；晚上睡觉前可以用热水泡脚并加以双腿按摩，做做踝关节的屈伸运动，可以很好地缓解长时间站立带来的问题。此外，还可以穿能支撑住脚弓的矮跟或中跟鞋，或穿一双医用弹力袜，保护浅静脉，减轻压力。

第二节 坐姿礼仪

坐姿是指人在就座后所呈现的一种姿势。端正规范的坐姿不仅有利于身体健康，还能体现一个人良好的修养素质，提升整个人的气质风度。

教师坐姿礼仪，是指教师在就座、坐定、离座的过程中，头、肩、手、脚的动作符合礼仪规范。本小节将从教师坐姿的基本要求、教师坐姿的常用类型以及教师坐姿的禁忌动作三个方面对教师坐姿礼仪进行阐述。

一、教师坐姿的基本要求

俗语“坐如钟”，就是指坐姿稳重端庄、娴雅自如。“坐有坐相”，是对一个人坐姿礼仪的基本要求。

一般而言，良好的坐姿需要从就座姿势、坐定姿势以及离座姿势三个方面进行规范。准备就座时，应注意就座的顺序、方位以及声响。就座后，应留心手位、脚位、上身躯体以及入座面积。离座时，应保持自然，减少声响。具体来说，教师应掌握以下几点坐姿的基本要求。

(一)就座

1. 注意顺序

在与他人一同就座时，需考虑就座的先后顺序。一般来讲，应优先请位尊之人入座，或与同辈、亲友同时就座。

2. 左侧入座

站在椅子的左侧，右脚向前迈一步，左脚再向前迈一步，右脚再向右侧跨一步，左脚向右脚靠拢，站在椅子的正前方，身体动作要做到“轻、柔、紧”。

3. 确定位置

在离椅前半步远的位置立定，右脚轻轻地向后退半步，通过小腿触碰椅子来确定位置。

4. 整理裙装

女教师穿着裙装入座时，应用手沿大腿侧后部轻轻地把裙子向前拢一下，以显示娴雅端庄。

5. 轻缓就座

坐下时，身体重心徐徐垂直落下，臀部接触椅面要轻，避免发出声音。

6. 调整体位

……舒适，方便整理衣服，可在坐下后调整一下

……3、沙发面积的1/2。

……么落座要讲究"左进左出"？

古时的西方，男女都有佩剑防身。如今，我们依然可以在某些欧洲王室的护卫队演习中看到这种佩饰。佩剑是挂在左腰间的，所以为了避免剑身妨碍入座，当时的人们都有站在椅子的左边，然后右脚向前跨一步后入座的习惯。沿袭至今，这个站在椅子左侧的入座方式也自然而然成了坐姿礼仪的一部分。

(二)坐定

1. 头部

头正，嘴角微闭，下颌微收，脖子挺直，双目平视，面容平和自然。

2. 躯体

双肩平整放松，身体端正舒展，重心垂直向下或稍微向前倾，腰背自然挺直。

3. 腿部

双膝自然并拢，双腿自然弯曲，大腿与小腿成约90度角。

4. 手位

坐定后，双手可平放在双膝上或呈叠放状态，放在一条腿的中前部。

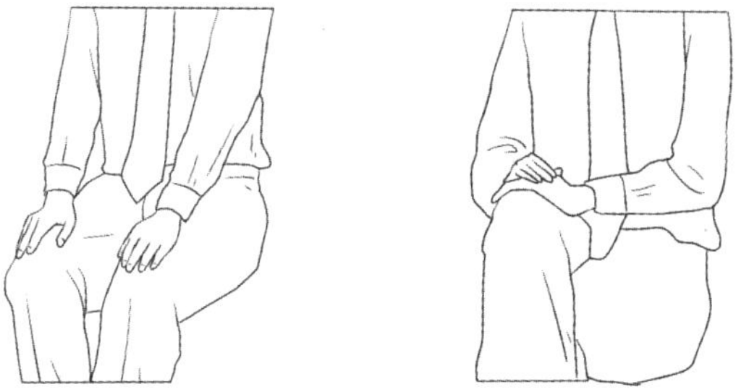

5. 脚位

坐定后，可以采用标准式、侧腿式、重叠式、前交叉式脚位。

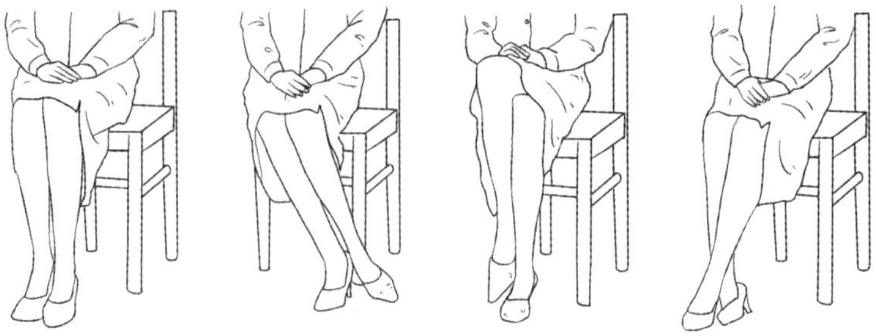

标准式　　侧腿式　　重叠式　　前交叉式

(三)离座

1. 先有示意

离座时,身旁若有人在座,须以语言或动作向其先示意,右脚向后退半步,身体向前倾斜,前脚掌着地,通过腰腿的肌肉力量控制身体重心,随后起身站立。

2. 注意顺序

与他人同时离座,须注意起身的先后次序。地位高者,可首先离座;地位低者,应稍后离座。

3. 缓慢起身

起身离座时,动作要轻缓,无声无息。

4. 站定再走

离开座位后,应保持基本站姿,等站定之后,方可离开。

5. 左侧离座

离开座位时,应选择从左侧离开。

二、教师坐姿的常用类型

(一)标准式

教师入座时,通常应做到头正,嘴角微闭,下颌微收,脖子挺直,双目平视,面容平和自然,双肩平整放松,身体端正舒展,重心垂直向下或稍微向前倾,腰背自然挺直,双腿自然弯曲,双膝靠拢,双脚并拢平放于地面,脚尖正对前方,双臂自然弯曲,双手分别放于左右膝盖之上或叠放于双腿之间。男教师可将膝盖分开,与肩同宽。

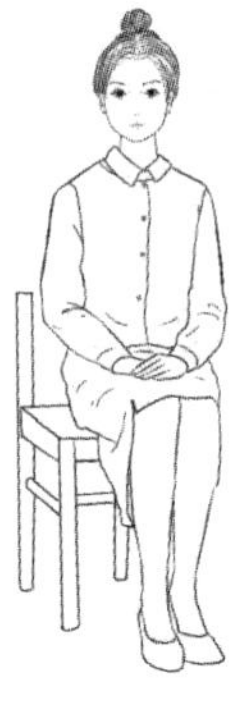

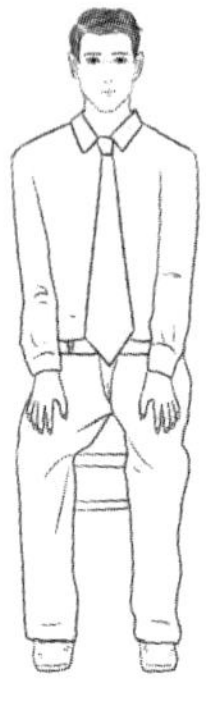

（二）双腿侧点式

在标准式的基础上，双腿向左侧伸出半步，前脚掌着地，两膝靠拢正对前方，双手叠放在双腿之间。

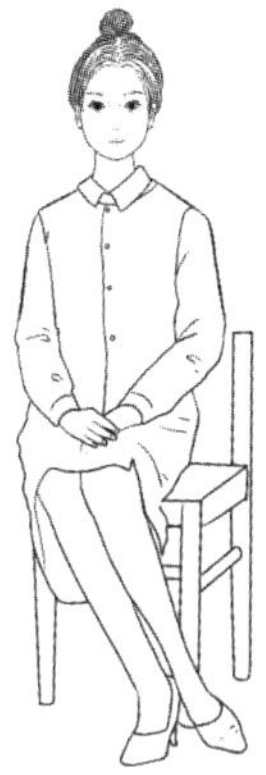

（三）单腿侧点步

在标准式的基础上，左腿向左侧后斜伸出，前脚掌内侧着地，右脚垂直于地面，小腿与大腿呈约90度，全脚掌着地，双手叠放在双腿之间。

（四）前索步式

在标准式的基础上，双腿向前伸出半步，右脚置于左脚之上，两踝关节处相交，两腿并拢，两脚尖点地，双手放于膝盖上或叠放在两腿之间（左脚置于右脚之上的前索步式的动作要领与之相同）。这个坐姿男女教师都适用。

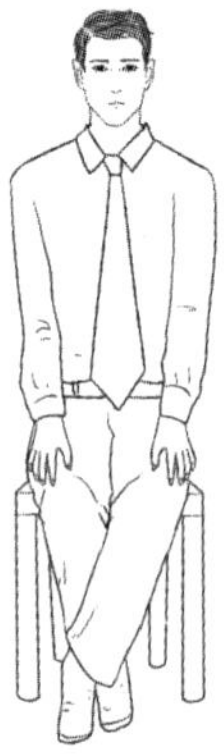

（五）后索步式

在标准式的基础上，右腿稍向右侧伸半步，脚掌内侧着地。左脚提起，挂在右脚踝关节处。双腿并拢，挺胸抬头，下颌微微上抬，双手叠放在右腿之上或双腿之间。女教师在正式场合可以采用这样的姿势。

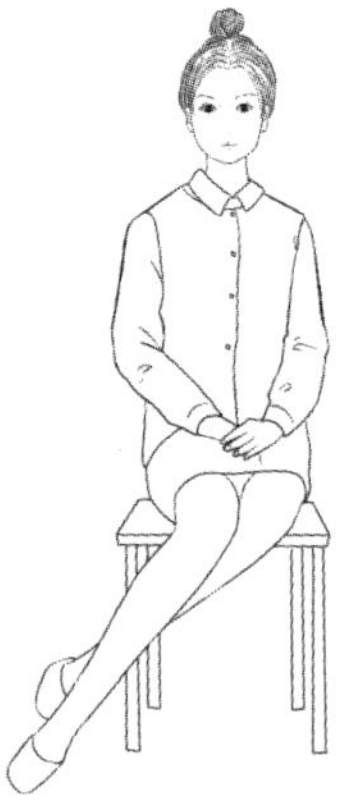

（六）侧攀步式

在标准式的基础上，右腿向右侧点步，收腹抬左腿，屈膝重叠于右腿之上，双腿并拢，双手重叠放在大腿中部。这样的坐姿往往更适合女教师。

(七)斜侧后索步式

在标准式的基础上,双腿向右侧点步。提臀送髋,面向左斜前,右脚内侧点地,脚绷直,脚掌内侧着地,脚跟离地。左脚提起,用脚面贴住右脚踝后部,脚尖向下,双腿并拢,抬头挺胸。双手叠放在双腿之间。

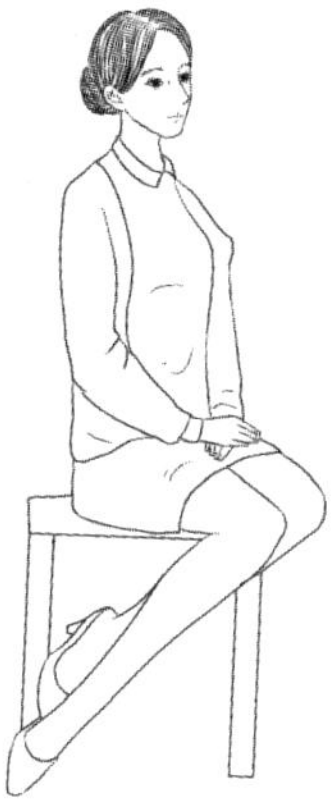

(八)曲直式

在标准式的基础上,左脚垂直于地面,右腿向后退半步,用前脚掌着地,脚后跟稍微抬起,两膝靠拢,身体稍微向前倾,双手叠放在双腿之间(右脚垂直于地面时的动作要领与此相同)。

小贴士

规范坐姿的五种常用方法

(1)示范讲解训练。由指导教师示范腿和脚不同的摆放方式,反复练习。

(2)动作分解训练。分解入座和腿、脚的摆放以及离座的几个步骤,并反复练习。

(3)对镜纠正训练。对着镜子进行反复练习,检查自己的坐姿,发现问题并及时纠正。

(4)同学互评训练。该训练方法可以在教室或宿舍内进行,同学之间互相评价,并指导纠正。

(5)两腿间夹纸训练。为避免女教师由于两膝分开而走光,导致视觉不雅,影响自身形象,所以在教学训练中常采用此训练法,使其养成良好的坐姿习惯。

三、教师坐姿的禁忌动作

规范、良好的坐姿会彰显出一个人良好的品行修养。在公共场合,教师的坐姿不仅会凸显个人的风度、素质和形象,还会对教师的日常工作产生一定影响。因此,教师在就座时应避免出现以下不雅的动作。

(一)禁忌的手位

1. 双手插于两腿之间

教师在就座时,应避免将双手插于两腿之间。这样的姿势会给人一种拘谨、不雅、不够严肃的感觉。对于教师而言,这样的姿势更会显得不够大方、优雅、庄重。

2. 手部小动作过多

教师在就座时,应避免手部小动作过多。坐下后,手部的小动作更能引起他人的注意。例如撩头发、裹手指等小动作往往会传递出一种紧张、焦虑、不自信的感觉。因此,教师在就座后,应该避免频繁的小动作。

3. 手放于口袋等

教师在就座时,应避免将手放于口袋、背于身后、插于腰间。这些体态通常不适合在就座时采用。

(二)禁忌的脚位

1. 抖腿、晃动

教师在就座时,应避免抖腿、晃动。这些动作不仅会传递给人随意、散漫、不严肃的感觉,还会在一定程度上影响他人,与教师的职业形象不符。因此,教师在就座时应避免此类不雅的动作,追求规范良好的坐姿。

2. 双腿分开过大

教师在就座时,应避免双腿分开过大。这样的姿势不够美观、优雅,会影响个人的外在形象。在就座时,男教师双腿分开的距离应该不超过肩宽,女教师应该尽量并拢双腿,降低走光的风险。

3. 倒“八”字腿

教师在就座时,应避免出现倒“八”字腿。在就座时,尤其是女教师,应避免将膝盖打开,让双腿呈现倒“八”字形。这样的动作十分不雅,会破坏外在形象。

4. 跷二郎腿

教师在就座时，应避免跷二郎腿。跷二郎腿指将一条小腿放在另一条大腿上，两者之间还留有很大的缝隙。这样的姿势不仅不利于自身的身体健康，还会给人一种随意、傲慢、轻视的感觉。且教师的行为动作具有一定的榜样示范作用，这样的动作极有可能给孩子们形成错误示范。

5. 双腿放桌椅上

教师在就座时，应避免将双腿放于桌椅上。这样的姿势传达出一种随意、轻视、怠慢的感觉，与教师个人的职业身份不相符合。

6. 腿伸太长

教师在就座时，应避免将腿伸得太长。学生时常会出现在教师身边，教师若将腿伸得太长，会增加学生被绊倒的风险，因此需要避免这样的动作出现。

案例评析

某学校正在进行教师招聘面试。放眼望去，就座等候的面试者都打扮得体、自信满满。但其中有一位面试者小张却最先引起了面试官的注意，她的坐姿非常端庄，上身挺直，双腿并拢，双手自然地放在膝盖上，眼睛没有左顾右盼，而是注视着面试官们。相比起来，其他面试者有的跷着二郎腿，有的双腿呈倒“八”字，有的甚至还在抖腿。小张的这一举止给面试官留下了非常好的印象，加之她专业基础扎实、教学能力较强、综合素质较高，面试结束后，面试官们一致认为，小张非常适合他们招聘的教师岗位，是一名难得的人才。

案例评析：规范的坐姿体现了一个人较高的素质和修养，这一点对于教师而言尤为重要。在这次竞争激烈的应聘过程中，良好的坐姿给了小张脱颖而出的机会，让她顺利地走上了教师岗位。

第三节　走姿礼仪

走姿是指人们在行走的过程中所形成的姿势，又称为行姿和步姿。古人所说的“行似风”，就是要求我们在行走中表现出动态美，体现出一个人的风度和素质，彰显健康与活力。

教师的走姿礼仪是指教师在行走的过程中，头、肩、腰、手、脚的姿态符合礼仪规范。对于教师而言，课堂上恰当、适宜的走动能吸引学生的注意力，拉近与学生的距离，从而有助于师生之间的信息交流与互动。

本小节将从教师走姿的基本要求、教师走姿的常用类型、教师走姿的禁忌动作三个方面对教师走姿礼仪进行阐述。

一、教师走姿的基本要求

总体而言，教师的走姿应该达到平稳、从容、矫健、优美四个要求。具体来说，应符合以下基本要求。

（一）基本要领

1. 昂首挺胸

教师在行走的过程中，应保持头正、颈直、下颌微收，双眼平视，挺胸收腹、上身挺直，重心稍向前倾，使全身看上去形成一条直线。

2. 两臂摆动

教师在行进的过程中，双肩微向后展，平齐下沉，双臂自然下垂，手指自然弯曲。摆动双臂时，双肩应当平稳，以肩关节为轴，上臂带动前臂前后自然摆动，摆动的幅度以30度左右为佳。虎口向前，手心朝向体侧。

3. 直线前进

女教师在行走时，脚尖略开，脚跟先接触地面，依靠后脚跟将身体的重心推送到前脚脚掌使身体前移，两脚跟落在一条直线上。男教师在走路时，两脚内侧着地的轨迹不在一条直线上，而是在两条平行直线上，脚尖可以微微外展。与此同时，要克服身体在行进中的左右摇摆，使得身体保持直线前进。

4. 匀速前进

教师在行进的过程中，应保持速度均匀，富有节奏感。

5. 步高合适

教师在行进的过程中，不宜将脚抬得过高，会给人一种不够稳健的感觉。也不宜抬得过低，在地上拖着走，这样会给人一种无精打采、缺乏朝气的感觉。

6. 步幅适中

步幅是指行走时两脚之间的距离。一般而言，男教师的步幅应该为一脚半，而女教师的步幅为一脚。此外，步幅的大小也与着装的款式息息相关，男教师在穿着西装时，步幅可以稍微大一些，而女教师在穿着连衣裙、高跟鞋时，步幅应该小一些。

7. 声音轻微

教师在行进的过程中，应该减少鞋子与地面接触的声音，同时应该减少饰物之间接触的声音。

8. 身体协调

教师在走路的过程中，应该保持身体各个部位的动作协调一致，抬头挺胸，走动时要脚先着地，膝关节在脚部落地时要伸直，腰部成为重心移动的轴线，双臂在身体两侧前后摆动。

小贴士

教师在课堂上走动的智慧

(1)教师在板书前后为了不遮挡板书内容可以走动变换位置。

(2)学生回答问题时,教师可以走向学生,表现出对学生的鼓励。

(3)在对学生进行个别辅导、疑难解答、控制学生活动,以及监督学生做课堂作业时,教师可选择来回走动。

(二)不同着装的走姿

1.穿着西装的走姿

西装以直线条为主,其特点是舒展、挺拔、庄重、大方,因而在仪态举止方面也要以直线为主。穿着西装走动时身体要挺直,后背要平正,双腿直立,走路的步幅可略大些。女教师在穿着西装行走时,要注意髋部不要左右摆动。

2.穿着套裙的走姿

穿着套裙,无论长短,因裙摆小,行走时最大限度只能跨出一步,应注意保持平稳,两手臂的前后摆幅、步幅也要小一点。

3.穿着旗袍的走姿

穿着旗袍要求身体挺拔,下颌微收,注意不要塌腰撅臀。行走时,髋部可随脚步或身体重心的转移稍左右摆动,步幅可略小些,手臂前后摆幅宜小一些,不要过大。

4.穿着大摆裙的走姿

穿着大摆裙可以使人显得修长,并且大裙摆还能使人显得飘逸潇洒。穿着大摆裙走动时可一手提裙,步幅可稍大些,手臂的摆幅也可随之大一些。

5.穿着休闲裤装的走姿

穿着休闲裤装,要表现出轻盈、随意、洒脱、敏捷的特点,行走步幅随意把握,可快可慢。

(三)不同鞋子的走姿

1.穿平跟鞋的走姿

穿平跟鞋行走时,步幅稍大些,手臂的摆动幅度也可稍大些。但行走时,由脚跟到脚掌用力的过渡要均匀适度,身体重心的推送要平稳,不可脚掌过度用力,使身体向上冲,造成步态上下颠动的不平稳状态。行走时要脚跟先落地,脚跟不要提起过高,抬腿也不可过高,否则往前行走时会给人一种往前甩小腿的感觉。

2.穿高跟鞋的走姿

穿上高跟鞋后,脚跟被垫高了,为了保持平衡,身体重心会前移至脚掌上。因此,穿高鞋行走时一定要注意将踝关节、膝关节、髋关节挺直,立腰收腹、头微上扬。行走时,步幅、手臂摆幅不宜大。脚跟先落地。在前脚着地、后脚离地时,膝盖一定要挺直。双脚落地时，脚跟要在一条直线上，脚尖略外展，走出来的脚步像一枝柳条上的柳叶一样，即所谓的柳叶步。

二、教师走姿的常用类型

（一）平行步

两脚朝前走，呈两条平行线。在社交场合，男教师要体现自己的绅士风度，走平行步即可。

（二）柳叶步

行走时，两脚交替行走，两脚跟在一条直线上，双脚尖各自向左右斜前略微分开。女教师为了体现形体美，在社交和工作中常用柳叶步。

（三）后退步

向他人告辞时，应先向后退两三步，再转身离去。退步时，脚要轻擦地面，不可高抬小腿，后退的步幅要小，转体时要先转身体，头稍后再转。

（四）前行转身步

在前行中要拐弯时，要在所转方向远侧的一只脚落地后，立即改脚掌为轴，转过全身，然后迈出另一只脚。即向左拐，要右脚在前时转身；向右拐，要左脚在前时转身。步幅要小，先转身后转头。

小贴士

规范走姿的四种训练方法

（1）双臂摆动训练。身体直立，重心向上，以肩关节为轴，上臂带动前臂前后自然摆动，摆动幅度在30度左右，虎口向前，手心朝向体侧。两肩不要前后晃动，避免一肩高、一肩低，双肩不要过于僵硬。

（2）步位、步幅训练。在地上画一条直线，行走时检查自己的步位和步幅是否正确，纠正外“八”字、内“八”字及步幅过大或过小的毛病。

（3）顶书训练。将书本置于头顶，行走时保持头正、颈直、目不斜视，纠正走路摇头晃脑、东张西望的毛病。

（4）步态综合训练。训练行走时各种动作的协调，最好配上节奏感较强的音乐，注意掌握走路时的速度和韵律，保持身体平衡，双臂摆动对称，动作协调。

三、教师走姿的禁忌动作

在日常工作中，教师的走姿不仅会彰显气质风度，反映个人素质修养，还会影响课堂的最终呈现效果。规范的走姿能潜移默化地对学生产生积极的影响，从而促进良好教学效果的达成。因此，教师在行走的过程中应该避免以下动作。

（一）方向不定

教师在行进的过程中，应避免忽左忽右，变化多端。这样的体态往往给人一种犹豫不决、心神不定的感觉，同时也表露出不自信与焦虑。对于教师而言，这样的体态不利于教学工作的开展。

（二）左顾右盼

教师在行进的过程中，应避免东张西望。在走路的过程中左顾右盼会传达出一种随意、迷茫的感觉，尤其是不停长回头看会给人一种不礼貌的感觉。此外，教师行走时还应该避免长时间低头，耷拉着眼皮。

（三）随意散漫

教师在行进的过程中，应避免无精打采。教师在日常工作中，应该避免弓腰驼背、走路大摇大摆，这些动作会给家长、学生以及领导颓废不振的感觉。同时也需要注意走路时不要跋地，发出噪声。在正式场合，教师也不应该将双手背在身后、插在口袋里行走。

（四）步态不雅

教师在行进的过程中，应注意规避不雅的步态，尽量避免出现外“八”字、内“八”字，同时避免出现摇头、晃肩、甩胯、扭臀等动作。这些步态不仅不优雅，与教师的身份形象不符合，还会影响身体健康。因此，教师应该避免此类不雅步态，追求优雅、端正的走姿。

（五）步伐不稳

教师在行进的过程中，应避免变速前进、步幅不稳，这样会显得十分毛躁。男教师在走路时应该避免步幅太碎，女教师在走路时应该避免步幅太大，这样的姿态都会影响整体形象的美观。

第四节　　蹲姿礼仪

蹲姿是指身体从站立的姿势转变为两腿弯曲和身体高度下降的姿势。教师蹲姿礼仪是指教师在下蹲的过程中，头、手、腿、脚的动作符合礼仪规范。本小节将从教师蹲姿的基本要求、教师蹲姿的常用类型以及教师蹲姿的禁忌动作三个方面来阐述教师的蹲姿礼仪。

一、教师蹲姿的基本要求

在日常生活中，蹲姿是人们在比较特殊的情况下所采用的暂时性的体态，如低处取物、拾物以及整理鞋袜等。但对于小学教师而言，除了以上情况外，时常还需要蹲下与学生进行交流或参与一些需要蹲下的户外活动，拉近与学生的距离。因此，小学教师需要注意规范自己的蹲姿，体现出高素质与修养，也便于与学生进行互动。

尽管蹲姿这种体态通常情况下持续的时间不长，但对教师而言，仍然需要掌握其相关要求，使蹲姿不仅符合礼仪规范，还富有美感。具体而言，教师应该掌握以下三个基本要求。

第一，注意自然：应使头、胸、膝关节在一个角度上，以保证动作的大方、美观。

第二，注意平稳：两腿合力支撑身体，避免滑倒。

第三，注意安全：在蹲下的过程中，要确保与周围人的距离安全，防止与他人相撞。

二、教师蹲姿的常用类型

教师在日常的教学工作中，不可避免地会遇到需要蹲下的场合。因此，教师必须要规范自己的蹲姿，做到大方、优雅、美观。教师通常可采用以下四种蹲姿类型，即交叉式蹲姿、高低式蹲姿、半跪式蹲姿和半蹲式蹲姿。

（一）交叉式蹲姿

交叉式蹲姿通常更适用于女教师，尤其是穿着短裙的女教师，它的基本特点是造型优美典雅、自然大方。以右脚在前交叉式为例，其基本特点是蹲下后双腿交叉在一起。这种蹲姿的基本要求是：下蹲时，右脚在前，左脚在后，右小腿垂直于地面，全脚着地；左膝由后下方伸向右侧，左脚跟抬起，并且脚掌着地，呈现出右腿在上、左腿在下，二者交叉重叠，两脚前后靠近的体态。双腿合力支撑身体，上身略向前倾，臀部朝下（左脚在前交叉式蹲姿与右脚在前交叉式蹲姿的动作要领相同）。

右脚在前交叉式

左脚在前交叉式

(二)高低式蹲姿

高低式蹲姿的基本特点是:双膝一高一低。这种蹲姿的基本要求是:下蹲时,双腿不并排在一起,而是左脚在前,右脚稍后。左脚应完全着地,小腿基本上垂直于地面;右脚则应脚掌着地,脚跟提起。此刻右膝低于左膝,右膝内侧可靠于左小腿的内侧,形成左膝高、右膝低的姿态。臀部向下,基本上用右腿支撑身体。

男教师在采用高低式蹲姿时,可以适当分开双腿,右腿屈膝跪地。女教师在采取这样的姿势时,应该注意将双腿靠拢,臀部向下,以保证动作的优雅,同时避免不必要的尴尬。

(三)半跪式蹲姿

半跪式蹲姿又叫作单跪式蹲姿。它是一种非正式的蹲姿,更多用于下蹲时间较长,或者为了省力的情况。它的基本特点是双腿一蹲一跪,基本要求是左脚平放在地上,左腿自然弯曲向左打开约30度,右脚尖着地,右脚跟翘起,将臀部的重心落在右脚跟上,右膝向下向右打开约60度角,两手平放在大腿上,两肘紧贴两肋,上身挺直,昂首挺胸,目视前方(右脚平放在地的半跪式蹲姿与左脚平放在地的半跪式蹲姿的动作要领相同)。

右脚平放在地半跪式

左脚平放在地半跪式

(四)半蹲式蹲姿

半蹲式蹲姿多于进行中拾物、取物时采用，基本特点是身体半立半蹲。半蹲式蹲姿的基本要求是：在下蹲时，上身稍许弯下，但不宜与下肢构成直角或者是锐角，臀部向下，双膝略为弯曲，其角度根据需要可大可小，但一般为钝角，身体的重心应该放在一条腿上。需要注意的是，在半蹲的过程中，两腿之间的距离不宜过大，以免破坏整体的美观形象。

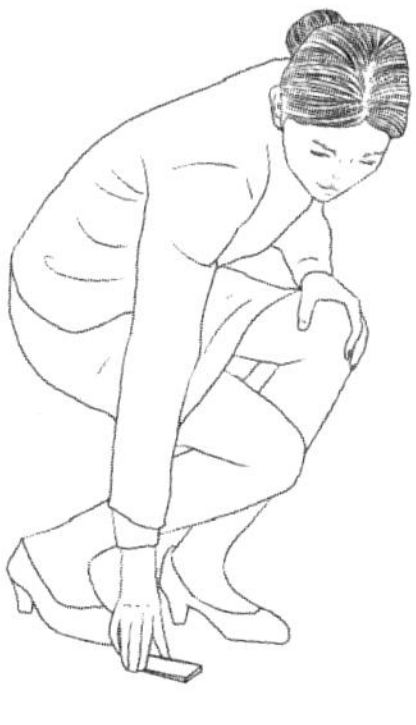

小贴士

规范蹲姿的四种训练方法

(1)示范讲解训练：从正面、侧面、背面观察蹲姿的示范讲解，进而从各个方面调整、规范自己的蹲姿体态。

(2)动作分解训练：通过分解交叉式、高低式、半跪式、半蹲式蹲姿的手臂动作、上身和脚的配合进行分步练习。

(3)对镜纠正训练：根据讲授的动作要领，面对镜子进行练习，纠正自己的不足。

(4)场景假设训练：设定不同的场景进行练习，例如捡书、捡笔、捡垃圾以及整理鞋袜、系鞋带等场合。

三、教师蹲姿的禁忌动作

爱默生曾经说:“优美的身姿胜过美丽的容貌,而优雅的举止又胜过优美的身姿。优雅的举止是最好的艺术,它比任何绘画和雕塑作品更让人心旷神怡。”良好、规范的蹲姿能很好地展现个人魅力,而错误的蹲姿不仅影响身体健康,还会影响他人对你的整体印象和评价。

小学教师的蹲姿往往起着榜样示范作用,间接影响着学生的蹲姿习惯,所以小学教师应该避免出现以下六种蹲姿的禁忌动作。

(一)忌突然蹲下

除特殊的活动要求外,下蹲的速度不应该过快,尤其是在行进的过程中,因为突然下蹲会给人毫无防备、不礼貌的感觉,会显得不够庄重、优雅、大方。同时,下蹲速度过快可能会吓到学生或者引起学生不必要的关注。

(二)忌距人过近

教师下蹲时,需要与周围的人保持一定距离,避免自己的动作影响到他人。尤其是在与他人同时下蹲时,更需要保持距离,以防彼此之间出现“迎头相撞”以及其他的尴尬与误会。

(三)忌方向不当

教师在其他人身边下蹲时,最好和他人侧身相向。面朝他人蹲下往往会使得他人尴尬、不知所措,而背对他人下蹲则会给人一种不礼貌、不受尊重的感觉。因此,教师在日常工作中应该避免这样的情况发生。

(四)忌毫无遮掩

教师若穿着领口较大、上衣较短的衣物下蹲时,一定要注意遮掩,避免因为下蹲而带来不必要的尴尬。尤其是女教师在穿着裙装时,更应该注意自己的裙摆,避免走光,造成不良的影响。

(五)忌弯腰撅臀

教师下蹲时一定不要有弯腰、臀部向后撅起的动作,同时切忌两腿叉开或两腿展开平行下蹲,这样的动作不够美观。在下蹲的过程中,还要避免露出内衣、内裤等不雅的行为,影响仪态美观。当需要捡起落在地上的东西或拿取低处物品的时候,不可出现只弯上身、撅起臀部的动作,而是应该首先走到要捡或拿的东西旁边,其次使用正确的姿态下蹲,将东西拿起。

(六)忌蹲在桌椅上

在现实生活中,有些人养成了蹲在凳子或椅子上的习惯,这种姿势非常不雅,不合礼仪。对于教师而言,应该绝对避免在公共场合出现这样的姿势。

案例评析

在一次户外活动课上,陈老师带着四年级的同学们一起玩游戏。游戏的规则很简单,全班被分为四个小组,分别选取不同的水果名作为代号,被喊到代号的组,需要一边喊指定的口号一边做下蹲。陈老师希望通过游戏的方式来训练同学们的应变能力,同时达到锻炼的效果。为了拉近和同学们的距离,陈老师加入了名叫“苹果”的队伍,老师的加入让全班同学显得格外兴奋。随着游戏的进行,同学们的热情越来越高,动作也越来越快。突然,“苹果”的叫声再次响起,陈老师所在的队伍马上做出了反应。可就在这时,意外发生了,由于和旁边的同学距离太近,陈老师在迅速蹲下的过程中不小心撞到了身旁的一名同学,这名同学一屁股跌坐在了地上。陈老师赶紧扶起他并且询问是否受伤,在确认没有受伤的情况下,游戏才继续进行。但在后来的游戏过程中,陈老师吸取了教训,反复强调下蹲时应注意的安全问题,确保了游戏的顺利进行。

案例评析:教师在教学活动中需要做出下蹲动作时,不但要姿态规范、大方优雅,更要注意与身边的人保持足够的安全距离。陈老师就是因为忽视了这一点,导致在下蹲时撞倒了学生。因此,教师应吸取教训,尽量避免此种情况的发生。

第五节　表情礼仪

表情礼仪是指人的面部表情符合礼仪规范。对于教师而言,微笑与眼神是教师最常用的面部表情。因此,本小节将从教师眼神的作用、教师眼神的运用以及教师眼神的禁忌三方面来阐述教师的眼神礼仪;从教师微笑的作用、教师微笑的原则以及教师微笑的训练方法三方面来阐述教师的微笑礼仪。

一、教师的眼神礼仪

安斯蒂曾说:“眼睛是内心的索引。”这是因为眼睛是表情达意的重要感觉器官。心理学研究也表明,人的视线活动概括了70%的体态语表达领域,这里的视线活动就是指眼神。在教学活动中，眼神也被称为目光语，是教师经常采用的一种非语言性交流方式。教师科学而艺术地运用眼神，不仅能更好地表达情感，还能辅助教学的开展，提高教学的效果。正确地运用眼神需要教师掌握眼神注视的方法，把握好注视的角度、时间以及部位，同时要避免使用不恰当的眼神，以防因交流不畅而产生误会。

(一)教师眼神的作用

1. 表情达意，辅助教学

在教学的过程中，眼神是师生情感交流的隐形桥梁。教师在课堂上可以借助眼神向学生传递鼓励、提醒、表扬、期待等情感，由此增加学生的课堂参与感，让学生感受到学习的乐趣，激发学生的学习动力，进而辅助完成教学任务。例如，课堂上，当胆小、不自信的学生回答问题时，教师可以用期待、真诚的眼神鼓励学生大胆发言；当学生勇于提出问题或是在课堂上积极发言时，教师可以用肯定、高兴、赞扬的眼神看向学生，给予他们鼓励；在学生出现问题时，教师可以在耐心教育的同时用柔和的目光看向学生，帮助学生解决难题。

2. 调控课堂，有效管理

教师的眼神不仅能辅助教学，沟通师生情感，还能调节学生的行为、情绪，起到维持课堂秩序、辅助课堂教学正常开展的作用。例如，在开始上课时，很多学生还没有进入学习的状态，面对这样的情况，教师可以在宣布正式上课的同时，用柔和的眼神环视整个教室，暗示学生们保持安静，准备开始上课；在上课的过程中，教师若发现有学生违反课堂纪律，可以选择将目光投向这个学生，无声地提醒其认真听课。采用这样的方式既能保护学生的自尊心，也能避免打乱教学进度，影响教学效果。

3. 观察学生，调整教学

在课堂教学或是个别辅导时，教师可以通过观察学生的面部表情以及精神状态来判断学生的学习效果，以此调整教学的内容、速度和方法，提高教学质量。例如，在讲述重点知识时，教师可以观察学生是否存在皱眉、摇头、迷茫的现象，如果大多数学生出现这样的情况，则代表着大多数人对于这个知识点存在疑问，教师需要进一步讲解；如果大部分学生出现点头、微笑的动作或表情，则代表学生们普遍理解了这个知识点。

案例评析

刘老师是一名骨干教师，她所带的班级无论是成绩还是其他方面都特别优秀。而小王老师是一名实习教师，虽然自己的学业优秀，但有时候在课堂上显得有些力不从心。一天，小王老师到刘老师班上听课，得到了一些意外的收获。她发现刘老师进教室后做的第一件事不是喊“上课”，而是环视整个教室，等待大部分同学安静下来才开始教学。在课堂上，刘老师发现有学生说小话也不会出声批评，而是选择用眼神提醒。在讲重点时，刘老师说："我看见有很多同学皱着眉头，那我再讲一遍，大家可要仔细听哟！"在请学生回答问题时，刘老师会露出期待、鼓励的眼神。小王老师这才发现，原来教师眼神的运用是一门大学问。

案例评析：成功的教学管理有时候需要依赖教师的神态来传递信息、把控课堂。富有教学经验的刘老师选择用眼神来表情达意，起到了事半功倍的效果。

（二）教师眼神的运用

1. 注视的方法

环视法。即教师按照从左到右、从右到左、从前到后或从中间到两边的路径来环视整个教室。这种方法多用于开始上课时，提醒学生进入学习状态，也会在准备下课时使用，表示对学生的尊重。教师在环视时需要适当放慢环视速度，照顾到教室的各个方位，也可以在某些地方做短暂停留，让学生感受到教师的关注。同时，教师在这个过程中也可以根据学生的眼神、面部表情辨析出学生的学习情况，从而调节教学的进度。

专注法。即教师短暂地将视线放在教室的某一处或某个学生的身上，时间一般控制在3秒左右。同时教师可以根据陈述的需要变换眼神传达的情感内容。例如，当讲述重点时，教师就可使用认真、坚定的眼神并结合一定的语气、语调提醒学生集中注意力，专心听讲；当发现有同学违反纪律时，教师也可以使用专注法，用警告的眼神提醒学生认真听讲。

虚视法。即教师看向某个区域但不刻意地将视线看向某个学生。这种方法适合于初上讲台的教师，因为它可以在一定程度上缓解初上讲台的紧张情绪，同时也能让学生感受到教师与他们的眼神交流。

2. 注视的角度

注视的角度一般分为四种，即俯视、平视、仰视、斜视。一般来讲，俯视是指目光向下注视对方，表示爱护、宽容的意思。例如，教师站在讲台上时，较多采用俯视。平视是指目光与他人的目光大约保持在同一水平面上，表示平等、公正的意思。例如，小学教师会选择蹲下与学生交谈，保持平视。仰视是指目光向上看向对方，表示尊敬、期待的意思。斜视是指视线斜行，表示怀疑、轻视的意思，教师在教学工作中应尽量少使用斜视角度注视。

3. 注视的时间

教师在与学生、家长以及同事交流的过程中，一定要保持目光的接触。若目光躲闪、回避，会给他人一种不可信、不诚实以及不受尊重的感觉；同样也不能长时间地注视他人，因为长时间的凝视会有一种威慑、蔑视的作用，给对方以被冒犯的感觉。正如英国人体语言学家莫里斯所说："眼对眼的凝视只发生于强烈的恨与爱之间，因为大多数人在一般场合中都不习惯被人直视。"当然，也不能几乎不看他人，这样不仅会显得缺乏自信，也会让对方感觉不受尊重。心理学家的研究表明，人们目光接触的时间一般为对话时间的30%~60%。若大于60%，则表明对谈话对象本身的兴趣大于对谈话内容的兴趣；若小于30%，则表示对谈话对象或内容不感兴趣、疲倦。

4.注视的部位

公务注视区。对于教师而言，公务注视一般在研讨会、家访、任务布置会等较为正式的场合使用。它的视线范围是以对方的双眼为底线、前额上部为顶点构成的三角形区域。注视这个部位会给人一种郑重、认真的感觉，营造一种严肃的氛围，也能帮助谈话者掌握主动权和控制权。

社交注视区。对于教师而言，社交注视一般用于和同事、家长的日常交往中。它的视线范围是以双眼为上线，到唇部中央构成的倒三角区域。注视这个区域能给他人平等亲切、轻松自然的感觉，有利于营造一种融洽和睦的氛围。

亲密注视区。亲密注视一般用于和关系亲密的人的交谈中。它的视线范围主要是在对方的双眼至胸部之间。这样的注视包含着热烈、炽热的感情，能使对方有一种被关切、被热爱的感觉，因此，常用于和亲人、爱人之间的交流。

即时考查

（1）请你在下图中画出公务注视区、社交注视区以及亲密注视区的范围。

（2）根据所学内容完成下列表格。

场景	注视的方法
您发现有一个学生在开小差	
	环视法
学生站起来回答问题	

(三)教师眼神的禁忌

1.眼神方向变化方面

忌眼神飘忽不定。眼神飘忽不定是指教师的眼神游离不定、缺乏焦点。这样的眼神不仅会影响教师形成个人稳定的气场,显得慌张、不自信,也导致教师无法与学生进行稳定的眼神交流。在课堂上,教师若眼神飘忽不定,会影响学生课堂的参与感,破坏课堂的氛围。在家长会上,教师的眼神飘忽不定,会给家长一种不可信任的感觉。在研讨会上,若教师的眼神飘忽不定,会显得不自信、自卑、胆小。

忌眼神固定不变。眼神固定不变是指教师将视线固定在某一点或某个人身上,缺乏方向的变化。这样的眼神不利于与谈话对象之间的交流沟通。例如,教师在课堂上将视线固定在某一位学生身上,不仅会在一定程度上使这名同学感到紧张、不安,还会影响与其他同学的交流沟通;若教师在与家长沟通的过程中,保持视线固定不变,会给家长一种被冒犯的感觉。

2.眼神情感表达方面

眼睛是心灵的窗户,具有反映深层心理、表情达意的功能。教师运用眼神传递情感时,应该避免传递过于消极的情感和信息,不应出现目光空洞、冷漠、沮丧、讥讽、厌恶等情感。例如,在上课时,教师应该做到眼神坚定、有神采,避免出现空洞的目光,这样的眼神会使课堂变得无趣乏味;在学生犯错时,教师不应该采用讥讽、厌恶的眼神,这样可能会使学生对老师产生厌恶的情绪,也可能会导致学生自暴自弃,不利于学生的心理健康。

3.眼神互动交流方面

忌躲闪。眼神躲闪是指回避与他人的眼神交流。这样的行为会给交流对象留下不自信、慌乱的感觉。如果教师在课堂上眼神回避躲闪,不仅无法与学生正常交流,还不能及时了解到学生的学习状况,不利于教学的开展。

忌盯视。盯视是一种非常不礼貌的行为。在正常的社交活动中,如果一直盯着别人看,会让他人觉得不舒服、被挑衅,感觉自己被冒犯。教师不论是在与学生、家长还是同事交流和沟通时都应该避免出现这样的行为。

忌眯视。眯视是指虚着眼睛看东西。这是一种非常不友好的行为,往往会给人一种蔑视、睥睨的感觉。并且,这样的行为也不够美观、优雅。教师无论是在单独与人交流,还是在上课、开家长会、参加研讨会时,都不应使用眯视。

小贴士

不同民族、不同地区的人往往会有很多不同的眼神习惯。例如：中国人交谈时，可以礼貌、自然地看着对方；瑞典人交谈时，喜欢你看着我，我看着你；英国人交谈时，很少互相对视；美国西南的那发赫人一般不打量对方，认为向对话人投射目光是不文明的举动；南美印第安人互相攀谈时，眼睛一定会东张西望；日本人在闲谈时，喜欢看着对方的脖子，认为直接盯着对方的脸是不礼貌的举动；非洲肯尼亚卢奥族，女婿与岳母不得面对面地交谈；地中海诸国的人们，认为呆滞的目光是不吉祥的，会给人们带来灾祸；希腊人交谈时，不能久久凝视对方；非洲尼日利亚人认为久久直视对方是对其不尊重。

二、教师的微笑礼仪

微笑是一个令人放松、愉悦的表情，能打破人与人之间的隔阂。正如著名诗人泰戈尔所说："微笑，是世界上最美丽的语言。当你微笑时，世界爱上了你。"在教育的过程中，微笑也是教师最有力的体态语之一。它表达了一种关爱，传达了一份信赖，展现了一种胸怀。不仅如此，微笑也是教师自信绽放的秘诀，是增强师生关系的润滑剂，是促进课堂教学的法宝。教师在微笑时应把握真诚这一总体原则，再掌握好适度、适宜两个基本原则，让微笑更美、更自然。

（一）教师微笑的作用

1. 增加教师自信

微笑能够让教师保持良好的授课心境，从而发挥出最佳的教学水平。教师在讲课时始终保持一种真诚的微笑，不仅会让学生感到轻松愉快，还会使自身的大脑皮层细胞兴奋活跃。这样的状态往往更有利于教师将自己所准备的内容以及储备的知识出色地讲出来。教师还可能会在授课的过程中产生灵感，让课堂更有活力。所以，教师可以利用微笑来让自己放松，增加自己的自信，展现出自己最好的教学水平。

2. 增强师生感情

微笑是沟通师生关系的桥梁，它能够传达给学生以鼓励、关爱、赞许、宽容的情感，能拉近教师与学生的距离，打破师生之间的隔膜，促进师生感情的发展。例如，当学生遇到挫折、沮丧、受伤，感觉被冷落的时候，教师对学生展露一个微笑，给予学生关爱与鼓励，不仅有利于学生快速走出负面情绪，还能拉近与学生的距离，增强与学生的感情；在平时的生活中，教师多笑一笑，会显得更加平易近人、亲切温和，能让更多学生愿意与之接触。

3. 促进课堂教学

美国心理学家罗杰斯认为："成功的教学依赖一种真诚的理解和信任的师生关系，依赖于一种和谐的课堂气氛。"教师面带微笑地进入课堂，能使课堂的氛围更加轻松、愉悦，学生也能更加快乐地学习，最大程度地释放自己的潜能。有研究表明，学生在积极状态下的学习效率，比在消极状态下的学习效率高30%~45%。在课堂上，教师可以采用微笑提问、微笑肯定、微笑批评的方式来调节学习的氛围。

（二）教师微笑的原则

1. 真诚

真诚友善的微笑，从本质上看在于自信、友好，这样的笑容被全世界所认同。因此，教师的笑容也应该做到发自内心、表里如一，而非虚情假意、敷衍了事。

2. 适度

微笑虽然是人际交往中最有吸引力的面部表情，但也不能随心所欲。微笑时，不应该故意掩盖笑意、压抑喜悦的心情，这样会显得不够真诚、过于拘束；也不要咧嘴大笑，显得不够雅观。正确的微笑要有的放矢、适可而止。

3. 适宜

微笑应该注意场合以及对象。例如，在特别严肃的场合，不宜笑；在别人过于悲伤的场合，不宜笑；在别人说错话、做错事时，不宜笑。

（三）微笑的训练方法

1. 眼睛笑容法

用手遮住鼻子和嘴，只露出眼睛，练习让自己的眼睛笑起来。这时眼角是微微上提的，眉头也一定是舒展的，这就是我们平常所说的眉开眼笑。面部肌肉放松后，眼睛也随之恢复原来的形状，但目光中仍然会反射出脉脉含笑的神采。

2. 模拟训练法

先端坐于镜前，整理好衣装，以轻松愉快的心情调整呼吸至自然顺畅，静心3秒，最好同时能听听欢乐的音乐。再轻合双唇，伸出两手食指，指尖对接，放在嘴前15~20厘米处，让两食指的指尖缓慢、匀速地分别向左右移动，使之拉开5~10厘米的距离。嘴唇随两食指移动速度同步加大唇角的展开度，并在意念中形成美丽的微笑，让微笑停留数秒钟。两食指再缓慢、匀速地向中间靠拢，直至两食指相接，唇角以两指移动的速度同步缓慢收回。需要提示的是，训练微笑缓缓收住很重要，切忌不能让微笑突然停止。

3. 牙齿暴露法

数一数自己笑得最美时露出了几颗牙。标准的微笑是露出6~8颗牙齿，嘴角肌、颧骨肌与其他笑肌同时运动。

4. 记忆提取法

记忆提取法是指从记忆中唤醒过去那些愉快、令人喜悦的情景，使这种愉快、喜悦的情绪重新涌上心头，情不自禁地露出微笑。微笑的秘诀就是发自内心、自然亲切、表里如一。真正的微笑应当有丰富的内涵，渗透着一定的情感，这样才能具有感染力。

5. 口型对照法

对镜子深呼吸，然后慢慢地吐气，并将嘴角两侧对称地往耳根部提拉，发出普通话"一""七""啊""衣""叶""钱"的声音，也可发出词语"茄子""田七"的音，还可发出英语单词"lucky"" cheese"的声音。这些字、词形成的口形，就是微笑的最佳口形。

案例评析

曾经有一名学生因为学习成绩特别差，不守纪律，被安排在特殊座位——一排一座。于是他破罐子破摔，更加调皮。后来，班上来了一位教数学的新班主任，他对这个"小捣蛋"特别关爱，每次上课都喜欢对他笑一笑，摸一摸这名学生的头。这不经意的一笑一摸，却给这位学生带来了自豪感、自信心。从此，他对这位教师颇有好感，也爱屋及乌地喜欢上了数学。这名学生就是后来的大数学家陈景润。长大后的他始终记得那位老师温柔的微笑、欣赏的目光和那份特殊的关爱。

案例评析：老师温柔的微笑成就了一位伟大的数学家。因为，教师的微笑可以营造和谐课堂、化解矛盾冲突、激发学习兴趣，是学生最喜欢的课堂表情。

第六节　致意礼仪

致意是一种通过非语言的方式表示情意的礼节，也是最为常用的礼节。教师的致意礼仪是指教师表情达意的行为符合礼仪规范。具体而言，教师需要把握表意明确、动作规范、优雅美观的总体原则，掌握情意性致意动作、指令性致意动作、暗示性致意动作、象征性致意动作、指引性致意动作、说明性致意动作六种常用的致意动作。同时，教师在致意的过程中要避免采用挑衅、鄙视、消极的动作。

一、致意礼仪的总体原则

致意的方式通常包括举手致意、点头致意、起立致意等。在日常的工作中，教师可以根据教学需要，通过致意动作来辅助表情达意。例如在课堂上，教师可以通过手势、头部动作来暗示学生回答问题，鼓励学生积极地表达自己的观点。在家长会上，教师可以采用指引性动作、说明性动作来更加准确地传达信息。在研讨会上，教师可以通过起立致意来表示对别人观点的尊重。

总体而言，教师应该把握的致意原则如下。

（一）表意明确

心理学家埃克曼认为，表情是用来表达情绪的，而身体语言，如姿势、手势等是用来传递信息的。同时，他也总结出了肢体语言的七大功能，其中包括提供信息、情感影响管理以及协助达到目标任务。因此，表意明确是致意的首要目的和基本原则。

教师在致意前一定要明确致意对象、致意目的以及致意内容，同时要规范自己的致意动作以免误导学生、家长、同事以及领导。通过清楚、明白的致意动作传递想要传递的信息，不仅能提升教师的教学效果，也能增加教师的可信度。

（二）动作规范

教师在致意时，需要把握动作规范的原则，确保致意动作能正确传达自己的意思。具体而言，可以从以下三个方面进行规范。

一是速度适中。致意时，教师的速度不宜过快，否则会给人一种杂乱无章、不够稳重、不够协调的感觉，而且过快的致意不仅无法给人心理过渡的时间，还容易被人忽视，导致无法准确传递信息，也会在一定程度上增加教师的紧张感。

二是力度适宜。通常来说，教师致意动作的力度较大可以表现出内心的坚定和果断，致意动作的力度较小可以显示出性格的温柔细腻。但是力度过大的致意动作往往会给人以惊吓，同时也缺乏美感和艺术感，适宜的力度才能产生柔中带刚的感觉。

三是幅度适度。教师致意动作的幅度应该从传递内容、传递对象、场合三个方面来考虑。致意动作的幅度过大、过多，不仅会显得张扬浮躁，还会阻碍思想情感的正确表达。致意动作的幅度过小，则会显得拘束、小气、暧昧不清，也不利于信息的传递。一般来说，表达和传递积极肯定的意思时，动作幅度可高于肩部；想要传递否定的意思时，动作幅度应该在腰部以下，两臂无论如何挥动，两腋都要微微夹住，手肘尽量靠近自身两臂，摆动不可超越两尺（1尺=33.33厘米）半。

（三）优雅美观

教师作为公众人物，在致意动作规范、表意明确的基础上，可以追求动作的优雅美观来彰显个人魅力，提升个人形象。教师可以让致意的动作弧度优美，例如，手部动作运用自然，轨迹柔和协调。教师致意时还可以使面部表情与其相协调，这样会让自己的动作更加赏心悦目，利于信息、情感的有效传达。

案例评析

李老师是学校新招聘的教师，专业优秀、能言善辩，学校相信她一定能成为一名好教师。可是在接下来的工作中，却时常有同事或学生家长反映李老师有些傲慢。经验丰富的老校长在悄悄观察了一段时间以后发现，李老师并非真的性格如此，待人说话其实也比较客气，就是肢体语言比较僵硬，让她显得拘束、清高了。于是，老校长找李老师谈心，专门教她了致意礼仪的相关要点，比如在跟人打招呼时如何行点头礼、注目礼，如何握手，等等。一段时间以后，老校长再到教师中去调查，就发现大家对李老师的评价大大改观了。

案例评析：不能准确把握致意礼仪是新教师比较容易出现的问题。李老师在老校长的指导下及时做出了调整，个人形象和人格魅力都得到了很大提升，为自己职业生涯的推进开了一个好头。

二、教师致意的常用动作

（一）情意性致意动作

情意性的致意动作一般应用于师生之间，多用于表达自己的情感。在课堂上，教师恰当地使用情意性致意动作，能够起到鼓励学生、活跃课堂、集中学生注意力、提高课堂教学效果的作用。例如，在学生积极回答问题时，教师可以竖起大拇指对他进行表扬；在学生回答问题不自信时，教师可以通过点头、鼓掌对学生进行鼓励；在学生面对困难时，教师可以握拳、抚背对学生进行激励。

（二）指令性致意动作

指令性的致意动作能帮助教师组织管理班级，维护教学秩序。例如，当学生争先发言时，教师可以将左臂平行放于胸前，右臂以肘关节为轴抬起，与左臂垂直，五指并拢，提醒学生要举手发言；在请学生发言时，教师可以将右手臂以肩关节为轴，从体侧抬起到体前，略高于肩部，五指并拢，掌心向上，身体重心前倾，面带微笑，指向发言学生请他发言。

（三）暗示性致意动作

教师在课堂上可以适当地采取暗示性致意动作，启发学生的思维，引导学生回答问题或是暗示学生进行某种活动。例如，在学生观看视频、图片时，教师可以通过将右手放于太阳穴处提醒学生思考问题；在学生回答问题时，教师可以通过点头来暗示学生继续回答问题；当学生在自习、参观博物馆或在图书馆看书时，教师可以通过将食指放于嘴前，提醒学生保持安静。

（四）象征性致意动作

象征性的致意动作是指通过模拟具体的事物，让语言具象化。对于处于小学阶段的学生来讲，他们的直观形象思维能力较强，抽象概括能力较弱。因此，象征性的致意动作往往能帮助学生更好地理解教学内容。例如，当讲到感恩的心时，教师可以用手模拟心的形状；当数学课上讲到“8+1”时，教师可以用手指进行比画，帮助学生理解。

（五）指引性致意动作

指引性的致意动作是指通过手对致意对象进行指引，例如教师指引学生看黑板、看同学。在课堂上适当地指引，能够加强教学的直观性，增加课堂的趣味性。教师在指引时需要做到手指自然并拢，手掌向上，以肘关节为轴，指向目标，同时要注意讲解时身体与黑板、屏幕的角度应大约保持在45度。

一般来说，指引性手势分为低位（腰部上下）、中位（肩部上下）和高位（头部上下）三种类型，具体有以下五种形式。

一是横摆式。教师迎接家长或领导时，可采用横摆式的指引性手势，这种手势多用于指引较近的方向，男女教师均可采用。这种手势开始时手从腹前抬起，以肘关节为轴，小臂轻缓地从一侧摆出，略成水平至身体右前方，不要将手臂摆至体侧或身后。大臂要自然垂直，手掌与小臂要在一条直线上，腕部不可弯曲，且手部与地面呈45度。另一只手自然下垂或背在体后，头部和上身微向前倾，目视对方，面带微笑。

二是直臂式。教师在给家长或领导指引方向时，可采用直臂式指引性手势，这种手势用来指引较远方向，男女教师均可采用。即五指伸直并拢，屈肘由身前向右前方抬起，抬到与肩同高时，再向要指示的方向伸出前臂，手部、腕部、肩部均在一条直线上，肘关节稍有弯曲，目视对方，掌心向上，身体微向指示方向前倾。

三是单手体前屈臂式。教师把家长或领导请进室内时可采用单手体前屈臂式指引性手势。以右手为例：五指伸直并拢，从身体的侧前方，由下向上抬起，上臂抬至离开身体45度的高度，然后以肘关节为轴，手臂由体侧向体前往左摆动呈曲臂状，掌心向上，手指向一方。

四是双手体前屈臂式。当要表示“请”时，教师需要站在来宾的侧面，这时可采用双手体前屈臂式指引性手势。右手体前屈臂，左手体侧屈臂，两只手臂向一侧摆动。

五是体侧屈臂式。将左手或右手从体前摆至体侧，手指并拢，掌心向上，朝欲指方向伸出前臂，手和前臂呈一直线，整个手臂略弯曲，肘关节基本伸直。在指示方向时，上体微前倾。

(六)说明性致意动作

教师在上课时可以根据自己的需要,采用不同的致意动作进行解释说明。例如,当讲述重点时,教师可以用手部动作表示强调,提醒学生注意;在讲解难点时,教师可以根据教学内容,利用手势进行说明。

即时考查

请判断在以下场景中教师采用的是哪种类型的致意动作。

(1)刘老师带领同学们参观博物馆时将食指放于嘴前,提醒同学们保持安静。(　　)

(2)小明上课认真听讲,王老师对他竖起大拇指。(　　)

(3)小红回答问题时,郑老师频频点头。(　　)

三、教师致意的禁忌动作

无论是在课堂、家长会还是研讨会等公众场合,教师都要避免使用致意的禁忌动作。这些禁忌动作不仅有损教师的尊严,破坏教师的形象,还会对模仿力极强的小学生造成不好的影响。具体而言,教师需要避免出现以下动作。

(一)忌用食指指向他人

无论是在东方还是西方,用食指对他人进行指指点点都是非常不礼貌的举动。这个动作往往是表示对他人的指责和蔑视。尤其是在课堂上,教师用食指指向学生是对学生的不尊重,与教师的职业身份不符合。

(二)忌用具有挑衅意味的动作

例如,教师不应五指握拳,拳心向上,食指伸直,然后做曲勾状的动作。这个动作具有极强的挑衅意味,对教师来说不能使用。

(三)忌用具有鄙视意味的动作

例如,将拇指、食指、中指、无名指卷握,小指伸直。

(四)忌用具有消极意义的动作

例如,只伸出食指左右晃动,或四指相握,跷起大拇指且拇指向下。这些动作表示坏、差的含义,所以教师一定要避免使用这样的手势。

小贴士

教师手势的注意事项

（1）不要过多地重复一个手势，以免学生感到乏味，甚至滑稽搞笑。

（2）不要把双臂交叉于胸前，或者倚靠在门上，因为它表示抵触、抗议、不屑一顾、防范、疏远，也不要将手插入衣袋或双臂支撑在讲台上不动。

（3）不要用食指敲桌子，或用手指摩拭鼻部、颈背、后脑勺，或玩弄粉笔、抠指甲，或玩弄衣扣。

（4）不要把手势结束得太快，以免学生感觉突然。

（5）要保持手势自然、适度，达到“出其手若出其心”，不要大动作，不要太夸张、太过火。

（6）避免做抓耳挠腮、摸眼、捂嘴等具有说谎嫌疑的动作，容易使学生产生对抗心理。

本章小结

教师仪态不仅能在一定程度上反映出教师的综合素质和内在修养，还影响着教学的效果和学生的成长。因此，教师应该时刻遵守仪态礼仪，注重从站、坐、走、蹲、表情以及致意六个方面规范自己的仪态，使之符合文明、有度、敬人、优雅的职业要求。

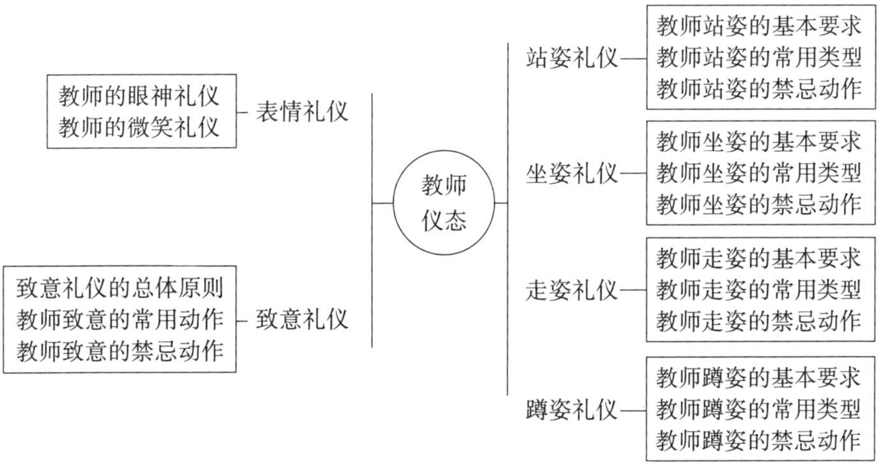

【思考与练习】

1. 请你谈谈教师站、坐、走、蹲的仪态要求。

2. 请谈谈你如何看待教师微笑的作用。

3. 请你联系实际谈谈眼神在课堂上的运用技巧。

【学习评价】

评价维度	评价内容	
	评价标准	评价等级（A、B、C、D）
知识与技能	了解教师良好仪态的重要作用与塑造原则	
	理解教师各种仪态的基本要求	
	掌握教师各种仪态的常用姿势，避免禁忌动作	
过程与方法	结合案例评析、即时考查，理解并掌握教师各种常用仪态的动作要领和动作规范	
情感态度与价值观	重视教师良好仪态的塑造	
	具备学习教师良好仪态的主动性和自觉性	
	具有自觉遵守仪态规范、举止文明有度、展现教师良好外在形象的责任感	

【推荐阅读】

1. 金秀美．教师礼仪实训教程[M]. 北京：科学出版社，2012.
2. 金正昆．教师礼仪概论[M]. 北京：北京大学出版社，2007.
3. 郭华．教师礼仪与修养[M]. 北京：北京师范大学出版社，2015.

第五章
教师工作礼仪

躬自厚，而薄责于人，则远怨矣。

——孔子

心诚气温，气和辞婉，必能动人。

——薛宣

教育成功的秘密在于尊重学生。

——爱默生

每事都应站到对方的立场上想一想，这是达到谅解的最有效方法。

——甘地

学习提要

(1)了解学校课堂活动和课外活动的特性。

(2)理解师生关系、同事关系、家校关系中教师礼仪的分类。(难点)

(3)掌握教师在师生关系、同事关系、家校关系中仪容仪表、言行举止等方面的具体礼仪规范。(重点)

教育家苏霍姆林斯基说："品德首先是在人们相互交往中形成的。"教师的工作交往关系，主要包括师生关系、同事关系、家校关系三个方面。

教师工作礼仪是指教师在课堂活动和课外活动等师生互动场域中、在办公室和教学研讨活动等同事互动场域中、在一对一的家访和一对多的家长会等家校互动场域中的仪容仪表、行为举止等礼仪规范。不同场域中的教师礼仪具有共性和个性。教师在工作中，应始终保持自然大方、端正得体的教师形象，同时符合不同场域对礼仪的特殊要求。

第一节　师生关系中的教师礼仪

师生关系中的教师礼仪，是指教师在课堂活动和课外活动等师生互动场域中的仪容仪表、行为举止等礼仪规范。课堂活动具有教师主导、目标明确、场地封闭等特性，教师应注意修饰自己的课堂仪容仪表，并在言行举止方面做到充分备课、礼貌问候、文明提问、即时点评、适当提醒、正确答疑、重视道别等；课外活动中学生具有自主性、内容具有灵活性、形式具有多样性，教师应根据场域的特征恰当修饰自己的仪容仪表，在课外个别辅导、校内集体活动、校外实践活动、课外交流活动中注重言行举止的特殊要求。

一、课堂活动中的教师礼仪

（一）课堂活动的特性

课堂是师生交往最频繁、最重要的场所。课堂活动以教学活动为载体，以学生全面成长为目的，通过师生双方和谐而有效的配合，一步步达成课程目标。与其他社会活动相比较，它具有教师主导、目标明确、场地闭合等特性。

1. 教师主导

在班级授课制的教育大背景下，几乎每一学段的所有课程都由该课程的任课教师独立组织并完成。教师在课堂上发挥着主导作用，其教学风格，即个人性格、个人气质与生活观念、专业思想、教学技能的有机融合，在一定程度上影响着学生的学习和生活。教师在学生心中具有权威性，除了知识的讲授和传递，教师自身的形态礼仪、精神面貌、观念意识、情感态度等，也会对学生产生示范作用和引导作用。教师应注意自身的每一处细节，包括肢体、体态、发型、着装、配饰等各个方面。

2. 目标明确

教学目标是教师根据教学大纲、教材以及学生的实际水平而制订的，具有明确性，课堂中的所有活动都是为了教学目标的达成。教师在课堂教学活动中不仅应运用清晰准确、简洁通俗的语言讲解教学内容，还应结合学生的实际水平，根据课堂教学的具体情况，运用肢体动作或面部表情辅助教学，特殊情境下还需要服装配饰的辅助以营造教学情境。若学生未能及时达成教学目标，教师应即时进行自我反省、审视，并调整自己的教学目标和教学方法。

3. 场地闭合

课堂活动的开展地点往往在教室，场地空间相对闭合，其教学形式也随之受到限制。因此，教师需要在礼仪规范的约束下丰富自己的语言、表情、动作等，以活跃课堂教学表现，调动学生的学习积极性，同时丰富并优化教学形式，如情境扮演、小组合作、游戏教学等，重视学生在课堂中的主体地位。在以教师为主导、学生为主体的课堂教学中，教师还应注重合乎礼仪规范的正确点评和及时表扬，使学生获得积极的学习体验，增强学习兴趣。

案例评析

今天，S小学五年级二班的同学们上了一堂别开生面的语文课。

上课后不久，同学们在陈老师的带领下认真阅读课文《小稻秧脱险记》，大致了解了课文的基本内容和主要角色。随后，陈老师将同学们分为四个小组，让同学们以小组的形式交流故事的主线、角色的情绪、关键的细节等，并让每个小组以即兴表演的形式将自己对课文的理解展示出来。

所有同学表演完毕后，陈老师请同学们再次进行小组总结，并请每一组派出一名同学，代表该小组成员进行自评，再请其他小组成员进行自由点评。同学们点评结束后，陈老师分别表扬了每一组同学的优点，并给表现最好的小组每人发了一朵小红花。

通过这堂课的学习，同学们不仅在活动中加深了对课文基本内容和主要角色的理解，而且也更喜欢语文课了！

案例评析：情境扮演、小组合作等多元的教学形式，再加上贯穿其中的合乎礼仪规范的正确点评和及时表扬，能够使学生获得积极的学习体验，增强学生的学习兴趣。

（二）教师课堂中的仪容仪表

教师的仪容仪表是学生对教师形成第一印象的关键，大方得体、自然端庄的仪容仪表会使学生更愿意亲近教师。因此，在课堂上，教师的发型、妆容和着装都应遵循干净清洁、大方得体的原则，佩戴的饰物也应搭配合理、安全简便。

但有时因为教学内容或教学情境的特殊性，教师须做适当的调整。在语文课或英语课上，教师需要和学生一同进行情境表演时，为配合演出，教师可以化相应的妆容、做相关的发型、着相似的服装、佩戴相近的饰物。例如，语文教师在讲《小壁虎借尾巴》一课时，若需要情境表演，可穿壁虎连体服。为更好地带学生进入情境，教师可戴壁虎样式的面具或帽子，应穿舞鞋、运动鞋或平底鞋。在社会科学课上，当讲到不同地域的风土人情时，为丰富课堂内容，拓宽学生视野，使学生身临其境地感受异域风情，教师可选择穿戴当地的服饰。例如，教师在讲新疆地区时，可以穿上新疆的服装，带上具有民族特色的帽子，女教师还可根据当地人的特点适当化妆，从自己的穿着打扮入手，向学生介绍当地的风土人情。教师在班会课上与同学们共同表演节目时，可以根据节目内容适当造型。例如，女班主任和同学们一起表演白雪公主的故事时，若教师饰演皇后，为符合人物形象特征，教师可在学生可接受范围内，化烟熏妆、穿高跟鞋。

即时考查

王老师是S小学五年级一班的语文老师，她在讲解《丑小鸭》这篇课文时，披上了丑小鸭的服装，根据课文情节模仿着文中丑小鸭的一言一行。但由于她将舞鞋忘在了家中，只好穿着高跟鞋进行表演，结果表演效果很生硬。而且，当她穿着高跟鞋表演被猎狗追赶的一幕时，不小心脚一扭，重重地摔在了地上。同学们见老师摔倒在地，都吓坏了，连忙将她送到校医室就诊。这堂课便也无疾而终。

思考：王老师的这堂课不仅让自己受伤，也没有获得良好的教学效果。请你想一想，王老师陷入这种窘境的原因是什么？

（三）教师课堂中的言行举止

在课堂中，教育者具有主导性，他们的一言一行会在一定程度上影响着该阶段学生的成长和发展。因此，小学教师在课堂上应言行得体、举止得当，力求做好以下七点。

1. 充分备课

“凡事预则立，不预则废。”在课堂上，教师的教学流程应该是清晰的，语言表达应该是流畅的，形态举止应该是符合礼仪规范的。因此，为避免在课堂上出现因紧张忘词而导致的表情尴尬、手足无措，因对所授知识不熟悉而无法回答学生提问、进行点评或鼓励，以及因教学任务、教学时间安排不合理而延迟下课等情况，教师应在课前精心预设、充分准备。这既是对学生的尊重，也是教师课堂礼仪的要求。

2. 礼貌问候

师生相互问候是课堂礼仪的一种体现，也是一堂课开始的标志。它能引起师生双方的注意，为其全身心地投入随之展开的教学活动奠定心理基础。

教师向学生问好时，切勿表现出傲慢冷漠、敷衍了事、得过且过的态度。教师应热情友好、面带微笑地注视学生，并微微鞠躬，真诚地回复学生的问候：“同学们好！请坐！”当然，在问好时，教师还可以尝试做出一些变化，如选择“同学们，下午好”等带有时效性的问候语，还可以选择“同学们好，大家今天的精神状态真不错”等带有鼓励性的问候语。另外，教师在鞠躬时，呈90度的鞠躬或轻轻点头示意都不太恰当，教师应以髋关节为轴，上体前倾，角度控制在15度至30度。

新教师还应注意，上第一节课时，在师生互相问候之前，应向学生做自我介绍。介绍的内容包括教师的姓名、联系方式、课堂要求等，介绍的形式可新颖有趣、生动活泼，介绍时间以1～2分钟为宜。

3.文明提问

教师请学生回答问题时，应站在讲台上或走近该同学，五指并拢、手掌呈45度斜向上、指尖指向学生做出“请”的姿势，并微笑着亲切地说：“××同学，能请你谈谈你的看法吗？”若教师因学生回答问题的音量过小或未能理解学生的答案，想让其重复时，应避免采用“再说一遍！”等指令性强的语言，而应采用“对不起，老师没有听清楚，可以请你重复一遍吗？”等婉转的语言。

4.即时点评

课堂即时点评是教师对学生在课堂上的学习态度、方法、效果等方面进行即兴点评的过程。它具有反馈、激励、调控和导向的作用，能向学生有效地反馈其优点与不足，帮助学生明确需要继续提升的方向和内容。

教师在点评的过程中，要有一双善于发现的慧眼。点评内容不仅要具有公平性，还须按照“先肯定学生的优点，再指出其不足”的顺序进行评价。在肯定学生的优点时，教师需要讲出具体的闪光点，同时配合微笑、轻轻点头、竖起大拇指等行为表示赞许。在指出学生的不足时，教师应注意说话的方式方法，通过转换表述方法，将否定句变为肯定句的形式，有效回避学生短处的同时，委婉地指出问题。比如，当学生重复做错一道题时，教师应避免说“你怎么这么笨呀！又做错了”，而可以说“你再仔细思考一下，看看问题是否出在这里呢”。

5.适当提醒

若出现上课前教室内一片喧哗、学生纪律不佳，或课堂上学生走神、交头接耳等情况，教师可适当提醒。在提醒时须注意度的把握。例如，当上课前教室内一片喧哗时，教师可以步行绕教室一圈，同时用目光环视学生，并在音量最大的学生面前短暂停留。当课堂上有学生走神时，教师可一边讲课一边走到该学生旁边轻拍其肩膀或请该学生回答问题。有学生交头接耳时，教师可以用严肃的表情直视学生或暂停讲课。教师切忌直接伸出食指指向需要提醒的学生，以大声怒骂的方式制止学生的课前吵闹，也不能以重重拍头、打肩的方式提醒注意力不集中的学生。

6.正确答疑

课堂上，学生提出的疑问教师不能拒绝回答，而应及时解答。若解答该问题占用的课堂时间较长或教师当下未能想出合理的解答办法，教师应向学生解释原因，并另寻时间为其讲解。此外，若学生在小组讨论时遇到问题向教师求助，教师应走到提问学生所在的小组，俯身、侧耳，认真倾听其问题。

7.重视道别

师生相互道别通常是一堂课结束的标志。当下课铃响起后，教师应避免拖堂，并微微鞠躬、微笑道别。在道别后，教师不能低头忙于收拾或急于离开教室，而应含笑注视学生，待学生回复其道别后再进行其他工作。

小贴士

教师微笑练习法

方法一:对镜练习法。

使眉、眼、面部肌肉、嘴巴在笑时和谐统一。对着镜子,用纸遮住眼睛以下的脸,然后回忆自己最开心的事情,看看镜子里的自己眼里是否充满了笑意。如果是,便在心中暗示自己:“你是最美的微笑教师!”

方法二:诱导练习法。

调动感情,发挥想象力,或回忆美好的过去、愉快的经历,或展望美好的未来,使微笑源自内心,有感而发。

二、课外活动中的教师礼仪

(一)课外活动的特性

课外活动是师生除课堂活动之外的另一重要交往场域。它是在课堂活动之外,由学校或校外教育部门组织、指导的,用以补充和扩展课堂活动,实现培养目标的一种教育活动。与课堂活动相比,课外活动具有学生自主、内容灵活、形式多样等特性。

1. 学生的自主性

目前,基础教育阶段的课外活动内容丰富、形式多样。所开展活动的规模大小、时间长短、内容选择均由学生的身心发展状况决定,无固定模式。学生可以根据自己的兴趣、爱好、特长以及实际需要,自愿地参与或有选择性地组织活动,自主性比较高。这既有利于发挥学生的积极性和主动性,也有利于学生优良品质的培养,使其才能和个性得到充分发展。因此,教师需尊重学生的自主性,积极配合、全力支持课外活动的展开。

2. 内容的灵活性

课堂分科教学往往按照教学大纲、教学计划和教材设计教学方案,常常忽视各学科之间、教学内容与生活实际之间的联系。课外活动的内容则不同,它具有灵活性,往往结合生活实际、综合课堂所学知识,可浅可深、可多可少,且通常根据地区和学校的实际情况以及学生的实际情况决定。当然,在课外活动进行的过程中,教师应合理把控教学内容,有效组织、指导活动的进行并积极参与,竭力承担活动中的重要角色。

3. 形式的多样性

课外活动由于不受教学计划和活动地点的限制,其形式具有多样性,一切符合教学目标、有利于学生身心发展的活动,均可以创造条件积极开展。丰富多彩的课外活动既能满足各类学生的具体需求、兴趣爱好，有助于教师因材施教、学生个性成长，也能帮助孤僻内向的学生有效学习、融入集体。

教师在各种形式的课外活动中，都应做好引导者和示范者，注重不同场所对教师礼仪的特殊要求。

即时考查

思考：请结合现阶段基础教育的具体情况，联系生活实际，谈谈你对课外活动类型具有多样性的理解。

（二）教师课外活动中的仪容仪表

课外活动的场地场景、具体目标、实施形式等具有多样性和差异性，不同类别的课外活动对教师仪容仪表的具体要求既有共性，也有特殊性。

教师服装、饰物的搭配，发型、妆容的修饰等，应当满足教师仪容仪表礼仪的基本原则，还应根据课外活动的具体场合进行适当调整。例如，主持学校举办的六一儿童节、元旦节等节日文艺汇演或校庆等大型典礼时，女教师应着礼服、穿高跟鞋、化舞台妆，可搭配较为明艳的饰物；男教师应着西装、打领带或领结、穿皮鞋，可适当化妆。再如，组织、参与课间操或校外实践活动时，教师应穿着宽松舒适、便于运动的衣服和鞋子，长发女教师还应束发。又如，参加学校开学典礼、升旗仪式等正式的集合集会时，教师须着正装，女教师应穿带跟、不露趾的鞋子，男教师应穿皮鞋，可系领带。

小贴士

男教师穿西服的禁忌

一忌，西裤短，未能遮住皮鞋，或将裤管挽起。

二忌，衬衫放在西裤外。

三忌，领带过短，未能遮住皮带扣。

四忌，衬衫衣领过大，即衣领和脖子之间的间隙大。

五忌，领带颜色刺目。

六忌，衬衫纽扣未系完。

七忌，西服袖子过长，遮住衬衣。

八忌，在西服上衣口袋和西裤放物品。

九忌，西服搭配运动鞋。

十忌，皮鞋、袜子颜色与西服的颜色不搭。

(三)教师课外活动中的言行举止

根据活动场景、活动目的以及师生关系的不同,可将课外活动分为课外个别辅导、校内集体活动、校外实践活动、课外交流活动四种类型。在任何一种活动中,教师都应遵循教师礼仪,展现教师风范。不同类型的课外活动对教师的礼仪规范又有不同的特殊要求。

1.课外个别辅导

课外个别辅导是指教师针对学生的个体差异,因人而异地设定教学目标、辅导途径和辅导方法,有的放矢地对学生进行品行或学业辅导,使学生个体在自身原有水平的基础上,在教师的帮助和指导下不断进步。课外个别辅导的类型包括学校生活辅导、课程辅导和心理辅导,其辅导形式有跟踪、随机或随堂辅导,在教师办公室或生活辅导室进行辅导,通过书信、电话和网络进行辅导,等等。

跟踪、随机或随堂辅导,能及时有效地解决所发现的问题。但在这种形式的辅导中,教师往往将对学生的个别辅导置于集体环境中进行,容易给学生带来心理压力。因此,教师在进行此种形式的个别辅导前,应充分考虑现场环境与个别辅导活动之间的相符性,避免对学生情绪产生负面影响。在辅导的过程中,教师应根据学生的性格特质、情绪现状等,采取适当的措辞,并合理把控自己的语气、语速和体态动作。例如,某位同学性格内向,课间不主动与班上的同学一起玩耍,教师可直接坐在该同学的身旁,面带微笑、亲切地与之谈心,并鼓励其多结交朋友。

教师办公室或生活辅导室具有一定的私密性,是教师对学生进行生活、课程、心理辅导的主要场所。但在学生心中,办公室和生活辅导室较为狭窄封闭,且是教师的工作场所,学生容易产生畏惧心理,在和老师进行交流时容易产生强烈的紧张感和焦虑感。所以,当教师选择在办公室或生活辅导室对学生进行辅导时,应注意自己的言行举止,以平等的态度与学生沟通,尤其注意自己的措辞、语气、语速,应时刻留意学生的压力变化。在谈话过程中,教师应避免双手交叉放于胸前,避免一边饮茶或做其他事情,一边与学生沟通。若辅导时有其他的教师和学生在场,教师应避免谈论学生的隐私信息。若辅导时只有学生和教师两人在场,应将房门打开,更不能反锁。

通过书信、电话和网络进行辅导的形式,具有极高的私密性。该方式可以给师生创造各自独立的空间,可以避免面对面辅导给学生带来的不安和紧张。但此种辅导方式,无法像师生当面交流那样逐渐营造出相互信赖、坦诚交流的氛围,也不利于教师通过学生的面部表情、肢体动作等细节捕捉学生的真实心理状态。因此,不论是通过书信、电话,还是网络,教师都应尽力通过符合礼仪规范的语言表达自己礼貌、真诚、平等的态度,引导学生和教师真诚交流。此外,通过这种形式进行辅导时,教师应当注意沟通与交流的过程性资料的安全性,还要注意做好记录,及时整理过程性材料,进行归类、归档。

2. 校内集体活动

校内集体活动的目的是通过开展国家、地方统一要求的活动以及校本活动，最大限度地促进正处于身心发展关键阶段的学生的个性发展、全面发展。活动形式主要包括眼保健操、课间操、特长与兴趣小组活动、节日庆典等。

校内集体活动具有开放性和趣味性，学生容易出现过度兴奋、不守纪律等现象，教师应掌握符合礼仪规范的处理技巧进行恰当应对。

教师在组织、参与眼保健操和课间操时，可巡视并纠正学生的动作，也可与学生一同做操，以身示范。教师若发现个别学生做操态度不端正，可走到该学生旁边小声提醒，或将该学生请到一旁，询问原因，避免大声训斥、批评学生。因为教师的大声训斥或批评不仅不符合教师基本礼仪规范，还会影响其他正常做操的学生，同时也会伤害被批评学生的自尊心，对其造成不好的影响。

特长与兴趣小组活动是实现学生个性发展、全面发展的重要途径。教师在组织特长与兴趣小组活动时，应尊重学生的自主选择，同时积极运用语言和行动调动活动氛围，让学生在快乐活跃的氛围中学习、收获知识。在需要合作完成任务的情境中，教师还可参与活动，与学生共同学习，但教师须注意言行适度，不可举止失范，做出与学生过度亲密的举动。

教师在组织、参与元旦节、六一儿童节、国庆节等节日庆典活动时，首先，应当注意不能影响或冲击学生正常的课堂学习；其次，庆典活动内容应贴近学生发展的内在需要，应以促进学生身心健康、全面发展为目的，杜绝一切形式主义的做法。教师可向学生讲述开展活动的缘由，并通过自身态度、表情、语言、服装、饰物等方面的变化或修饰，烘托出节日庆典活动特有的意义和氛围，让学生主动参与活动，有效达成活动目标。在节日庆典活动过程中，教师应避免为营造良好的活动氛围而强行要求学生鼓掌。同时，教师应注意维持班级纪律，避免学生大声喧哗，更应时刻注意自己的教师身份，控制情绪，保持良好的教师礼仪，不能因节日庆典活动的演出精彩或演出人员中有自己的朋友或学生而起身高呼。

3. 校外实践活动

在校外实践活动中，教师的礼仪规范主要围绕两方面展开：一是满足“学生生活内容和场景扩展”需要的生活辅导、管理；二是满足“学生教育教学活动的系统性延伸”需要的教学辅导、管理。主要形式包括社会公益活动、社会调查活动、生活能力拓展与通用技术训练活动等。

校外实践活动大多要求教师带队外出。在外出的过程中，教师应时刻注意自身的礼仪规范。若步行外出，带队教师应确保自己和学生的安全，最好走在队首或队尾，不能带头跑跳或带领学生横穿马路，更不能与学生嬉笑打闹，甚至擅自离队。若乘车外出，教师不能为抢占座位或偷懒而提前上车找好位置，应在确认所有学生上车并找到座位后再落座，且不能在行车过程中与司机交谈、随意走动，不能在车内做出乱扔纸屑、吃零食、脱鞋等不雅行为。

教师带领学生参与社会公益活动和社会调查活动时，常常需要与各类校外人员沟通交流，如政府公务人员、个体商户、工人、农民等。教师应考虑自身的一言一行都对学生有深刻的影响，因此，沟通交流时应面带微笑、落落大方、彬彬有礼，还应根据校外人员职业类型的不同，采用更容易使对方感到亲切的表达方式。

教师带领学生参与生活能力拓展与通用技术训练活动时，学生可能表现得过于兴奋，但教师不能大声斥责或批评学生，而应该通过提醒活动的注意事项等方法适当转移学生的注意力，调控学生的情绪。若活动由专业人员带领进行，教师也不应袖手旁观，而应与专业人员一起组织活动、维持秩序；若活动存在安全风险，教师应协助专业人员检查活动用具，确保安全；若活动持续时间较长，教师和学生需要集中住宿时，教师不能向学生提出帮助自己整理行李等无理要求，应时刻做好表率，如吃饭时不浪费粮食等。

4. 课外交流活动

除了课外个别辅导、校内集体活动、校外实践活动等，教师还常常与学生进行一对一或者一对多的交流互动。

例如，教师在课外遇见学生时，若学生主动问好，教师应放慢或停下脚步，面带微笑地礼貌回应，还可以微微点头或招手示意。另外，如果向自己主动问好的学生和家长在一起时，教师还应热情地向学生家长问好，握手示意，并可以进行适当交谈。若学生未主动问好，如性格内向的学生因害羞而未向教师问好，教师可以面带微笑、亲切主动地以寒暄的方式问候学生。

又如，当教师在日常活动中向学生请求帮助时，教师应用“请”“麻烦”“可以吗”等带有请求、商量或征询意见语气词语。在接受学生的帮助之后，教师应及时、明确地表达谢意。

案例评析

何老师是S小学四年级一班的班主任，也是该班的语文教师，今天下午第一节课她正好在该班上课。

下课后，眼保健操音乐响起，按照惯例，学生应做眼保健操。当她收拾完讲台正准备离开教室时，却发现班上刚转来的新同学并没有做操，而是睁着眼睛在观察她。何老师提醒那位同学说：“现在是眼保健操的时间哟！”不料新同学站起身来，一本正经地对她说：“老师，您为什么不做眼保健操呢？眼保健操对我们有好处，对你们老师也是有好处的。我以前所在的班里，老师每次都会和我们一起做。”这件事情让何老师深刻地进行了反思。从此以后，何老师总是和学生们一起做完眼保健操再离开教室。

案例评析：教育家苏霍姆林斯基说过，要想培养什么样的学生，自己就得成为什么样的人。教师要求学生的同时，自己应当以身示范，践行要求。

第二节　同事关系中的教师礼仪

同事关系中的教师礼仪，是指教师在办公室和教学研讨活动等同事互动场域中的仪容仪表、言行举止等符合礼仪规范。办公室是教师工作、学习的重要场所，教师应注意修饰自己的仪容仪表，与同事交谈时应语言规范、使用普通话，语气委婉、常用谦敬语，话题得当、避免常啰唆；行为举止方面应文明使用公物、爱护办公环境、营造安静氛围。教学研讨活动中，因教师所处场合的不同、接触对象的不同，仪容仪表、言行举止方面有不同的礼仪要求。教师应因地制宜地选择妆容服饰，因人而异地采取恰当的交流方式、举止行为。

一、办公室的同事礼仪

（一）办公室中的仪容仪表

在日常工作中，教师常将办公室视为休息场所而非工作场所，较为随意散漫，常常忽视仪容仪表。穿高跟鞋的女教师和运动后的男教师常在办公室随意脱鞋、换鞋，还有不少教师为求舒适而在办公室内穿着拖鞋甚至穿着拖鞋随意走动。

教师的职业具有特殊性，办公室中的同事交往关系为教师与教师之间的交往关系，应相互发挥正面影响。教师不仅应以身示范，给学生留下仪容整洁、仪表端庄的印象，在办公室也应时刻注意自己的仪容仪表，保持得体适宜的穿着打扮。比如，避免在办公室这一公共场所随意脱鞋、换鞋或是穿着拖鞋等；女教师穿职业套裙时，若裙子较短，在落座时应用围巾或衣服遮盖腿部；男教师不能在办公室穿短裤、背心等过于随意散漫的服装，穿衬衣时最多只能解开第一颗纽扣。这既能展现教师的精神风貌，体现其认真严谨的工作态度，也能体现对同事的尊重与友好。

即时考查

赵老师是S小学的一名语文老师，她即将参加市里的健美操比赛，因此每天都会抽出时间和队员进行练习。由于今天天气炎热且运动量过大，赵老师的上衣、短裙、鞋袜都被汗水浸湿了，还散发出一股难闻的气味。训练结束后，过于疲乏的赵老师回到办公室，发现办公室内空无一人，便脱下鞋袜、瘫坐在座位上睡着了。

思考：请你结合教师在办公室中应当遵循的礼仪规范，分析上述材料中，赵老师的行为有哪些不当之处。

(二)办公室中的语言礼仪

《礼记·表记》中说:“无辞不相接也,无礼不相见也。”可见,“辞”“礼”并举,语言是礼仪文化中的一个重要组成部分。对于教师而言,具备良好的语言修养和灵活的表达技巧,既能给学生做好表率,也能给同事留下良好的交往印象,有利于营造融洽的办公室氛围。因此,教师在重视教学中语言表达礼仪的同时,还应重视办公室中的语言礼仪,做到语言规范,使用普通话;语气委婉,常用谦敬语;话题得当,避免常啰唆。

1. 语言规范,使用普通话

即时考查

今天下午,唐老师想带家里生病的奶奶到医院检查,希望同一办公室的何老师代他上一节课。于是,他对何老师说道:“何老师,我今天下午要带婆婆去医院看病,你帮我上哈四年级二班下午一、二节的数学课嘛,要得不?”

唐老师的一番话让何老师听得一头雾水,虽然何老师迷迷糊糊地答应了,但作为北方人的她还是在心中疑惑:唐老师是一位男教师,怎么会有婆婆呢?经过一番仔细询问,何老师才明白,原来在川渝大多数地区的方言中,“婆婆”就是“奶奶”的意思。

思考:上述案例中,为何唐老师的语言表达让何老师听得一头雾水?这对你有何启发?

我国地域辽阔、历史文化悠久,不同地区的文化存在差异,不同时期的官话也有所不同,导致现在不少省市方言差异较大。正如上述案例中的“婆婆”在川渝大多数地区的方言中意为“奶奶”,但在普通话和不少北方地区的方言中则被解释为“女子丈夫的母亲”。南腔北调的方言容易使交流双方因不清楚句意、不理解内涵而引发误会、产生隔阂。在办公室与同事沟通时,教师若图一时便利,使用当地方言与其他地区的教师交流,则容易陷入与上述案例中唐老师类似的尴尬境地。而同一地区的教师若使用方言交流,不仅会使其他地区的教师感到困惑,还容易使其产生被排斥和不被尊重的感觉,不利于办公室良好沟通氛围的营造。因此,教师在办公室的日常交流中应做到语言规范,使用普通话。

普通话作为我国的通用语言,能准确、快捷地将信息传递给交流对象,是重要的交际工具和信息传递的载体。规范使用普通话,既能提高教师与同事沟通交流的效率和质量,也是教师办公室交往礼仪的要求。

2. 语气委婉，常用谦敬语

即时考查

张老师是S小学的资深教师，长期从事数学教学工作的他自认为知识渊博，可近日却被班上学生提出的一道奥数竞赛题难倒了。今天，他又在办公室思考了很久，却怎么也算不出正确答案。

这时，正在为筹办学校第四届奥数大赛而忙得焦头烂额的"奥数大神"小王老师匆匆回到教室取文件，张老师见他便叫住，说："哎，你过来一下！看看这道题你能解不?"听到张老师命令式的语气，小王老师虽然心中很是不快，但碍于他是前辈，还是连忙回答道："好的，张老师，我将文件送给主任后，马上过来帮您看！"

思考：上述案例中，为何张老师的语言表达让小王老师感到不愉快？张老师和小王老师不同的语言表达方式对你有何启发？

在上述案例中，张老师由于资历较深，在请求办公室同事帮忙时，语气强硬、毫不客气。这既给年轻同事留下"倚老卖老"的印象，也不符合教师办公室日常交流礼仪规范。如果案例中的张老师礼貌、客气地请求小王老师帮助，如"王老师，能否耽误您一点时间，向您请教一道奥数题"，小王老师不仅会乐意帮忙，可能还会和张老师一起深入探讨相关奥数问题，加深双方的同事情谊。

因此，教师在办公室日常交流中应尽量做到语气委婉，常用谦敬语。具体而言，在同事交流的过程中，教师应常用"您""请""麻烦了""谢谢"等礼貌用语。同时，教师切忌称呼同事的外号或直呼其名，而应将同事称为"某老师"，也可以将教学经验丰富的同事称为"某前辈"。在征询同事意见时，教师应用委婉谦逊的陈述句和一般疑问句，少用或尽量不用带有命令、质疑口吻的祈使句和反问句；在向同事提出建议时，教师应含蓄地指出问题，可采用先肯定其优点再指出其不足的方式，并通过具体数据或事实说服他人；当其他教师在相互交流或与学生、家长谈话时，教师切忌随意插话，干扰同事；在寻求同事帮助时，教师应礼貌、真诚地向求助对象说明原因并明确地提出需要；在接受同事的帮助后，教师应及时、真诚地道谢；若同事拒绝帮助，教师也应理解、尊重对方，并礼貌回应、有礼道谢；若被其他教师求助但想要拒绝请求时，需要先向求助教师说明拒绝的原因，取得对方谅解，再向其推荐可靠的求助对象或提出适当的其他建议。

3. 话题得当，避免常啰唆

即时考查

小冯老师是S小学今年刚入职的新教师，家庭条件较为优越，不仅穿着打扮比较时尚，还常常外出旅行。性格外向的她，为了更快地融入集体，频繁地与同事们分享自己的旅行经历，且常常不顾同事是否感兴趣而谈论过长时间。久而久之，同一办公室的杨老师对此很反感，认为小冯老师是在故意炫耀。空闲时，杨老师便常常在办公室与自己关系较好的李老师谈论小冯老师，言辞间充满了对小冯老师的不满。小冯老师又伤心又困惑。

思考：上述案例中，为何小冯老师招致了杨老师的反感？小冯老师和杨老师的行为各有什么不当之处？

上述案例中，小冯老师虽是因为想更快地融入集体，而积极地向同事们分享自己的旅行经历，但由于自己太过频繁地谈论这个话题且谈论时间过长，导致他人对其行为不理解甚至产生反感情绪。当然，杨老师在背后频繁议论他人的行为也是一种对同事的不尊重。

在办公室与同事进行日常交流时，教师要时刻注意礼仪规范，做到谈论话题适当，避免频繁谈论私事。办公室是教师工作和学习的地方，在办公室里，教师应积极讨论教学方法、分享教学经验，切忌频繁谈论个人私事甚至议论同事是非、窥探他人隐私。若是在课间等休息时间，需要活跃办公室氛围时，教师可选择积极的话题进行讨论交流，在场的每位教师可各抒己见，而不能盲目跟风。

（三）办公室日常行为礼仪

办公室是教师个人在学校工作和学习的地方，也是教师集体工作的场所。教师在办公室里的日常行为不仅会影响同事的办公效率和情绪，还会影响办公室的整体氛围。因此，每一位教师都有义务恪守办公室日常行为礼仪规范，做到文明使用公物，爱护办公环境，营造安静氛围。

1. 文明使用公物

教师是办公室公共物品的使用者，也是办公室公共物品的维护者。在使用公物的过程中，教师应遵循办公室行为礼仪，文明使用公物。在使用公物时，应注意以下五点。第一，教师应做到爱护公物。办公室的公物并非教师的私有物品，教师在使用时，应小心谨慎，切忌因个人原因摔打公物或在公物上刻画。比如，教师应避免因心情不好而摔打电话听筒、电脑鼠标等，避免因个人爱好而在办公桌上涂鸦、刻字等。第二，教师应做到文明礼让。大多数办公室中的打印机、复印机、饮水机等物品只配有一件，但办公室教师众多，难免会因此产生冲突。当发生冲突时，教师应相互礼让，让有迫切需要的教师先行使用。在其他教师使用时，教师不可表现出急躁不满的情绪，更不可强行插队使用。第三，教师应做到节能节源。冬夏两季，办公室的空调温度适宜即可，不可过高或过低；春秋两季，气温正常时，可关闭空调、打开窗户；最后离开办公室的教师应关闭所有电器的电源以及室内总闸。牛皮纸袋、信封、文件夹等可重复利用的办公用品应尽量反复使用。若非接待外宾，教师应使用个人水杯，减少一次性纸杯的浪费。第四，教师应做到积极主动。当办公室的纸张、墨盒用完或饮水机无水时，首先发现此情况的教师应主动替换，而非置之不理，等待他人更换。第五，教师应当注意避免公物私用。不用公共电话接打私人电话，若接到私人电话应长话短说，转接个人手机。不在办公室打印或复印私人文件，更不能将办公室的笔、本带回家中使用。

2. 爱护办公环境

良好、卫生的办公室环境不仅能体现教师的修养，也有利于优化教师情绪，提高教师的工作效率。因此，教师们应共同保持办公室环境清洁舒适、整齐有序。教师首先应做到主动打扫办公室的清洁卫生，及时整理办公物品，确保地面无杂物、纸屑，墙壁、天花板上无悬尘、蜘蛛网，窗台、窗框、电器设备等物品上无积灰，办公桌上的物品摆放整齐、归类合理、整理有序。其次，由于办公室的空间较狭窄，空气不易流通，教师不应在此吃零食，更不能在此用餐，以免零食、食物产生的异味儿影响其他同事工作。如遇加班等特殊情况，不得不在办公室用餐时，教师应文明进餐，切忌在用餐时大声咀嚼食物、发出怪异声响，注意避免洒落饭菜。在用餐后，教师应及时清理用餐现场并开窗透气。此外，剃须、梳头、化妆等私事不应在公众场合进行，以免脱落的毛发破坏办公环境，给办公室的同事造成不良影响。尤其需要注意的是，教师不能在办公室内吸烟，这既是不文明行为，也会给他人健康带来危害。

3. 营造安静氛围

安静的办公环境，能够让教师集中精力投入工作。因此，教师们应共同注意个人的行为细节，在非休闲时间共同保持办公室的安静。

一般情况下，教师不应在办公室大声公放音乐或是哼唱歌曲，也不应高声喧哗、肆意打闹。教师的手机应调整至静音或震动状态，通话音量应适中。尽量在办公室外接电话或者打电话。若在办公室内接打电话，如果对方声音过大可用手遮捂听筒，且尽量低声地与对方进行沟通。当教师起身时，移动桌椅的动作应轻缓，尽量避免桌椅在地板上拖动而发出摩擦声。当教师出入办公室时，开关门也应轻缓，避免发出较大的声响。当穿高跟鞋的女教师在办公室内走路时，应放慢脚步，避免鞋跟与地板摩擦发出的噪声影响同事办公。当教师在办公室内与学生、家长谈话时，应尽量降低音量，避免影响其他教师的正常工作。

小贴士

清理办公室门窗玻璃的小技巧

(1)玻璃窗上若有笔痕,可用橡皮浸水摩擦,然后用湿布擦拭。

(2)玻璃窗上若染有油漆,可用棉花蘸松节油、阿摩尼亚水、热醋擦洗。

(3)擦窗时,水中放些蓝靛,会增加玻璃的光泽。

(4)用丝袜蘸水、洋葱切片、报纸等也能将玻璃窗擦得很干净。

(5)在玻璃上打蜡,可防尘埃。

二、教学研讨活动礼仪

(一)教学研讨活动中的仪容仪表

教师常在校内外会议室、学习室、学术交流厅、学术报告厅等场所围绕优化教学这一目标而开展交流讨论活动。教学研讨活动形式各异,教师须根据具体的场合选择和搭配适宜的服饰、妆容、配饰等。尤其是在参加校外的教学研讨活动时,教师不能因身处校外而忘记教师身份,违背教师的礼仪修养。在仪容仪表方面,教师应始终遵循一贯的礼仪规范,避免在夏季穿凉鞋、拖鞋、短裤、背心等,以表现出对参与会议的其他同事的尊重和重视。在出席学术交流会、跨校教学研讨会等大型会议时,教师还应着正装。男教师应打领带或领结,可以适当使用发胶为头发定型;女教师应妆容大方精致、肢体修饰得体、发型精神、饰物协调,避免穿鞋跟过细或是鞋跟过高的高跟鞋,避免喷洒气味过于浓郁的香水。

即时考查

今天是由S小学承办的大型教学经验分享会,全市小学的骨干教师都会参加。李老师作为S小学的教导主任,将作为代表发言。她精心准备了讲稿,还准备在赴会前精心修饰下自己。请你从下列选项中为李老师选择适合的物品(　　)。

A.中长晚礼服

B.细长高跟鞋

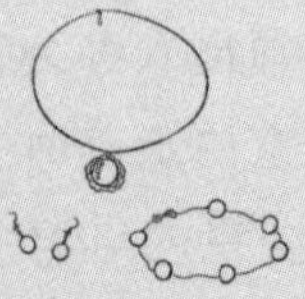

C.珍珠首饰

D.果香味香水

（二）教学研讨活动中的语言礼仪

在不同类别的教学研讨活动中，教师所处的具体场合往往不同，交往对象的具体角色、学科领域也往往有所不同。在遵循基本的语言礼仪规范的基础上，教师的语言表达还应符合不同场合对礼仪的具体要求。

1. 校内教学研讨活动

在校内教学研讨活动中，教师所沟通交流的对象，大多数是同一学科的教师且是关系较为密切的合作伙伴，因此语言较为亲密随意。但仍须注意校内教学研讨活动是公众场合，在沟通交流的过程中，教师也应时刻注意语言礼仪，不开过分的玩笑、不称呼其他教师的绰号等。

同一学科的教师集体备课时，在有礼节、有秩序的前提下，教师们可畅所欲言、共同探讨。在探讨的过程中，不仅需要主讲教师提出自己的研究方案、教学设计等，参与备课的教师都应提前深入钻研教材，积极而真诚地提出自己的观点和建议。教师发言时，应态度亲和，并以委婉、适当的方式表达自己的观点，不可随声附和、人云亦云。当他人向教师提出意见和建议时，教师应仔细聆听，并诚恳道谢。

同一学科的教师集体评课时，评课教师应“以礼”评课，客观公正地进行点评，被评教师应“有礼”回应，虚心聆听点评意见。在点评比自己年长的教师时，评课教师不能因碍于其为前辈而一味地只赞扬优点，而应客观、准确、委婉地指出其不足，并提出调整建议；在点评比自己资历浅的年轻教师时，评课教师不应居高自傲，无视年轻教师的优点、长处而反复提及其缺点、不足，应根据实际上课情况，从正反两方面进行客观评价，并给予具体的改进建议。此外，教师还应掌握并使用评课技巧，点评前应感谢授课教师的辛勤工作，并采取先肯定优点再指出缺点的点评方法，点评内容应具体。指出优点时，教师可多使用“你的这一想法很有道理……”“你的潜力很大……”等赞扬式的语言，以鼓励、肯定授课教师；提出意见时，教师可尽量使用“我个人觉得”“我个人认为”“我个人建议”“这样做是否会好一些”等较为谦逊的语言。被评教师在听取评课教师的意见和建议后，应及时诚恳道谢。

不同学科的教师在共同参与教学研讨活动时，由于双方学科结构、专业方向不同，常常无法就学科专业知识进行对话，但双方教师可选择“如何帮助学生健康成长”“如何有效调控课堂氛围”“如何有效保持上课纪律”“如何有效提问”等有价值、有共性的话题进行探究。基于自己的不同学科背景，针对某一共同话题意见相左时，教师应先表示对他人智慧成果的尊重，再恰当地提出自己的见解，并请求他人指正。

需要注意的是，任何科任教师都不应在教学研讨会等公开场合透露学生隐私或是添油加醋地指责学生，不能因自己所授班级的课堂氛围沉闷或课堂纪律较差等而对班级产生偏见，不应在教学研讨会等公开场合发表“某某班的学生很笨”“某某班的纪律差”等言论。

2. 校外教学研讨活动

在校外教学研讨活动中，教师沟通交流的对象，大多数是其他同级学校的骨干教师或高等院校的优秀教师。在与其互动的过程中，教师代表的不仅是个人，更是自己所在的学校。因此，教师应时刻注意自己的语言礼仪，做到用语规范，发表自己的见解前应沉着思考、冷静分析，合理组织语言，委婉表达想法。在与他人交谈或向他人请教时，应语言诚恳，且需等对方讲话完毕后再发言，不能只顾自己侃侃而谈，不给对方留说话的空间。另外，在交谈的过程中，不能提出“你们学校的奖金怎么发”等偏离教学研讨主题且带有私密性的问题，更不能说违反当地习俗的忌语。

此外，在参加教学相关培训会时，承担培训任务的多是高校选拔的优秀教师，或当地教委聘请的来自一线的优秀骨干教师。教师在此种场合中，应将自己置于学生角色，遵守课堂语言礼仪规范。课堂发言时，应首先获得授课教师的准许，使用普通话，语速适当，声音洪亮；交流互动时，应坦率、具体地表达自己的想法、疑惑或建议，讲话态度谦和，多用敬语和谦词，语气诚恳；下课时，真诚地向授课教师道谢和道别。

案例评析

本周末，C市教委举办了一场语文教学研究专题培训会，某师范大学教师教育学院的副教授程老师担任此次培训会的主讲教师。参与培训的张老师从教多年，自认为教学经验丰富，不需要听年轻的程老师讲解。所以，在培训的过程中，张老师便与同桌老师小声讨论起来，程老师见状多次提醒，他们却置之不理。无奈之下，程老师只好停下讲课，意味深长地说：“有道是‘其身正，不令而行。其身不正，虽令不从’。作为老师我们都不能以身作则，遵守课堂纪律，哪儿还有什么资格要求学生呢？”张老师羞愧地低下了头。

案例评析：教师在参与培训会时，应将自己置于学生角色，遵守课堂语言礼仪规范，在未获得授课教师准许的情况下，保持专心听课的态度，避免交头接耳或随意发言。

（三）教学研讨活动中的行为礼仪

行为得体、举止优雅是教师个人魅力的展现。在不同类型的教学研讨活动中，教师所处场合不同、接触对象不同，其行为举止的礼仪规范也略有不同。

在参与校内教学研讨活动时，若同一学科的教师集体听课，听课教师除按时到场外，还应全神贯注地投入课堂。在听课时，教师应认真做好听课笔记，避免走神、玩手机。如果课堂上学生鼓掌，教师也可一起真诚地鼓掌。此外，教师不应与邻近的学生交流、聊天，教师之间也不应交头接耳、随意讨论。当教师认为授课教师所讲内容有错误或有疑惑、有不同看法时，听课教师不能破坏课堂秩序，更不能当堂对授课教师指指点点，而应认真记录相关信息，并在课后向授课教师提出自己的具体想法，共同讨论相关问题。

在参与校外教学研讨活动时，例如到外校参加教学观摩活动时，教师应首先认真聆听外校讲解人员的介绍和解说，仔细体会该校的教学理念，不可随意打断、妄加评论，不可东张西望、看书看报，也不可面带倦容、哈欠连天，给人以心不在焉、傲慢无礼的感觉。在其他教师相互交流时，不应凑近旁听，更不应满脸好奇地打听谈话内容。其次，教师不应随意触碰学校的设备、器材等，不擅自进入学校的未开放区域，不在未经允许的地方拍照，不在校园内吸烟、吐痰等。此外，在赴校外参加教学研讨的相关主题活动时，教师不能私自接受对方赠予的礼物，更不应以各种形式向对方暗示或直接索要贵重物品、研究资料等。

若教师参与讲座、培训会等形式的教学研讨活动时，则需要遵循课堂礼仪规范，不迟到、不早退，更不无故旷课。在上课前，教师不仅应准备好相关的上课用品，还应及时擦黑板、调试多媒体，为授课教师上课提前做好准备。教师落座、起身时应平稳缓慢，坐姿力求端正，切忌歪歪斜斜、松松垮垮。在课堂上，教师应将手机关机或调为静音，集中注意力，认真听讲、独立思考、整理笔记。在回答问题时，教师应先举手示意，得到授课教师允许后再站立回答问题。若与授课教师的观点不同，或是对授课教师所讲内容感到疑惑，或是想对授课教师的工作提出意见和建议时，教师不应以直接起身站立、挥手示意、使劲摇头等方式打断正常的上课秩序，可在课后授课教师较为方便空闲的时候与其单独交流。在与授课教师眼神接触时，教师要以微笑、点头的方式及时地给予反馈。下课铃响起时，若授课教师并未宣布下课，教师不能玩手机、急于整理书本或将桌椅弄出声响，而应继续安心听讲，认真记录。

小贴士

避免迟到的会前准备

(1)用便签清楚地记录参会的时间、地点以及所需物品。

(2)提前了解当天天气情况并选择好出行路线。

(3)培训第一天应在充分预估各种情况的基础上，提前半小时出门。

(4)出门前仔细检查，确认所需物品全部备齐。

第三节　家校关系中的教师礼仪

家校关系中的教师礼仪，是指教师在一对一的家访和一对多的家长会等家校互动场域中的仪容仪表、言行举止等符合礼仪规范。教师家访礼仪包括教师入户家访礼仪、教师电话家访礼仪、教师网络家访礼仪。教师在入户家访时，应充分准备，提前沟通，言行得体，及时反馈；在电话家访时，应遵守礼貌、高效、保密等原则；在网络家访时，要注意用语规范、主题恰当、语言简练等。家长会教师礼仪包括会议式家长会教师礼仪、互动式家长会教师礼仪、对话式家长会教师礼仪。不同类型家长会的不同特点，对会议前、会议中、会议后的教师礼仪规范提出了不同的具体要求。

一、教师的家访礼仪

《教育百科辞典》（1988年）对“家访”词条的解释是：“为了教育好学生，教师到学生家庭中与其家长取得联系的活动；包括常规家访和重点家访。”具体而言，家访是教师为了和学生家长交流学生在学校和家庭中的表现，争取家长配合学校教育，形成共同教育学生的合力，而向家长提供家教咨询和进行信息交流的活动。随着时代的发展，学生家庭住址范围不断扩大、分散，加之信息技术的发展，教师就某一学生相关问题与其家长取得联系的活动场所不再仅仅局限于家庭，家访的途径还扩展到电话、网络等。因此，这里所指的教师家访礼仪包括教师入户家访礼仪、教师电话家访礼仪、教师网络家访礼仪。

（一）教师入户家访礼仪

入户家访是指为了解或解决学生在学习和生活上的某些问题，教师到学生家中与家长交换意见、获取更多学生信息的家校交流活动。

教师在家访前，应充分准备，提前沟通；在家访中，与家长互动时应注意自己的语言、表情、体态等要符合礼仪规范；在家访后，及时反馈相关信息。这三方面既是入户家访有效进行的关键，也是教师自身修养的体现，不仅能表现出教师对家长的尊重和对学生的关怀，营造出随和、宽松的互动氛围，还能调动家长配合教学工作、共同参与学生管理的积极性，培养学生对教师的信任感，激发学生对学习的兴趣。

1. 家访前充分准备是教师入户家访的必备礼仪

在确定入户家访前，教师应先通过与学生谈话、查阅家庭情况调查表等形式了解学生家长的职业、民族、信仰等家庭相关信息，避免在与家长互动的过程中因言行不当或犯其忌讳而失礼，引发不必要的误会和尴尬。

在获得相关信息后，教师应及时通过电话、邮件、微信等通信方式与学生家长取得联系，向其表明入户家访的意愿。同时，教师还需了解家长对家访的态度及其重点关注哪些方面的学生信息，有针对性地做好准备，并和家长确定家访的时间。若家长不方便与教师面谈，或长期在外无法进行家访，或出于对家庭隐私的保护拒绝教师入户家访时，教师切勿强行到访，更不能因此与家长产生争执，而应理解、尊重家长，可与家长协调其他的见面时间、商讨家庭之外的见面地点，也可合理选择其他方式与家长沟通。

在确定入户家访后，教师还应做好两方面的准备。一方面，教师需要再次确认家访时间和地点，查寻家访当天的天气情况，做好路线规划，避免迟到，并根据家访目的、家访对象等因素选择合适的妆容与服饰。女教师入户家访前应画淡妆；教师服饰应当端庄大方，不能过于严肃刻板，例如，应避免穿一身黑色的职业套装，避免给家长带来压抑感和紧张感，也不能过于随意，例如，男教师应避免穿短裤、背心、拖鞋等，女教师应避免穿吊带裙、超短裙等；服饰应当显得时尚精神，而不能过于潮流怪异，例如，教师应避免穿满是破洞的牛仔裤、鞋跟夸张的高跟鞋或是戴造型夸张怪异的帽子等。另一方面，教师还应结合家长需要和学生的相关表现，确定谈话主题，充分准备谈话内容，并预估入户家访时可能遇到的问题和意外情况，提前做好心理预设，保证家访顺利进行。

2. 家访中教师的礼仪是入户家访的重要方面

在进入学生家门后，家长请教师落座时，教师应及时坐下，并向家长道谢。当家长为教师递水或食物时，教师应双手接过，并礼貌致谢。若教师初次拜访该学生的家长并对其家庭环境不熟悉时，教师切勿因学生家庭环境简陋而露出异样的神色，也应避免因其家庭环境别致而东张西望、面露好奇的神情。

在与家长交谈的过程中，教师需时刻注意自己谈话的态度和方式。

在谈话的态度上，教师应不卑不亢，保持理智。如果家长的态度强硬，教师不能生气地与之争执，也不能为缓解紧张气氛而放低自己的姿态，甚至改变自己的立场。如果家长的态度过于散漫随意，教师不能苛责家长，断言其不在乎孩子的教育问题，更不能居高自傲、不顾礼节。

在谈话的方式上，教师应注意下述四点。第一，使用敬语。敬语是表示尊敬和礼貌的用语，使用敬语是教师自身修养最直观的体现。尤其是青年教师与年长家长交谈时，多使用敬语，不仅会给家长留下礼貌谦逊、和气亲切、平易近人的印象，还能拉近与家长的关系，有利于家长与教师的真诚沟通。第二，换位思考。教师即使拥有自己的观点和态度，也应充分考虑学生家长的意见和感受，在所谈论的事情面前弱化自身，站在家长的角度理解其思想、情感，尊重其教育孩子的态度，并避免对此做出直接判断和评价。在交谈时，教师的言语中还应时常表现出对家长的信任与体谅，使其感受到被尊重、被理解。这能有效增加家长对教师的好感和信赖度，快速构建和谐、信赖的交谈氛围，有效促进家校沟通。第三，善于聆听。在交谈的过程中，教师不能随意打断家长讲话，或只顾自己侃侃而谈而不给家长留讲话的余地，而应在对方讲话时成为一个聆听者,专心致志地聆听家长的讲话,并通过点头等肢体语言对家长所讲的内容做出恰当回应。第四,表情恰当。在与家长交谈时,教师发自内心的微笑既能缓解紧张或尴尬的氛围,消除家长的疑虑、不安和误解,还能使家长产生被认可、被关注的满足感,促进交谈的顺利进行。除微笑外,教师还可通过目光与家长交流,向其展现自身的温和、理解、会意等难以用语言交流的内容。因此,教师的神情应亲切自然、平静谦和,避免目光逼人或长时间打量家长。

在与家长交谈结束后,教师应在离开前礼貌地与家长和学生道别。若部分家长为表示对教师的尊敬或感谢而向教师赠送礼物,教师应及时向家长表达感谢、解释家访的目的,并委婉拒绝其礼物。

3. 家访后及时反馈是教师入户家访的重要环节

教师向学生和家长告别后,并不意味着入户家访的结束,若缺乏家访后的反馈,入户家访就容易变为流于表面的形式化家访。在家访之后,教师应认真反思交谈内容,及时记录家访的详细过程,并从中寻找学生在校问题的解决办法,确认家访目的的完成情况。此外,教师还应从家访记录中厘清家长所关心的问题,及时通过口头或书面的形式针对这一问题给家长真诚的反馈,为家长提供有帮助的咨询。这既能表现出教师的职业礼仪,体现出对家长的尊重,也是教师自身工作责任感的体现。

案例评析

学习成绩一直不错的沙沙最近上课注意力总不集中,成绩也直线下滑,在本周的单元测试中,她的语文只考了65分。班主任孙老师决定到沙沙家里进行家访。第二天,在没有提前与沙沙的家长沟通的情况下,孙老师突然到访,让沙沙的爷爷、奶奶感到茫然无措、十分意外。通过与爷爷、奶奶的交谈,孙老师得知沙沙的爸爸、妈妈本周在外出差。于是她便向爷爷、奶奶陈述了沙沙在学校的表现,并想与他们沟通沙沙在家的学习表现以及对沙沙的教育意见。然而,沙沙的爷爷、奶奶年纪较大,听力较弱,对孙老师所说之事听得迷迷糊糊,此外,沙沙的家庭教育也都是孩子的父母在管理,他们对教育方面的事情知之甚少。所以,他们并不能和孙老师进行有效沟通。

案例评析:教师进行家访前应充分准备,可提前通过电话、邮件、微信等通信方式与学生家长取得联系并约定合适的家访时间,不可贸然行动,否则可能无法实现预期的家访目的。

(二)教师电话家访礼仪

电话家访的优势在于不仅可以为注重家庭隐私保护的家长提供一种可接受的沟通方式,还可以解决在外地工作的家长与教师的沟通问题,并且可以使教师和家长清晰明了地即时沟通自己的观点和看法,高效交流,节省时间。但在使用电话进行家访时,教师和家长只能通过语言、声调、语速以及语气来判断和感受彼此的观点、情感,无法通过微笑等表情或者点头、摇头等肢体语言即时捕捉对方的真实想法。在电话家访的过程中,教师需要使自身的行为表现符合礼仪规范,遵守礼貌、高效、保密的电话家访原则,尽量准确地传递出自己的想法,尽量使家长感受到礼貌、真诚而愿意坦诚地沟通交流。

1.礼貌原则

在电话家访前,教师需要提前确认家长的电话号码,避免打错。若家长有多个号码,教师应选择最常用的号码拨打,其余号码留为备用。此外,教师还需要谨慎选择通话时间,避免选择用餐时间、休息时间以及家长的工作时间,如果家长身处国外,还应考虑时差问题。

在拨出电话后,若家长迟迟未接听,教师应耐心等待或另寻时间再次拨打电话。当家长回拨电话时,教师不要铃响即接,以免给家长带来突兀感,也不要有意拖延或置之不理,而应在铃声响起三次左右时及时接听。如果因他事耽搁而没有接听到家长电话,教师应及时回拨并礼貌致歉。

在打通家长电话后,教师应礼貌问候、主动介绍,比如,“××家长您好!这里是××小学,我是××的班主任×老师”等,即便等候过长时间后对方家长才接听电话,教师也不应带有不满、烦躁的语气。在接通家长电话后,教师应礼貌地询问来电者,避免“喂”“你是谁”等失礼的语言。若教师由于误记、误拨等原因打错电话,经确认后,不可一声不吭地挂掉电话,而应主动赔礼道歉。

在电话交谈过程中,教师切勿一心二用,不应一边接听电话一边敲打键盘或是喝水、吃东西等,而应体态端正、保持微笑,使用清晰、悦耳的语调,谦恭、友善的语气,专心致志地与家长交谈,并积极对家长所讲的内容做出回应。如果在此过程中教师需要中断通话,应先向对方致以歉意、说明原因,请家长稍做等待,并尽快将事情处理完毕。需要注意的是,教师请家长保持通话并等待的时间不宜超过1分钟。若必须立刻处理的事情需要花费较长时间,教师应向家长说明原因,暂时中止通话,并尽快将事情处理完毕后回拨家长电话。

在电话家访结束前,教师应先通过“我想和您沟通的内容暂时就是这些,家长您还有什么其他事情需要沟通的吗”等话语向其暗示自己将要结束通话,切勿在对方意犹未尽时自作主张地结束通话。在确认家长也没有需要和自己沟通的其他事情后,教师应向家长真诚地表示感谢并道别。在挂断电话时,教师应先请家长挂机,若教师使用座机还应待家长挂断电话后再双手轻轻地将话筒放下。

2. 高效原则

在电话家访前，教师应充分准备，以保证通话音质较好，通话内容简练，保证家长准确、清楚地接收并理解教师的谈话内容，顺利、高效地完成家访任务。

首先，教师应拟好通话内容提纲，保证谈话内容主次分明，避免偏离主题，浪费家长时间；其次，教师要仔细斟酌和选择通话地点，选择较为安静的场所进行电话家访，减小外界噪声的干扰；再次，教师应认真检查通话设备，并确保通话信号正常、无电流等杂音，尽力创造良好的通话条件；最后，在通话过程中，教师应保持手持电话的正确姿势，使电话听筒一端靠近耳部约1厘米，话筒一端距离口部约1厘米。

在通话过程中，教师应先简明扼要地指出谈话要点，再详细说明内容，确保信息表述清楚。在整个通话过程中，教师应语句简短、内容紧凑、咬字清楚、发音准确、音量正常、语速适中。

在即将结束通话前，教师可以再次礼貌地为家长重复谈话要点。通话结束后，教师需要及时记录谈话过程，并对家长所关心的问题予以跟踪反馈。

3. 保密原则

电话家访的谈话内容是学生和家长的隐私，教师应充分尊重学生和家长，未经允许不可将相关信息泄露给他人。因此，教师在与家长电话交流时，应选择无其他同事在场的办公室、无其他学生在场的教室、空旷无人的走廊等较为私密的场所。此外，教师还应妥善保管家访谈话记录，切勿遗失。

小贴士

有效地接打电话

(1)电话铃响三声左右迅速接听：铃响即听，容易掉线；铃响太久，对人失礼。

(2)养成左手拿听筒的好习惯：便于记录谈话内容。

(3)联系不上家长时，询问其家里人：为下一次联络做好准备。

(4)写好备忘录：写下谈话提纲，标记重点问题。

(三)教师网络家访礼仪

随着信息技术的不断发展，家校交流日益便捷。网络家访，主要是通过QQ、微信、电子邮箱等交流软件实现教师和家长的信息互换和观点互动，有视频对话和文字交流两种主要呈现形式。网络家访中，视频对话的优势在于几乎不受地域的限制，不实地碰面也可以实现教师和家长的面对面交流，并可以通过观察对方的面部表情、肢体动作等捕捉和感受对方的真实想法。网络家访中，文字留言、文字即时交流等形式的优势在于几乎不受时间的限制，可以解决教师计划登门拜访或电话家访的时间与家长空闲时间相冲突的问题，可以实现教师和家长随时随地、及时有效的沟通交流。但基于网络技术的视频对话，由于信息传输的问题，无论表情还是声音都会稍微滞后且略显僵硬，文字交流更是缺少了表情和肢体语言对语言表达的有效辅助。所以在网络家访时，教师的语言难免会在冰冷的技术手段中失去一些原有的温度与质感，更需要通过教师恰当的礼仪增加家长在与教师沟通交流中的舒适感。

在网络家访时，教师的语言表达应符合礼仪规范，杜绝使用黑话、粗话、荤话等不文明用语，避免滥用方言、网络语等不规范用语，应当使用能够表现出理解、体贴、温暖的语句。另外，在教师使用QQ、微信等聊天软件与家长交流的过程中，教师应及时回复。若教师因事需要中断网络交流，应向家长说明原因并表示歉意。若教师因事未能及时查看家长消息，也应礼貌致歉，例如“抱歉刚看见您的消息”，再对家长的消息进行详细回复。若教师使用邮件与家长进行沟通交流，不仅需要定期查阅邮件，尽快对家长在邮件中提出的问题进行反馈，还需要注意邮件的内容和格式，确保称呼合理、内容简洁、表达完整、署名和日期准确。

教师网络家访的主题应恰当，先谈论家长密切关心的话题或迫切需要解决的问题。教师网络家访的氛围应轻松，尤其是初次与家长交谈时，须避免直接陈述孩子的不足之处等较为沉重的话题。教师网络家访的语言应简练，切忌长篇大论，陈述应当层次分明，观点应表达准确。另外，通过文字在网络上进行沟通交流时，教师可适当选择使用表示微笑、喜悦、鼓励等意义的表情图案，辅助自己的语言表达，以给家长带来更加亲切的交流感受。

在网络家访结束后，教师应及时进行过程性资料的整理和保存。若教师使用QQ、微信等聊天工具，可使用截图等方式保存重要的交流内容；若教师使用邮箱，则应保存与家长往来的邮件。

即时考查

洋洋是S小学四年级一班的一名学生。今天早上，洋洋与同桌小杰因为一块橡皮而发生摩擦，洋洋生气地将小杰推倒在地，使其手臂被撞伤。事情发生后，班主任李老师想通过微信及时联系洋洋的妈妈，向她告知此事，并想要就洋洋近期的表现和她进行沟通。

思考：请您结合教师网络家访礼仪，为李老师编辑信息。

二、家长会教师礼仪

(一)会议式家长会教师礼仪

会议式家长会,是一种较普遍的家长会形式,通常由教师主导,通报该班学生近期的表现情况,并针对一个或多个主题进行讲述。

在会议式家长会中,教师作为主角,需做好会前准备、推进会议开展、进行会后互动,在整个会议过程中,都应当使自己的妆容服饰、态度表现、语言表达、行为举止等符合礼仪规范。

1.做好会前准备

家长会的前期准备工作至关重要,是整个会议的前奏部分。

在家长会召开前,教师需塑造良好的个人形象,提前洗澡、洗脸、洗发、理发、修剪指甲、清洁口腔等,换上干净得体的服装,女教师还可以化淡妆。教师在家长会上可穿着较为正式的服饰,展现良好的职业修养。比如,男教师穿西装、打领带,女教师穿职业套装、佩戴别致的胸针,等等。

此外,教师需合理安排会议时间,尽量在周末或下午放学后召开家长会,确保绝大多数学生家长能到场参会。安排好会议时间后,教师应及时利用电话短信、微信、校讯通等与学生家长联系,告知其会议时间、地点、注意事项等,以便家长有充足的时间协调自己的工作。在家长会开始前,教师应确定并熟悉会议流程、主要环节、重点内容,还应提前布置好会场,营造出整洁、温馨的家长会氛围,并注意在桌角贴上学生的姓名,让学生提前告知家长座位,便于家长对号入座、秩序井然,尽量从细节处体现出教师对家长的尊重和对家长会的重视。

2.推进会议开展

会议时间、会议内容、语言表达、行为表现等是会议式家长会是否能够正常进行、有序开展的重要影响因素。

教师为推进家长会有序高效地开展,首先需要关注会议时间,家长会应按时开始,切勿由于个别家长未到场而推迟会议,更不能因教师的个人原因随意更改会议时间,并应将会议时间控制在预期的范围内。其次,会议内容应具体充实,做到目的明确、中心突出,避免空洞乏味、形式化的无效内容占据时间。

语言表达方面,教师应文明有礼、谦逊温和。教师的用词、语气等不能呈现出居高临下之感,也不能将个人的不良情绪表现在语言中。在向家长传递家庭教育理念及教育技巧时,教师应使用谦虚的口吻和商量的语气,耐心细致地向家长描述和解释相关的内容,以得到家长的理解、支持、认同和积极配合。另外,教师在会上的发言内容应充分体现出对学生以及对学生家长的尊重,不得当众透露个人隐私,且应杜绝出现“你的孩子太笨了,已经无可救药了”“你们这些父母是怎么教育自己孩子的,为什么会有这样的行为”等伤害家长自尊的过激言语。尤其是告知家长学习困难、不守纪律等特殊学生的相关情况时，教师应避免在家长会上进行实名批评，给家长难堪，造成尴尬的局面。

行为表现方面，教师应仪态得体、举止得当。若教师保持站立姿势，应挺拔庄重，头部保持端正、双肩平直、挺胸收腹、双臂自然下垂、双腿并拢，避免身体倾斜、弯腰驼背、不停抖腿，尽量给家长以稳重端庄的感觉。若教师在会议室内走动时，应大方稳重，应轻而稳，注意昂首、肩平、挺胸、收腹、身正。女教师走动时，头部端正，微缩下巴，上身挺直收腹，以肩关节为轴，两臂自然摆动，两手前后小幅度摆动，小步前进。男教师走动时，应抬头挺胸，收腹直腰，双臂自然摆动，双脚走两条线，两线尽可能地靠近，步幅适宜，尽量显得稳重有礼。除了站姿和走姿，在行为细节方面，教师也应注意自身的礼仪：若教师持物时，无名指和小手指不能无故上翘；若教师鼓掌时，最好右手在下、左手在上，且有节奏地有力鼓掌；表示夸赞时，可举起右手，竖起大拇指；眼神交流时，不可直视或斜视家长，也不可将目光长时间停留在一位家长身上；任何时候都应避免用食指面对家长指指点点。另外，在对话交流环节，无论学生的成绩好坏，抑或是学生家庭环境是否优渥，教师应对所有家长一视同仁，应礼貌、真诚地邀请想要发言的家长走上讲台发言或请其在原位发言。

3. 进行会后互动

会议的结束并不意味着家长会的结束。在会后，当家长上前咨询学生相关情况时，教师应礼貌接待，认真聆听其问题，并耐心细致地回答。若在咨询的过程中，家长向教师递烟、送礼时，教师应诚心道谢、理性拒绝。在咨询结束后，家长主动与教师握手时，教师应热情回应，伸出右手与之相握，并在握手的过程中微笑注视家长。

此外，教师还应委婉地请有特殊情况的学生的家长等待片刻，在家长会结束后与其到办公室进行交谈。在谈话的过程中，教师应尊重、理解家长，语气平和地与家长共同商讨解决问题的办法，并积极对孩子的家庭教育提供帮助。如果教师要指出学生的不足时，应充分考虑家长的感受，先肯定学生的优点再指出其缺点，并且指出缺点时应就事论事，避免责备甚至斥责家长。当教师面对态度强硬的家长时，应不卑不亢、保持理智，耐心倾听、坦诚相待，语气平和、避免争论。

家长会结束后，教师还应第一时间整理、分析家长会上家长提出的意见、反映的信息，并通过微信、电话、邮件等通信方式向家长进行后续反馈。

小贴士

办公室谈话时教师与家长的座位关系

1. 对立座次

对立座次，是指家长与教师面对面的落座方式。这一座次通常用于教师与家长商讨处理学生的严重错误或重大事件时。一般情况下不宜采用该座次。

2. 桌角座次

桌角座次,是指教师与家长坐在同一桌角的两端。桌角可以起到屏障的作用,使人产生安全感,营造较为轻松的交谈氛围。教师第一次与家长交谈时,可选择该座次。

3. 合作座次

合作座次,是指教师与家长肩并肩,平行落座。当教师与家长建立了良好的合作关系后,在商讨学生未来发展、协商家校合作具体内容时,教师可酌情考虑该座次。

(二)互动式家长会教师礼仪

互动式家长会,是一种沟通氛围较为轻松自由的家长会形式。互动式家长会常通过教师有针对性的引导和家长间的相互交流,拉近家长间的距离,促进家校合作,以更有效地解决学生所存在的问题。

在互动式家长会中,教师既是发起者和组织者,也是引导者和参与者,在整个过程中应表现出良好的礼仪修养。

在家长会开始前,教师应做好相关调查,了解参会家长希望保密的相关信息,收集每一位家长对此次会议主题的想法及其迫切需要解决的问题。教师通过认真、仔细地统计分析调查结果后,确定会议主题,并提前做好家长会的设计方案,确定会议流程、互动环境,充分准备好相关物品。如果互动的过程中涉及运动类、手工类等存在一定安全隐患的集体活动环节,教师还应在会议开始前做好安全保障措施。此外,教师应提前通知家长会议主题、参会时间、会议地点,提醒家长做好发言准备。

在互动的过程中,教师应当关注以下几个要点。第一,教师应鼓励引导。教师应通过礼貌的语言、恰当的眼神或肢体动作引导家长大胆发言。面对乐于发言的家长,教师应引导其围绕主题积极表达,并注意把控每位家长发言的时间;面对不愿意发言的家长,教师应鼓励他们踊跃参与,但切勿语气强硬地强制要求这类家长进行当众发言。第二,教师应灵活调控。教师应掌握恰当的言语调控技巧,例如家长在讨论的过程中言辞激烈,甚至发生争执时,教师需及时调和,归纳并肯定双方各自有价值的观点,引导双方理性、平和地交换观点。第三,教师应礼貌聆听。在家长之间相互交流时,教师需仔细聆听,非必要情况下避免中途打断家长对话。第四,教师应积极回应。在家长发言时提出有待解决的问题,且其他家长一时没有进行有效回应时,教师应认真思考,积极主动地给予解决意见或建议;当其他家长对提出的问题给予有效回应时,教师应及时表示肯定和感谢。第五,教师应平等待人。教师应尊重每一位家长,给予每一位家长参与发言以及集体活动环节的平等机会,避免刻意关照某一位家长。

在互动式家长会结束时，教师应总结此次会议中家长们所提出的具体问题及讨论出的相关解决办法，并对家长们对孩子教育问题的积极参与表示衷心的感谢。若尚有未能解决的遗留问题，教师还应在互动式家长会后向同行请教，寻找并整理解决问题的方法，并及时向家长给予后续反馈。

即时考查

欧老师是S小学六年级(6)班的班主任，最近他班上的学生因面临毕业压力，心情较为浮躁。此外，班上不少学生家长也向他反映，面对孩子的升学，他们的心理压力也很大。因此，为缓解学生和家长的压力，欧老师计划召开一场互动式家长会，以帮助家长和学生正确面对升学问题。

思考：请你结合互动式家长会的教师礼仪，谈谈欧老师在召开此类型的家长会议时需要注意哪些方面。

（三）对话式家长会教师礼仪

对话式家长会，是一种以家长与学生相互交流为主的家长会形式。家长和学生通常置身于教师创设的环境中，通过教师的引导以及家长和学生的和谐互动、积极沟通，从而达成共识，以解决或缓解家长与学生之间的矛盾。

在对话式家长会召开之前，教师作为引导者和观察者，应提前与家长、学生分别进行沟通，礼貌地提醒家长注意交谈时的方式方法，提醒学生注意交谈时的态度语气，并告知他们对话的主题，使其有充分的时间进行思考准备。

在对话式家长会进行过程中，教师应将主要的时间留给学生和家长自行沟通交流，避免随意插话或无礼打断，还应仔细观察学生和家长的交流情况，在发现学生和家长的交流出现问题时，及时给双方提供意见或给予帮助，但同时应注意避免影响其他家长与学生的正常交流。比如，当某一学生拒绝与家长沟通或与家长发生争执时，教师应先安抚家长情绪、控制会场秩序，再将学生领到会场外，耐心地与其沟通、询问缘由，然后温和有礼地与家长进行沟通，共同寻找解决问题的办法，帮助家长与学生有效和解。又如，当某一家长在与学生谈话的过程中，态度过于强硬，甚至出现暴力时，教师不应当众大声呵斥家长，而应礼貌地打断对话、仔细聆听其想法、温和地劝解家长，并委婉地指出不妥之处，给予其恰当的建议。

在对话式家长会即将结束时，教师可请家长或学生自愿上台分享自己的体会和收获，随后，教师应对家长们的积极参与表示诚挚的感谢，对此次会议进行整体总结，并就如何进行家长和学生的有效沟通给予具体的建议。

案例评析

马老师是S小学五年级(3)班的班主任，这学期开始，班上很多学生的家长向他诉苦，说孩子貌似进入了叛逆期，越来越调皮，也越来越不愿意和自己交流。经过深思熟虑，马老师决定召开对话式家长会，让学生和家长深入对话，讲出心中最真实的想法，以实现双方的有效沟通。于是，经过精心的策划与准备，在周五放学后，五年级(3)班顺利举行了对话式家长会。在会上，每个学生为家长念了一封提前写好的信，平时不善表达爱意的家长们向孩子们说出了自己对孩子的爱与期待，孩子们也向父母讲出了自己的想法和困惑。对话式家长会召开后，许多家长向马老师反馈，自己的孩子发生了很大的变化。

案例评析：巧妙设计和开展对话式家长会，能够帮助家长和学生和谐互动、积极沟通，从而有效解决或缓解家长与学生之间的矛盾。

本章小结

教师应注意修饰自己的课堂仪容仪表，并在言行举止方面体现出充分备课、礼貌问候、文明提问、即时点评、适当提醒、正确答疑、重视道别等；教师应根据课外活动场域的特征恰当修饰自己的仪容仪表，在课外个别辅导、校内集体活动、校外实践活动、课外交流活动中注重言行举止的特殊要求。

办公室中，教师应注意修饰自己的仪容仪表，与同事交谈时应语言规范、使用普通话，语气委婉、常用谦敬语，话题得当、避免常啰唆，举止行为方面应文明使用公物、爱护办公环境、营造安静氛围。教学研讨活动中，因所处场合的不同、接触对象的不同，教师需因地制宜地选择妆容服饰，因人而异地采取恰当的交流方式、举止行为。

教师在入户家访时，需充分准备，提前沟通，言行得体，及时反馈；在电话家访时，应遵守礼貌、高效、保密等原则；在网络家访时，要注意用语规范、主题恰当、语言简练等。家长会教师礼仪，包括会议式、互动式、对话式家长会教师礼仪。家长会不同的类型特点，对会议前、会议中、会议后的教师礼仪提出了不同的具体要求。

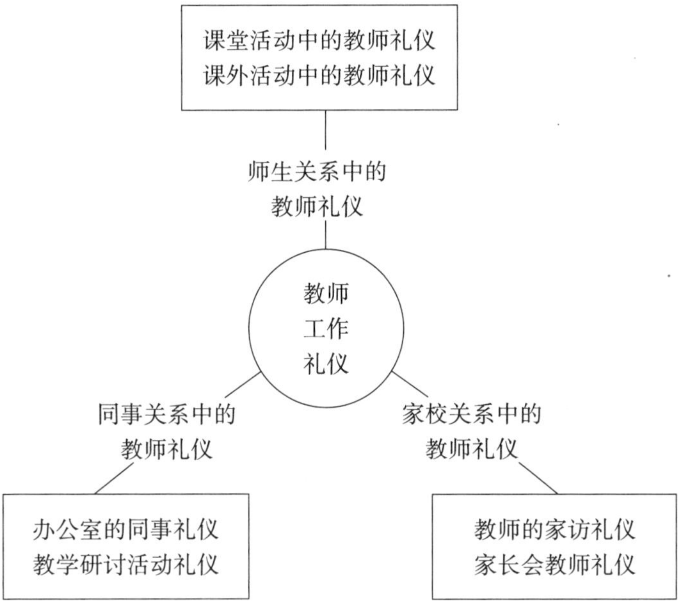

【思考与练习】

1. 请你谈谈课堂活动和课外活动分别有什么特性。

2. 请你谈谈教师在办公室与同事交谈时，在语言方面应当注意哪些礼仪。

3. 联系实际，请你谈谈教师在召开会议式家长会时应注意哪些问题。

4. 结合本章所学的师生关系、同事关系、家校关系中的教师礼仪，请你想一想教师在社会生活中扮演怎样的角色，有何作用。

【学习评价】

评价维度	评价内容	
	评价标准	评价等级（A、B、C、D）
知识与技能	了解学校课堂活动和课外活动的特性	
	理解师生关系、同事关系、家校关系中教师礼仪的分类	
过程与方法	通过案例评析、即时考查等，掌握师生关系中教师的具体礼仪规范	
	通过案例评析、即时考查等，掌握同事关系中教师的具体礼仪规范	
	通过案例评析、即时考查等，掌握家校关系中教师的具体礼仪规范	
情感态度与价值观	理解教师工作礼仪的特殊意义	
	具备践行教师工作礼仪规范的意识	

【推荐阅读】

1.[美]盖兹达等.教师人际关系培养:教育者指南[M].第七版.吴艳艳,杜蕾,陈伟嘉,译.北京:中国轻工业出版社,2006.

2.佐斌.教师人际关系和谐[M].北京:中国轻工业出版社,2008.

3.刘胡权.教师情感表达与师生关系构建操作手册(小学教师卷)[M].北京:北京师范大学出版社,2018.

下篇

教师表达

第六章
教师表达概述

君子引而不发，跃如也。中道而立，能者从之。

——孟子

教以言相感，化以神相感。有教而无化，无以格顽；有化而无教，无以格愚。

——魏源

教师的嘴，就是一个源泉，从那里可以涌出知识的溪流。

——夸美纽斯

教师的语言修养在极大的程度上决定着学生在课堂上的脑力劳动的效率。我们深信，高度的语言修养是合理利用时间的重要条件。

——苏霍姆林斯基

学习提要

（1）了解教师表达的内涵。

（2）理解教师表达的特点。（重点）

（3）掌握教师表达内容组织的方法与技巧。（难点）

不同的职业，会有不同的职业表达方式。教师职业具有特殊性，教师的表达也有自身的职业特点。作为学校履行教育教学工作的专业人员，教师要通过教育教学把人类长期积累下来的政治、经济、文化、生活等方面的经验和知识，以及特定社会价值观念、道德伦理、行为规范等系统地传授给学生。因此，教师表达对教育教学起着至关重要的作用。

第一节　教师表达的内涵

教师表达是指教师在教育教学过程中的表达，包括教学表达、教育表达和日常交际表达等。具体说来，教师表达是指教师在教育教学过程中运用规范的语言，对学生进行知识技能的培养、世界观和人生观的培育、思想道德情操的引导，以及协调家长和其他社会资源的关系。

教师表达对教育教学有着十分重要的作用。教师表达可以分成教学表达与日常表达（也因为教师表达要注意艺术性而有艺术表达），还可以分为语言表达与态势表达。下面我们将从教师表达的作用、教师表达的类型、教师表达的基本要求等几个方面来探讨教师表达的内涵。

一、教师表达的作用

《学记》中有这样的一句话："善歌者，使人继其声。善教者，使人继其志。其言也，约而达，微而臧，罕譬而喻，可谓继志矣。"说的是教师在教育教学中的表达要简约而通达，含蓄而精微，善用比喻而使人容易明白事理。优秀的教师，可以让学生随其志向来进行学习，可见教师表达作用之大。

教师是人类灵魂的工程师，担负着教育人、塑造人的历史重任。教师是学校教育教学工作的履行者，教师要传达思想、沟通感情，就离不开教师表达。教师表达，不仅是教师专业素养的体现，也是教师人格魅力与思想情趣品位的体现。一个教师的价值观、道德水准、知识水平、文化修养、审美情趣乃至思维方式、心理品质等，都会在教育教学以及其他与教育教学相关的工作中，通过教师表达从而对教育对象以及其他受众产生影响。

即时考查

《陶行知的"四块糖果"》

陶行知先生当校长的时候，有一天看到一位男生用泥块砸自己的同学，便当即喝止了他，并叫他到校长办公室去。当陶校长回到办公室时，男生已经等在那里了。陶行知掏出一颗糖给这位同学："这是奖励你的，因为你比我先到办公室。"

接着他又掏出第二颗糖，说："这也是奖给你的，因为我不让你打人时，你立即就住手了，说明你很尊重我。"男孩将信将疑地接过第二颗糖，陶先生又说："据了解，你打同学是因为他欺负女生，说明你很有正义感，我再奖励你一颗糖。"

这时，男孩感动得哭了，说："陶校长，我错了，同学再不对，我也不能采取这种方式。”陶先生于是又掏出第四颗糖：“你已认错了，我再奖励你一颗。我的糖发完了，我们的谈话也结束了。”

——摘自《教师博览·百期精华》(原文有改动)

思考：在上述的案例中，陶行知先生的表达起到了什么样的作用？

二、教师表达的类型

根据不同的标准，可以将教师表达分为不同的类型。

(一)根据教师表达的传播媒介分类

根据不同的传播媒介，可以将教师表达分为有声语言表达与无声语言表达。

有声语言表达是指教师在教育教学以及其他相关工作中所使用的口语表达。教师在工作中大部分时间都要使用有声语言表达来传授知识、传递思想、交流感情，以及与家长和其他与教育教学工作相关的人员进行沟通。

无声语言表达主要指教师在教育教学工作中所使用的书面语以及其他副语言。书面语主要用于作业批改、家校沟通、教学科研等工作领域；其他副语言主要指在教育教学工作中所使用的手势、表情等态势语。教师良好的态势语，既能让教育教学更加形象生动，产生良好的教育教学效果，同时也是学生审美的一部分，对学生形象气质的形成起到了潜移默化的作用。

即时考查

《我的老师》

现在回想起来，她那时有十八九岁。右嘴角边有榆钱大小一块黑痣。在我的记忆里，她是一个温柔和美丽的人。

她从来不打骂我们。仅仅有一次，她的教鞭好像要落下来，我用石板一迎，教鞭轻轻地敲在石板上，大伙儿笑了，她也笑了。我用儿童狡猾的眼光察觉，她爱我们，并没存心要打的意思。孩子们是多么善于观察这一点啊。

…………

今天想来，她对我们的接近文学和爱好文学，是有着多么有益的影响！

像这样的教师，我们怎么会不喜欢她并且愿意和她亲近呢？我们见了她不由得围上去。即使她写字的时候，我们也默默地看着她，连她握笔的姿势都急于模仿。

——摘自魏巍的《我的老师》(原文有改动)

思考：请你谈谈为什么魏巍先生说老师“温柔”，为什么会喜欢她。结合案例谈谈教师的态势对学生的影响。

(二)根据教师表达的语境分类

根据教师表达的不同语境,可以将教师表达分为课堂教学表达、日常表达,根据表达的艺术性,还可以分为艺术表达。

课堂教学表达是教师在课堂教学中所使用的语言表达。根据教学活动的组织和教学程序,可以将教学表达分为导入语、结束语、讲授语、提问语、启发语、评价语等。

日常表达是教师在日常工作中所做的与教育教学工作相关的表达。包括教师根据培养目标对学生进行的道德情操、理想信念、行为习惯等方面的引导与培育所使用的语言表达;教师在教育教学工作中为了协调关系,与同事、与家长、与社区工作人员和相关领导的沟通表达。教师的日常表达要根据不同的交际目的以及一定的交际场景来设计自己的语言、态势,注意不同场合中语言表达的轻重、快慢、抑扬、刚柔等,注意不同场景中的态势、礼仪,以此来表达不同的感情、不同的交际内容,根据不同的交际任务,达到不同的交际目的。

教师的艺术表达包括文学语言表达和主题情境表达。教师表达不仅要注意清晰度、规范性,还要注意艺术性。教师语言具有艺术性才能让教师的语言像蜜一样,粘住学生。就像于漪老师曾说的:"教师的语言要善于激趣,巧于启智。要用新鲜、优美、风趣的语言步步引导,激发学生的求知兴趣,带领他们不断进入求知新境地。"

三、教师表达的基本要求

对于教师来说,良好的表达在教育教学中起着至关重要的作用。随着新课程改革的推进,面对如何创新教育观念、改革教育教学方法、提升专业能力等诸多问题,教师语言表达变得更为重要。总的来说,教师表达要注意规范性、科学性、可接受性、教育性以及生动性。

(一)教师表达要注意规范性

情境剧场

前情提要:G小学二年级甲班新来了一位实习老师。年轻的实习老师在星期一上午的语文课上讲授《古诗二首·咏柳》,却引起了同学们的小声议论。

斌斌:老师,你读错字了,不是"扭",是"柳",是"咏柳"。

老师:对,是"咏扭"。

玲玲:老师,你还是读错了!不是"扭",是"柳",是"咏柳"。

老师:(涨红了脸)呀!是"咏扭",但是我的普通话不标准……

因为普通话不标准或者表达不规范，教师遭遇尴尬。想要避免这种情况的发生，就要注意教师表达的规范性。教师是学生最喜欢模仿的对象，尤其在小学生眼里，教师代表着真理，教师说的话似乎都是正确的。教师表达规范，无形间会影响学生的语言表达，成为学生的榜样。教师规范的语言表达，还能培养学生良好的语言素养，对提高我们的民族的语言素养也有着十分重要的作用。

教师的语言规范主要指：

第一，语音要规范。教师要使用标准的普通话，不能有方言色彩。要注意多音字、统读字的正确读音，注意自己的方言与普通话的差别。新来的这位实习老师就是因为“n”“l”不分，普通话不标准，才造成了学生的误解。

第二，词汇、语法要规范。在词汇方面，教师要使用规范的普通话词汇，不生造词，不使用方言词，不用不规范的“新词”“网络流行语”等。在语法方面，要避免词语搭配不当、成分残缺、句式杂糅等错误。避免使用不合乎普通话的方言句子。

第三，表达的条理要清晰，用词和用语要恰当、文明、规范。教师表达要求语言通畅，条理清楚，语速适中，态势语适时、适度、规范，用语文明高雅，使用礼貌用语。

（二）教师表达要注意科学性

教育教学内容的科学性，决定了教师表达的科学性；学校思想教育的严肃性，也决定了教师表达的科学性。教师无论是教育还是教学，在表达时都要注意概念准确、推理合乎逻辑、判断合理、解说符合实际。教师的表达要做到真实可信、话语信息充足，教师不能说缺少足够证据的话，以免失去学生的信任与尊重。因此，准确、科学是教师表达的基本要求。

案例评析

一位教师在教《狐假虎威》一课中的“窜”这个词时，解释说：“‘窜’就是‘跑’的意思。”这个说法是不科学的。如果说“窜”就是“跑”，那运动会上鼓励运动员向前跑，能否说成向前窜呢？显然不行。其实，“窜”固然有“跑”的意思，但“窜”不是一般的跑，它是指逃跑、乱跑，含有贬义，常用的词语如“四下逃窜”“抱头鼠窜”等。

（三）教师表达要有可接受性

教师表达必须有可接受性。教师表达的优劣很大程度上取决于学生领悟与接受的情况如何。瑞士心理学家皮亚杰经过多年观察，提出儿童认知发展的四阶段理论，7~12岁的儿童处在具体运算阶段，在这个阶段的孩子，开始具有逻辑思维，但仍依托具体事物或从具体事物获得的表象。因此，教师表达的可接受性表现为：教师根据学生的不同年龄特征、心理需求、知识水平来改变自己的表达，让教师的语言便于被学生接受。如在低年级阶段，学生的形象思维发达，所以教师表达可以形象生动一些，口语表达浅显易懂一些；而到了高年级阶段，学生的抽象思维能力得到了一定发展，教师的表达可以深刻一些。

案例评析

语文教学实录《记金华的双龙洞》

生：老师，什么是石笋？

师：你们见过石笋吗？

生：没有。

师：那你们见过笋吗？

生：见过。

师：笋是什么模样的呢？

生：下面大上面小，一层一层、一节一节的。

师：同学们平时观察得真仔细，那你们吃过笋吗？

生：吃过。

师：好不好吃呢？

生：好吃，可脆啦。

师：是的，笋可好吃了。但是呀，石笋可就不好吃了，要是哪个小傻瓜去咬一口，说不定还要咬掉两颗大门牙呢！因为石笋呀——？

生：是石头一样的笋子。

师：真棒！是的，石笋是长得像笋子一样的石头。我们来看课件（图片）。

在石灰洞洞顶，有水不断往下滴，水里面有一种物质叫碳酸钙，滴到地面后水流走了，但是碳酸钙留下来了，水不断往下滴，碳酸钙就越积越多，日积月累就形成了我们现在看到的石笋。

案例评析：这位教师通过形象生动的语言直观讲解、交流，让学生对笋子的形象、质地有了初步的感性认识后，接着通过图像直观地帮助学生加深印象，最后用语言呈现石笋的形成过程，从而让学生对石笋有了深刻的认识。这样的教学表达充分照顾了学生的认知特点，注意了教学语言的可接受性。

（四）教师表达要注意教育性

教师表达的教育性是由学校工作的总目标与教师的职责决定的。教师既要传授知识，培养能力，又要对学生进行思想品德方面的教育。教师的重要职责在于“育人”。因此，教师表达的内容、表达的形式都必然受到教育教学目标及其内容的制约，所表达的信息都必将直接或者间接地带有鲜明的教育性。

即时考查

我的老师

我上小学一年级时，比较胆小，不爱讲话。我的语文老师为了锻炼我的胆量，特意上课时让我朗读课文，我结结巴巴地用方言读着，结果引起了哄堂大笑。老师批评了那些笑话我的同学："同学有缺点，要互相帮助，不能嘲笑。"下课后她主动找我谈心，让我尽快适应新的环境，尽快学会普通话。从那以后，她帮我纠正每个字的发音，让我一遍一遍地朗读课文。经过几个月的学习，我逐渐可以用普通话朗读课文了。老师为了鼓励我，还让我当了语文课代表。她总是说："有困难不怕，就是怕不用心，只要用心了、努力了，任何事情都能办到！"在老师的帮助下，我越来越有自信了，我的各科成绩也在不断提高，并且喜欢上了写作。

思考：这位语文老师的表达有教育性吗？体现在哪些方面？

（五）教师表达要注意生动性

教师表达要符合学生的心理特征。小学生的具象思维发展快，生动的表达有利于学生理解教育教学的内容。生动形象的教师表达能激发学生的学习兴趣和上进心，有助于调动学生的智力心理因素和非智力心理因素，牵制学生的无意注意，延长注意力集中的时间，使抽象的道理具体化、深奥的道理浅显化。

教师表达的生动性首先体现在语言的形象生动、活泼鲜明上。其次还体现在教师表达时注意用身姿、表情、手势等增强表达效果上。运用优美恰当的态势语，能使教师表达更生动、鲜明。

即时考查

《师恩难忘》（节选）

刘绍棠

田老师给一年级上课了。他先把这首诗念一遍，又连起来讲一遍，然后，编出一段故事，娓娓动听地讲起来。……

…………

我听得入了迷，恍如身临其境。田老师的声音戛然而止，我却仍在发呆，直到三年级的大学兄捅了我一下，我才惊醒。

那时候的语文叫国语。田老师每讲一课，都要编一个引人入胜的故事。我在田老师那里学习四年，听了上千个故事，这些故事有如春雨点点，滋润着我。

……我深深感谢老师在我那幼小的心田里，播下知识的种子。

十年树木，百年树人。老师的教诲之恩，我终生难忘！

思考：刘绍棠先生走上文学之路，与教师表达的生动性有关吗？

第二节 教师表达的特征

教师表达会受到教师职业性质、任务、对象的影响以及教师工作环境的制约，因而呈现出以下几个方面的特征。

一、口语与书面语的结合

教师表达是教师传道授业解惑的语言，因而既要有书面语言的严密性、条理性、简洁性和丰富性，又要有口头语言的传声性、通俗性与生动性。教师表达是书面语与口头语的最佳结合。

（一）教师表达的书面语言特点

书面语言具有规范性、凝练性的特点。一般来说，书面语言的词汇、语法系统比口头语言更严密、完整；古语词成分多，俚语、俗语成分少；修饰、限定成分多，完全句式多，短句、不完全句式少，省略成分少。教师表达的内容里，占主体部分的是传授知识、讲授道理。由于教科书绝大多数使用的是书面语言，即学生要学习、记忆的知识——有意义的言语绝大多数由严密的、科学的书面语言来表述。教师的语言又具有示范作用，学生良好的语言使用习惯的形成，在很大程度上受到教师的影响，所以，教师应该调动书面语言规范性的长处为教育教学服务。

如何发挥书面语言的长处？

第一，充分利用纯粹的书面语言表达成分的长处，如发挥图表、表格等的作用，在教学中运用综合性强、周密性强的语言来表达思想。

第二，充分发挥书面语言的周密严谨、规范性强、凝练性强这一长处，科学、严密地表述定义、观点，利用书面语言的文言成分、长句式等，恰到好处地形容、比况、描绘、说明某一事物。

（二）教师表达的口头语言特点

在课堂教学中，教师虽然可以借助板书使教学的要点、重点“书面化”“稳定化”，但板书的有限性与教师表达的无限性之间总是有差距，使得教师表达既要注意书面语言的特点，又不能过于书面语化。同时，教师表达与一般的口语表达一样，也具有不断发出、不断消失、转瞬即逝的特点。为了便于学生理解、接受，教师表达的句式与一般口语表达一样，还应该具有句式短、结构简单、直来直去、说着顺畅、听着好懂等特点。

教师表达要怎样才能发挥口语表达的长处？

第一，教师表达要尽量做到通俗易懂、简短明快、生动形象，教师应该用开门见山、明快简洁的语言来组织课堂、安排衔接，讲述道理、教育学生，同时注意语言的生动性，充分运用生活实例、语言修辞来启发、引导学生，以此来增强学生的兴趣。

第二，充分利用态势语如手势、表情等来辅助教师表达。教师可以利用态势语来帮助自己清楚、细腻地表达教育教学内容。因为态势语具有完全可见的表现形式，能够辅助有声语言从而产生形象、生动的表达效果，迅速缩短师生双方的心理距离，体现人与人之间融洽的关系，增强相互之间的感情联系，提高学生参与学习的兴致，达到“此时无声胜有声”的效果。

总之，教师要充分发挥两者之所长，教师表达的语言才能既生动活泼、不佶屈聱牙，又严谨缜密、不失于浅陋。教师既要认真地用书面语言整理好教案，认真板书，充分发挥书面语言的优势，又要在讲课过程中不时地使用口头语言进行说明、诠释、讲解、过渡，发挥口头语言通俗易懂的优势。要做到既不照本宣科，又不“信口开河”。

即时考查

语文课《黄河是怎样变化的》教学片段

师：学到这里，我想问一下同学们，对于水土流失造成的恶性循环，你们有什么感想？

生：破坏大自然，就要受到大自然的惩罚。

生：要爱护大自然，爱护大自然就等于爱护自己。

…………

师：对！正如这篇课文要告诉我们的道理一样：人类与大自然是相互依存的关系，人类只有保护好自己赖以生存和繁衍的大自然，保护好生态环境，才能有幸福美好的家园。如果我们对自己赖以生存的环境肆意破坏，比如乱倒垃圾、随意毁坏树苗、污染水体、胡乱垦荒和放牧等，就一定会受到大自然的惩罚。所以我们每个人都应该为保护、改善和美化人类的生存环境而努力。

思考：请联系材料想一想，这位教师的表达哪些地方体现了口语语言的特点，哪些地方体现了书面语言的特点。

二、单向语言表达与双向语言表达的结合

教师表达是单向语言表达与双向语言表达的结合。一个合格的教师是应当能够自如地在这两种交流方式中转换的。

（一）教师的单向语言表达

教师的单向语言表达指的是在教育教学中，由教师发送信息，学生接收信息。在教育教学中，教师在讲授知识、传授道理时通常是采用的单向语言表达。如在教学表达中，教师在介绍背景知识、叙述某件事件的原委、论证某结论时，常常会进行大段独白，也就是单向语言表达。

单项语言表达应该注意表述的准确性、层次性、逻辑性，要重点突出，严谨缜密，忌生造词语，颠三倒四，条理紊乱。教师的单向语言表达应适合学生的年龄特点和知识基础、智力水平，深浅适度，因人施教。同时还应该生动形象、抑扬顿挫、声情并茂。

由于单向语言表达是教师讲、学生听，故而容易导致学生处于被动地位，致使学生机械地坐在座位上听，形如木偶，智力得不到开发，情绪也受到压抑。因此，教师的单向语言表达应注重启发、诱导，力避生硬灌输，防止“注入式”“填鸭式”，并与双向语言表达配合使用。

（二）教师的双向语言表达

教师的双向语言表达是指教师在师生之间双向沟通时所用的语言，主要体现以教师为主导，以学生为主体的作用。一堂成功的课堂教学是教与学的完美结合，是教师和学生相互配合、共同努力的结果。一次好的教育沟通也应该是教师与学生之间双向交流的结果。教师在教育教学过程中，应该始终关注自己的学生，时刻不忘通过情感、语言、目光、动作等方式加强师生间的双向语言表达，提高教育教学效果。

教师的双向语言表达应该具有灵活性、敏捷性。按照现代教学理论，教师应该多采用双向交流的方式进行教育教学活动，多采用提问、答疑等对话体的方式来引导学生。有学生直接参与的双向交流，也必然会及时为教师提供反馈，教师可以根据学生的反馈，对学生不理解的知识、道理进行有针对性的表达。因而，单向语言表达与双向语言表达的有机结合是教师表达的一个重要特征。

案例评析

在教《月光曲》一文时，教师提问："为什么盲姑娘能从琴声中听出弹琴者是贝多芬?"有的学生说因为贝多芬弹琴弹得好。可弹得好的也不止贝多芬一人呀！学生又认真思考，却不得其解。这时，教师出示一幅挂图，然后给学生讲述钟子期"高山流水觅知音"的故事："我国古代有两个人，一个叫伯牙，一个叫钟子期。伯牙喜欢弹琴，子期喜欢听琴。一次，伯牙刚弹到描绘高山的音乐时，钟子期就情不自禁地说：'善哉，峨峨兮若泰山。'意思是弹得真好啊，高峻得就像泰山一样。当伯牙弹到描绘流水的音乐时，钟子期又说：'善哉，洋洋兮若江河。'意思是弹得真妙啊，盛大得像滔滔的江水。伯牙非常高兴，觉得世界上再也没有人像钟子期这样了解自己，他是自己的知音。后来，钟子期死了，伯牙就再不弹琴了，因为——"老师的话还没说完，学生就举手站起来回答："老师，我明白了。盲姑娘像钟子期一样，是贝多芬的知音。"

案例评析：在上例中，教师与学生之间既有双向语言表达，又有教师在学生反馈后的单向语言表达。教师的单向语言表达紧扣学生的疑问，通过生动传神的讲述，很好地启迪了学生的思维，使他们在"山重水复疑无路"时，豁然开朗。

三、预设语言与应变语言的结合

一般说来，教师的教育教学表达都是预设性的，即教师在表达前都是经过了精心准备的。因而，预设语言应该是教师表达的主体。但是，在实际的教育教学实践中，教师往往会遇到一些新情况、新问题，此时，教师表达就是随机的，没有预设的。因而，教师应该掌握应变语言的技巧，根据教育教学的实际情况来应变。

乌申斯基说："不论教育者怎样地研究了教育学理论，如果他没有教育机智，他就不可能成为一个优良的教育实践者。"马卡连柯说："教育的技巧就在于随机应变。"教师表达中的应变语言，反映了教师表达水平的高低。遇到教学过程中的一些意外情况，或者班级中出现的偶发事件，抑或是在教学中的一些小小的教学失误，等等，教师都应该做到"处变不惊"，充分发挥自己的机智，敏锐、巧妙地调控自己的表达方法。预设语言与应变语言的有机结合是教师表达的又一特征。

案例评析

语文老师李老师面带笑容地走进教室，亲切地对同学们说："今天我一起来学习老舍的《小麻雀》。"她边说边打开粉笔盒拿粉笔。呀，盒中一个毛茸茸的东西吓了她一身冷汗，教室里充满了笑声。原来粉笔盒里关着一只羽毛未丰的小麻雀。李老师沉静了片刻，很自然地说："好有心的同学呀，找来了一只活标本。大家仔细看看，小麻雀的眼睛是不是像老舍描写的那样，小黑豆似的？"麻雀在同学们手中传开了。大家不住地赞叹老舍的观察仔细、比喻生动，也从内心里佩服李老师处理问题的艺术。

课后李老师对搞恶作剧的学生亲切地说："你对教学很关心，也很有心。不过，要是事先跟我打个招呼就更好了。"那个同学听了后很感动，惭愧地低下了头。

案例评析：教师的尊严受到了损伤，教学气氛遭到了破坏。但李老师没有发火，而是灵活机巧地借助课堂的具体情境，并以此为契机引入课堂教学，从而使教学得以正常进行。

四、情意语言与陈述语言的结合

情意语言是形象生动、富有感情的语言，陈述语言是严肃规范且富有说理性的语言。一方面，教师职业"传道、授业、解惑"的责任及神圣感决定了教师表达的庄重性，教师应运用严谨、规范、科学的语言进行教育教学活动。另一方面，学校教育的对象是青少年学生，他们习惯于形象思维，逻辑思维能力正在逐步形成，尤其是小学生，他们的注意力、观察力、抽象思维能力都比较弱，这些特点决定了教师的语言应尽量生动形象、富有情感，这样可以调动学生的非智力心理因素的参与，提高教育教学的效率。因而，教师表达应该是情意语言与陈述语言的结合。

情意语言如何与陈述语言结合运用？主要表现在以下几个方面。

(1)在对定义、定理等严肃知识以及教育学生做人的道理的教师表达中，加入情意语言可以让语言更生动活泼。

案例评析

一位数学教师在教"点的轨迹"的定义"有某种性质的所有点组成的图形，叫作有这种性质的点的轨迹"时，做了这样的处理：他扬起手中的蓝色粉笔头，将声音放低，轻轻地说："同学们，我这里有一只刚从墨水瓶里爬出来的小虫子。现在，我们让这只小虫子距离定点A30厘米处爬行，它爬呀爬呀，身后留下点的墨迹，就是小虫子运动的轨迹。"本来被定义绕晕了的同学们会心地笑了。

案例评析：教师用形象生动的语言，很好地诠释了"点的轨迹"，在对定义进行陈述时，语言生动有趣，吸引了学生的注意，帮助学生理解了抽象的概念。

(2)教师在严肃庄重的陈述语言中，加入充沛、丰富的情意语言。

为了能够帮助学生更好地接受教育或者理解教学内容，教师表达可以适当加入情感，用充沛、有感情的语言教育学生。

即时考查

某班主任找班上惹了事的"调皮大王"谈话。他先把学生叫到宿舍请他坐下，然后给他倒了一杯水，沉默良久，动情地对学生说："我对不起你啊！在你犯错后，我竟然不能说服你，致使你又出了事，我真觉得对不起你那含辛茹苦在农村挥汗锄地的母亲。"接着，又问那位同学："你能原谅我吗？"从来没有落过泪的"调皮大王"此时竟抽泣起来。从此，他一反常态，改邪归正。

思考：在严肃庄重的教育过程中，教师没有责骂，只有动情的话语，但正是这样深情的语言感动了学生。请大家谈一谈这位教师表达的情感性是如何体现的。

(3)在理性庄重的教师表达中，注重口语修辞的运用。

教育教学过程本身是一个动态的口语表达过程，教师针对不同的传授载体和教育教学情境，在理性庄重的教师表达中，注重运用恰当、完美的口语修辞方式，可以收到较理想的口语表达效果。

即时考查

特级教师于老师在教《燕子》一文的时候是这样表达他对燕子的喜爱的："同学们，画家画春天，少不了燕子；作家写赞美春天的诗文，少不了燕子；歌唱家唱赞美春天的歌，也总少不了燕子。可以这样说，如果少了燕子，春天就会失去一半的美。"

思考：于老师运用了什么修辞手法来表达对燕子的热爱？

语言的生动活泼与知识传授的准确无误相结合，鲜明的情感与思想品德的郑重教育相结合，修辞的生动与主题理解相结合，这样，教师表达既能形象生动，又不会背离教育教学信息的准确、科学传递，不会让教师语言在严肃、理性的表达中平淡无趣。优秀的教师，一定会注重教师表达的庄重性与情感性的结合。

本章小结

教师表达是指教师在教育教学过程中运用规范的语言，对学生进行知识技能的培养、世界观和人生观的培育、思想道德情操的引导，以及协调家长和其他社会资源的关系。教师表达有着十分重要的作用。

教师表达要注意规范性、教育性、科学性、生动性以及可接受性。教师表达是为教书育人服务的，因此，教师要注意自己的表达，不仅要注意自己的语言表达，还要注意态势表达。

教师表达具有口语与书面语的结合、单向语言表达与双向语言表达的结合、预设语言与应变语言的结合、情意语言与陈述语言的结合四个特点。

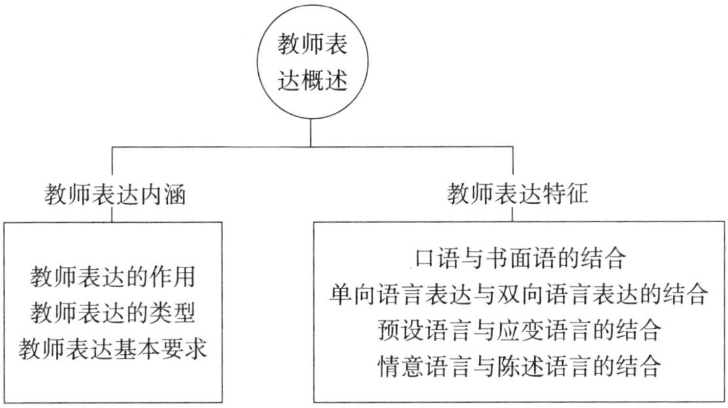

【思考与练习】

1. 教师表达的要求是什么？请你举例加以说明。

2. 请你谈谈教师表达有哪些特征。

3. 请比较下列每组中教师的不同表达，哪种效果更好？为什么？

(1) 一次，班里的一套图书不见了，同学们纷纷要求“捉贼”。

老师说：

a. 是谁偷了书？现在还回来还来得及。只要交出来，我们不再追究。

b. 拿书是爱书的表现。这次可能是哪位同学拿回家忘了带回学校，也可能是他看后忘在课桌抽屉里了。我相信我们班里是不会有人故意把书拿走的，请大家好好想想，再仔细找找，找到后请马上送还，好吗？

(2) 班上举行“一分钟演讲”，由于是第一次开展这样的活动，同学们有些紧张，没人愿意“打头炮”，老师只好点名。被点名的同学犹豫了片刻，鼓足勇气“嗖”地站了起来。“呼！”他把窗台上的一瓶颜料碰到了地上。顿时，教室里鸦雀无声。他尴尬地愣在那儿。

老师说：

a.怎么这么不小心？以后可要注意点儿！好，赶快到台上来演讲吧。

b.哈！我们的第一炮打响了——一鸣惊人！好，请大家用掌声欢迎他上台演讲！

4.设计教师表达：

下午放学时间，某小学大门口，一教师在大声训斥，家长、孩子低头不语。“你儿子我管不了啦，他要是能转到别的班级或学校去，我就谢天谢地了。”“倒了八辈子霉，碰到这样的学生，他上课从来不听讲，不是做小动作，就是挑我的刺。昨天上公开课，黑板上有个字没写好，他在下面嚷嚷说‘写错了’，这不是存心跟我捣蛋吗？”“哼！昨天的账还没来得及跟他算，这不，今天又来了，叫他们用‘虽然……但是……’造句，你知道他怎么造的？‘虽然我学习很努力，但是杨老师就是不喜欢我’，我这是罪加一等了，认得你们狠了，你们走吧！”家长涨红了脸，不住地向老师赔不是：“他个小畜生不懂事，请老师多加管教，要不听话，你只管打……”（汪霞．一种后现代课堂观：关注课堂生态[J]．全球教育展望，2001（10）：51-54，有修改）

你觉得这位教师表达得怎样？如果你是这位教师，你会怎样与家长和孩子进行交流？设计好语言后模拟演练教师表达。

【学习评价】

评价维度	评价内容	
	评价标准	评价等级（A、B、C、D）
知识与技能	了解教师表达的内涵	
	理解教师表达的特点	
	掌握教师表达内容组织的方法与技巧	
过程与方法	结合案例评析，理解教师表达的内涵与特征	
情感态度与价值观	理解教师表达的重要性	
	具备良好的语言表达观	
	能自觉训练表达能力，养成文明表达、规范表达的良好语言习惯	

【推荐阅读】

1.陈涵平．教师言语美[M]．广州：中山大学出版社，2004.

2.傅道春．新课程中教师行为的变化[M]．北京：首都师范大学出版社，2001.

3.张颂．朗读学[M]．北京：北京广播学院出版社，1999.

第七章
语音表达

语言有三美：意美以感心，一也；音美以感耳，二也；行美以感目，三也。

——鲁迅

一切学问没有速成的，尤其是语言。

——傅雷

你的舌头像一匹快马，它奔得太快，会把力气都奔完了。

——莎士比亚

语言就其本质而言，是一种公众事物。

——休姆

学习提要

（1）了解推广普通话是我国的基本国策，掌握普通话是合格教师必须具备的基本职业技能。

（2）掌握普通话语音的发声技巧，具备一定的方言音辨正能力。（重点）

（3）掌握普通话语音发声基本方法。（难点）

本章语音表达包括发声技巧、基本方法。发声技巧里面包括用气发声、共鸣控制、吐字归音，基本方法里面包括重音、语调、节奏、停顿、停连这几个方面。语音表达中，语音规范是基础，经过规范的语音训练，掌握普通话语音系统，结合不同的具体案例，在正确发声的基础之上，加强发声技巧的学习和练习，准确生动地传情达意。

第一节　发声技巧

普通话作为教师的职业语言，对教师语言表达的重要性不言而喻。因此，教师应该学会驾驭自己的声音，掌握正确的发声技巧，说好普通话。人类发声是人的发音器官活动的结果，其中，声带为主要发音器官，其他发音器官辅助其发音。说话时，横在呼出气流通道上的两条声带，迅速地一开一闭，把稳定的气流切成一串串的喷流，进而转换成听得见的峰音，随着舌、唇、腭等器官的运动，不断改变声道的声学性质，将峰音变成能区别的语音，通过胸腔、喉腔、咽腔、鼻腔、口腔组成的共鸣器放大而发出声音，这就是发声的全过程。从这个过程中可以看出，发音效果如何，与呼吸、声带、共鸣器等有着直接的关系。为此，在发音训练中，教师应着重注意用气发声、共鸣控制、吐字归音三方面的技巧训练。

一、用气发声

（一）什么是用气发声

人的发音器官主要包含呼吸器官、发声器官、共鸣器官，其中呼吸器官包括肺和气管，发声器官包括喉头和声带，共鸣器官包括咽腔、口腔和鼻腔。我们所呼出的气息是人体发声的动力，人声音的强弱、高低、长短以及共鸣状况都与呼出气流的速度、流量的大小有直接关系。气息是声音的动力来源，想要嗓音弹性、耐久，需要掌握正确的呼吸方法——胸腹式联合呼吸法，这种方法介于胸式呼吸和腹式呼吸之间，主要运用小腹收缩，靠丹田的力量控制呼吸，因此也称为丹田呼吸法。

（二）如何做到用气发声

用气发声训练包括吸气训练、呼气训练和有控制的胸腹联合式呼吸训练。

第一，吸气训练，其目的在于通过此训练，掌握快吸慢呼、深吸缓呼的科学发声方法，其要点在于扩展两肋，小腹微收，将气吸收入肺底。

专项训练

深呼吸练习：吸气数“一”，呼气数“一”；吸气数“一”，呼气数“一、二”；吸气数“一”，呼气数“一、二、三”，以此类推，进行深呼吸训练。如果不好掌握自己的呼吸，可以通过仰卧在床、双肩并拢的方式体会呼吸状态。吸气时要注意气息下沉，两肩要自然并拢向下，吸气呼气做到用鼻吸气，用口呼气。

闻花香练习：首先挺胸抬头站立，双肩下垂，小腹微收，然后平静、舒缓地如闻花香一样进行吸气，吸气时要保持一种放松且舒适的状态，感觉吸气满八成后进行控气，控制一两秒后再缓慢呼出，重复练习。

快吸气练习：首先自然站立，然后迅速地快吸一口气，气息自然下沉，腹肌收缩，感觉腰腹周围的饱腹感。

半打哈欠练习：嘴部微张地打哈欠，体会气息进入的最后感觉，感受腰腹周围明显的饱腹感。

第二，呼气练习，其目的在于通过锻炼吸气、呼气肌肉群，增强控制气息流速和压力的能力，训练中要保持呼气的平稳，随着内容和情感的变化进行呼气快慢和强弱的调节。

专项训练

模拟练习：模仿吹蜡烛，吹动桌面的乒乓球。要求气息要均匀和缓慢地流出，并逐渐延长气息呼出时间，直到达到25秒以上。

数字练习：一口气从“一”开始进行数数，逐渐提高数字数量，声音要饱满圆润，不感到挤压和气竭。

“找小明”练习：想象小明是自己的亲人，小明迷路后你要喊着名字去寻找他，“小——明——”，带着感情色彩由远及近、由近渐远地呼喊名字，使情、气、声自然融为一体。

吸气吐“si”练习：首先慢慢吸气，保持好气息，嘴巴微微张开，上下开一小缝，发出“si——”的声音，要求一口气，气息细而匀，看谁延续的时间长，但是要注意，当气快用完时，要保持自然放松的状态，可使呼气的控制力得到进一步的增强。

第三，有控制的胸腹联合式呼吸训练，其目的在于通过胸腹联合式呼吸，使得声音丰满圆润、刚柔并济。训练中要注意吸气时吸气肌肉群起作用，呼气时吸气肌肉群和呼气肌肉群一起起作用，这样才能较好地控制气息。

专项训练

狗喘气(蛤蟆气)练习

把开口狗喘气改为闭口，用鼻进气，可过滤空气中的病菌并减少气流对声带的冲击。身体保持直立，肩膀放松，舌头、下巴放松，慢慢吸气至胸廓较为饱满并尽力保持此状态，胸背部有一定支撑力，而后仅仅用横膈膜与腹肌对抗完成连续而轻微的弹跳呼吸运动。腹肌要运动起来，呼气时腹上部突然迅速内缩，此时是有弹性的，你会发现这口猛地弹出去的气在出去后自动又回吸进来，如此连续地去做，做到无力再做时才停止。这是锻炼和提高腹肌与膈肌的协调运动能力的有效方法。刚开始做不太协调时可慢一些，随着练习深入、逐渐协调可适当加速，至少一口气连续不断地快吸快呼地喘一分钟以上才基本合格。

二、共鸣控制

（一）什么是共鸣控制

共鸣控制是利用共鸣原理对共鸣腔进行适当的调节，以达到提高语音清晰度和美化音色的目的。共鸣控制原则是加强口腔和咽腔共鸣，保持适当的胸腔共鸣、头腔共鸣和鼻腔共鸣。加强口腔和咽腔共鸣是通过口腔控制各个元音的发音部位，找到既准确清晰又有较好音色的最佳发音部位。它要求我们根据不同字音，特别是不同元音的发音特点调整发音状态，纠正不良发音习惯。因此，加强口腔和咽腔共鸣是与吐字密切相关的问题，它与语音的具体音段有直接关系。

（二）如何做到共鸣控制

共鸣控制训练指以口腔共鸣为主，口腔、胸腔、头腔“三控”共鸣方式的训练，其要点在于气息下沉，两肋打开，喉部、胸部放松，声音通畅，从而使发出的声音圆润明亮、结实沉稳。

第一，口腔共鸣控制，口腔是发声过程中运动最灵活、复杂的腔体。而语音发声以口腔共鸣为主，其他腔体共鸣必须在口腔取得良好共鸣的基础上实现。口腔共鸣又称为中音共鸣。强调以打牙关、提颧肌、挺软腭、松下巴来打开口腔，使口腔在发声过程中处于积极的状态。

第二，胸腔共鸣控制，在于腹式呼吸或者胸腹式联合呼吸，保证胸腔一直处于放松状态。其次，提软腭，使气流冲击在软腭上面，使胸腔通过气管与发声器官（声带）连接畅通，保证共鸣的发生，这是胸腔共鸣的喉部控制要点。当然，声带也要放松。

第三，头腔共鸣控制，头腔共鸣依靠鼻腔、咽腔的力量与软腭，控制进入鼻腔的声音方向，使声音进入头腔，形成共鸣。头腔共鸣产生的生理结构位置是在鼻腔上方，体积小，位置高，这种共鸣产生的声音明亮、集中而柔和。

即时考查

“三腔”共鸣综合练习

1.词的发音练习

péng pài　bīng báo　pèng bì　bō li　péng bó　pī pàn
澎湃　冰雹　碰壁　玻璃　蓬勃　批判

jú huā　juān zhù　xuě hèn　liáo yuán　pēn quán　xuān zhǐ
菊花　捐助　雪恨　燎原　喷泉　宣纸

pāi dǎ　wū yā　huā xù　cuò zhé　kuài lè　chuī pěng
拍打　乌鸦　花絮　挫折　快乐　吹捧

bā dā dā　dī liū liū　gū lōng lōng　pī pā pā　pū tōng tōng
叭哒哒　滴溜溜　咕隆隆　噼啪啪　扑通通

hū lā lā　guāng dāng dāng　huā lā lā　pīng pāng pāng　shuā lā lā
呼啦啦　咣当当　哗啦啦　乒乓乓　刷拉拉

bǎi liàn chéng gāng　bō lán zhuàng kuò　bì lěi sēn yán
百炼成钢　波澜壮阔　壁垒森严

wāng yáng xū jiǎ　fān jiāng dǎo hǎi　shān hé měi lì
汪洋虚假　翻江倒海　山河美丽

可灵活运用共鸣技巧做夸张四声的训练，例如：

bō　lán　zhuàng　kuò
波——澜——壮——阔

shān　hé　měi　lì
山——河——美——丽

2.绕口令的练习

(1)磨坊磨墨，墨碎磨坊一磨墨；梅香添煤，煤爆梅香两眉灰。

(2)八百标兵奔北坡，炮兵并排北边跑，炮兵怕把标兵碰，标兵怕碰炮兵跑。

(3)炮兵攻打八面坡，炮兵排排炮弹齐发射。步兵逼近八面坡，歼敌八千八百八十多。

(4)营房里出来两个排，直奔正北菜园来，一排浇菠菜，二排砍白菜。剩下八百八十八棵大白菜没有掰。一排浇完了菠菜，又把八百八十八棵大白菜掰下来；二排砍完白菜，把一排掰下来的八百八十八棵大白菜背回来。

(5)老爷堂上一面鼓，鼓上一只皮老虎，皮老虎抓破了鼓，就拿块破布往上补，只见过破布补破裤，哪见过破布补破鼓。

3.段落的练习

人最宝贵的东西是生命，生命对于我们只有一次。人的一生应该这样度过：当他回首往事的时候，不会因为虚度年华而悔恨，也不会因为碌碌无为而羞愧；临死的时候，他能够说：“我的整个生命和全部精力，都献给了世界上最壮丽的事业——为解放全人类而斗争！”

三、吐字归音

(一)什么是吐字归音

吐字归音是使字音清楚、准确、完整、饱满的传统发音手段。根据汉语语音特点,将一个音节的发音过程分为出字、立字、归音三个阶段。三个阶段有不同的要求:出字,是指吐字归音过程中对字头的处理,要求做到字头有力,叼住弹出;立字,是指吐字归音过程中对字腹的处理,要求做到字腹饱满,拉开立起;归音,是指吐字归音过程中对字尾的处理,要求做到弱收到位,趋势鲜明。通过对每一阶段的精心控制,使吐字达到清晰有力、珠圆玉润的境界。

(三)如何做到吐字归音

吐字归音训练指使语言发音清晰、唇舌有力、收音完满、字正腔圆的技巧训练,包括舌和唇的训练,其要点在于吐字有弹力,语音流利清晰、准确利落。

第一,舌的训练。字音的准确、清晰、集中、圆润、响亮,无一不与舌的状态紧密相关。舌是发音活动中最积极、影响最大的器官。由于汉语普通话的语音多形成于舌的前部和中部,因而要特别加强舌前部及中部的训练,使之灵活、有力。吐字时,舌要有向前活动的感觉,而不能向后缩;要加强舌前部、中部的收拢上挺能力,使力量集中在舌的中纵线。

即时考查

1.舌头基础训练

弹舌—舌尖上翘,以较快速度反复弹上齿下缘;

刮舌—舌尖放在下齿背,上齿接触舌前部;舌前部逐渐挺起,将口腔撑开;上齿沿中纵线向前往后刮动;

卷舌—将舌头伸出口外,使舌前端呈尖形,向上卷回;

立舌—略张口,使舌在口腔内向左边立起,再向右边立起;

转舌—闭唇,舌尖在唇内齿外转动。

2.舌头的发音练习

用短促、有力的声音连续发de、te、ne、le,舌的相应部分要有一定力度。

3.绕口令的练习

(1)天上有个日头,地下有块石头,嘴里有个舌头,手上有五个手指头。不管是天上的热日头、地下的硬石头、嘴里的软舌头、手上的手指头,还是热日头、硬石头、软舌头、手指头,反正都是练舌头。

(2)一班有个黄贺,二班有个王克,黄贺、王克二人搞创作,黄贺搞木刻,王克写诗歌。黄贺帮助王克写诗歌，王克帮助黄贺搞木刻。由于二人搞协作，黄贺完成了木刻，王克写好了诗歌。

（3）梁上两对倒吊鸟，泥里两对鸟倒吊。可怜梁上的两对倒吊鸟，惦着泥里的两对鸟倒吊，可怜泥里的两对鸟倒吊，也惦着梁上的两对倒吊鸟。

（4）你会炖炖冻豆腐，你来炖我的炖冻豆腐；你不会炖炖冻豆腐，别胡炖乱炖炖坏了我的炖冻豆腐。

（5）四只箱子，藏着四粒虱子，四粒虱子，吓退四只狮子。

第二，唇的训练。双唇是吐字的重要器官。唇的控制对吐字质量有明显的影响。在发音时加强唇的力量可以使声音集中，若双唇松懒，发出来的声音则散漫、无力。唇形不正确还会使字音出错，影响语义。在发音时，唇的活动幅度不能过大，要唇齿相依；唇的力量要集中在上唇的中段，可以轻提颧肌，使口呈微笑状，以加强上唇中段的力量，不要整个嘴唇用劲。吐字时，口形要自然、美观，口角轻圆。

即时考查

1. 唇的基础训练

撮唇：开小口，轻提颧肌将唇撮合，再展开，反复动作；

转唇：合口噘唇，沿上、左、下、右呈递时针转动，再反方向转，反复转动；

双唇打响：闭口提颧肌，上唇向中间缩，力量集中于上唇中部，反复发不带元音的b、p，有清晰的爆破声。

2. 唇的发音练习

可练习带双唇音的单音节，如ba、pa、ma、fa，发音要短促、有力。

3. 绕口令的练习

（1）张伯伯，李伯伯，饽饽铺里买饽饽，张伯伯买了个饽饽大，李伯伯买了个大饽饽。拿回家里喂婆婆，婆婆又去比饽饽，也不知是张伯伯买的饽饽大还是李伯伯买的大饽饽。

（2）白猫黑鼻子，黑猫白鼻子；黑猫的白鼻子，碰破了白猫黑鼻子，白猫的黑鼻子破了，剥了秕谷壳儿补鼻子；黑猫的白鼻子不破，不剥秕谷壳儿补鼻子。

（3）红饭碗，黄饭碗，红饭碗盛满饭碗，黄饭碗盛饭半碗。黄饭碗添了半碗饭，红饭碗减了饭半碗。黄饭碗比红饭碗又多半碗饭。

（4）一个胖娃娃，捉了三个大花活蛤蟆，三个胖娃娃，捉了一个大花活蛤蟆，捉了一个大花活蛤蟆的三个胖娃娃，真不如捉了三个大花活蛤蟆的一个胖娃娃。

（5）白石塔，白石搭，白石搭白塔，白塔白石搭，搭好白石塔，白塔白又大。

第二节 基本方法

基本方法主要指教师在教学中的重音、语调、节奏、停顿、停连。教师在朗读诗词、散文、故事等时，需完整地理解语义，读出理解重音。重音存在于规定的情境中，一句话可以用不同的方式读出不同的意义，但一句话在文中必有它的重心所在，可能是一个字，也有可能是一个词。当教师确定重心后，一定要进行重读才能达到强调的效果。准确、鲜明、生动的语调永远是教师根据自己的理解真情流露出来的，朗读课文时，情感一定要真实饱满，并且应该注意在特定的情景中朗读。节奏可以解释为一种有规律的、连续进行的完整运动形式。节奏不仅限于声音层面，景物的运动和情感的运动也会形成节奏。教师在课堂中朗读课文时要把握节奏的快慢，不能一快一慢，这样会使学生听不清楚，听不明白。停顿在教师表达中也具有极为重要的作用，它是准确地向学生传达语义和展示不同的场景的不可缺少的手段，同时也能够在课堂上吸引学生的注意力，使课堂不再枯燥乏味。在教学过程中，重音、语调、节奏、停顿十分重要，停连也不可忽视，停连讲求渐变和突变，要避免不足和过分，要做到快慢有节奏，高低有层次，强弱有分寸，实需有依据。

一、重音

（一）重音的位置

第一，找准中心词。如果想确定一篇课文中重音的位置，首先要找到中心词，这就需要我们对整篇课文的内容做充分的了解，准确理解文中的含义。在这个过程中，我们一定要找到能够让人一听了然的表明语句目的的中心词。通常句子的中心词相对好找一些，但是在一些长段落和长文章中，中心词就相对难找一些。教师一定要清楚在找中心词时，要注意每个中心词都是有一定的含义，不能凭空乱找，一定要结合内容来进行寻找。

第二，找准渲染词。为了生动形象地表达人物的思想情感和文章的内容，作者往往会用一些修辞手法，像比喻、夸张、拟人、双关等。除了这些常见的修辞手法之外，作者还可能使用渲染词。渲染词是为了达到一定的目的，通过语气的变化来强调的词语。这样的渲染能够使文章更生动、更有活力，吸引读者的眼球。

专项训练

请你大声朗读以下段落：

你的手指透明得像粉红色的虾壳瓣，小脚丫跟我的一个手指一样长，你的小头发黑亮亮的，眼底清澈得像蔚蓝的海洋……

训练要求：首先，这一段很明显地是在描写一个可爱的婴儿，用形象的比喻来形容婴儿的手指、小脚丫、小头发、眼睛，充满了灵动感，展现了婴儿的天真无邪、纯真可爱。教师应该注意渲染，细细体会文字刻画的形象以及内含的情感。

（二）重音的意义

重音在教师课堂中的重要作用是加强语言的表现力。重音的表达不但要位置准确，还要对一些渲染性的重音特别关注，让学生从听觉中就能体会到教师的情感，从而体会到文章的魅力所在。许多教师只是将课文平淡无奇地朗读，这样只能让课堂乏味无趣，整个教学没有新意。所以，教师对于重音要特别地关注，把握好重音，才能让课堂的语言活泼轻快，吸引学生的注意力，实行有效教学。

二、语调

（一）情感色彩

语句是具有生命力的，只有语句有了生命力，才能走进学生的心里。语调的情感色彩，指的是教师所流露出来的人类情感的变化，并且能够在课文中变得丰富、具体、深刻。随着场景的变化，语调的高低起伏呈现出不一样的状态。教师要注意结合作者创作时内心的真实感受和态度，应该是有感而发，要理解了内容，了解了作家的创作意图，才能够更加深刻地将语调的变化呈现出来。所以，教师不论是在朗读什么体裁的课文，都应该声情并茂，融入自己的情感，结合创作时的环境，如此一来，教师的表达就更加准确、连贯、专业化。

专项训练

“痛”的情感色彩分很多种，可能是因为疾病所产生的肉体上的疼痛，也有可能是因为内心受到伤害所产生的“痛不欲生”。对于“痛”的情感色彩的变化，请你设置不同的规定情境，以一段台词的形式，将“痛”的感受恰到好处地表现出来。

训练要求：通过不同的语调来表达疼痛感，让学生赋予文字更多的色彩，从而更加准确地将内容中的意思传达出来。

（二）语调的几种形式

第一，变音。变音就是把原来的语调换一个音调来读，目的就是将课文的情感赋予不一样的态度，使其更能够获得学生的认同。教师在变音时应该找到正确的发音部位，可以采用腹部呼吸法进行，这样不会损害教师的嗓子。

第二，颤音。颤音是一种具有美感的语言表达方法。比如可能在教材中会遇到一些剧本式的课文，教师在进行朗读时可以采用颤音的方式，这样能够增强课文的戏剧色彩。但颤音需要用得扎实，如果用得不好就会出现肉麻感等。

第三，装饰音。装饰音是一种润色的语言表达方法。教师在面对低年级学生时，可以采用装饰音来上课或者朗读课文，这样更符合学生的心理年龄和心理特征，使教师的教学方法更为有效，学生上课的注意力更为集中。

即时考查

同一句话请你按不同的情境要求，用不同的语气语调读出来。

妈妈，再见！

情境一：可爱的小女孩，娇声娇气地向妈妈告别。

情境二：不幸的人，忍痛向妈妈告别。

我的孩子，你在哪儿？

情境一：年轻的父母亲，焦急地寻找孩子。

情境二：年老的父母亲，思念儿女。

三、节奏

（一）节奏的原则

在教学过程中，节奏的变化和运用要以课文的内容和人物的情感为依据。语速和变化是节奏技巧的外在特征。语速的快慢是节奏转化中的一个重要组合关系，可以欲快先慢，也可以欲慢先快、快慢相间，要根据不同的语境和情境进行，做到适度。如果吐字力度强、口腔状态紧、气息大，就不利于准确把握节奏。

（二）节奏的种类

第一，轻快的。轻快的节奏多用于一些内容比较活泼的课文，时间比较短暂，整体语速比较快，轻巧明亮。如果按学生的标准，更适合于低年级的学生，通过轻快的语言，使教师和学生的距离更近，让教师的教学效果更好。

第二，悲伤的。悲伤的节奏多用于一些凄凉、凄惨、悲痛的课文中，感情色彩比较沉重，语言气势比较平稳，时间长，语速偏慢。

专项训练

《珍珠鸟》(节选)

渐渐它胆子大了，就落在我的书桌上。它先是离我较远，见我不去伤害它，便一点点挨近，然后蹦到我的杯子上，俯下头来喝茶，再偏过脸瞧瞧我的反应。我只是微微一笑，依旧写东西，它就放开胆子跑到稿纸上，绕着我的笔尖蹦来蹦去，跳动的小红爪子在纸上发出“嚓嚓”的响声。

我不动声色地写，默默享受着这小家伙亲近的情意。这样，它完全放心了，索性用那涂了蜡似的小红嘴，“嗒嗒”啄着我颤动的笔尖。我用手抚一抚它细腻的绒毛，它也不怕，反而友好地啄两下我的手指。

白天，它这样淘气地陪伴我；天色入暮，它就在父母再三的呼唤声中，飞向笼子，扭动滚圆的身子，挤开那些绿叶钻进去。

有一天，我伏案写作时，它居然落到我的肩上。我手中的笔不觉停了，生怕惊跑它。待一会儿，扭头看，这小家伙竟趴在我的肩头睡着了，银灰色的眼睑盖住眸子，小红爪子刚好被胸脯上长长的绒毛盖住。我轻轻抬一抬肩，它没醒，睡得好熟！还咂咂嘴，难道在做梦？

——摘自《语文·五年级·上册》，人民教育出版社

训练要求：这篇来自冯骥才的《珍珠鸟》的课文就是典型的以轻快的节奏为主导，在朗读的时候，要主要将珍珠鸟的各种特征生动形象地展现出来。语言是一门艺术，因此，教师在朗读的时候一定要注意节奏的变化、情感的变化以及朗读的技巧。

第三，紧张的。语速较快，气息较为急促，语言密度大，重点处的语调、气势的转化都比较急促、紧张。

四、停顿

(一)停顿的运用原则

教师正确安排停顿可以使课文连贯，防止散乱，确保准确地诠释课文，避免歧义。首先，教师可以通过运用停顿，表达出课文中并列、递进、转折或总分的逻辑关系，而不是刻板地按照课文的标点符号，对停顿时间的长短进行机械处理。其次，教师需要注意无论哪种停顿，都不应该破坏语言结构的一般规律，要根据时间、地点、环境等不同的情况进行灵活的处理、机智的应变，这是一个教师应该具备的能力。

(二)停顿的类型

第一,心理停顿。心理停顿会使课文中的人物更富有生命力。如果没有心理停顿,句子就没有活力和生命力,心理停顿不是思想情感的空白,而是暂时的休止,但是心理活动和发声气息并未中断,形之于声,引起共鸣。

第二,结构停顿。一般来说,大标题后的停顿往往是最长的,章句间的停顿较长,段落间的停顿次之,层次间的停顿较短。当然,这些停顿都是相对的,教师进行表达时应该根据客观的情况进行分析。

第三,逻辑停顿。所谓的逻辑停顿,就是按照标点符号的意义做停顿。标点符号各有其不同的意义,因此,它们的停顿时长也各有差异,大体上可以做以下比较:顿号、括号、引号最短,逗号较短,句号适中,分号、破折号、冒号稍长,问好、感叹号、省略号最长。

专项训练

小草在唱歌

雷抒雁

母亲啊,你的女儿回来了,
她是水,钢刀砍不伤;
孩子啊,你的妈妈回来了,
她是光,黑暗难遮挡!
…………
去拥抱她吧,
她是大地的女儿,
…………

训练要求:前两个逗号之后的停顿是属于逻辑停顿,为了思想完整、情绪饱满,可以处理停顿但不换气。“大地的女儿”之前,有一个心理停顿,要注意。

五、停连

(一)停连的含义

停连,是一个包括两方面内容的问题。停指停顿,连指连接。有停顿、有连接才能更好地传情达意。语言的部分之间、层次之间、段落之间、小层次之间、语句之间、词组或词之间,有声语言总有休止、中断的地方,时间有长有短,都属于停顿的范围。我们正确地安排了停顿的位置之后,使用停连应该包含语调的快慢、高低、强弱、虚实。

（二）停连的作用

明暗互补是停连的核心内容（这里的明暗是一种音色的亮度，是思绪、心境的一种显露），在营造氛围和生成意境方面发挥着重要的作用。停连中的"明"就是气息较为集中，口腔稍微紧一点儿，吐字有力，发音位置往前移，声音向上走。在快慢、高低、强弱、虚实中应该考虑段落、层次、句子之间的明暗，才能更好地表达准确的含义。

专项训练

（1）没有一片绿叶，没有一缕炊烟，没有一粒泥土，没有一丝花香，只有∧水的世界，云的海洋。

（2）俱往矣，数风流人物，还看∧今朝。

（3）森林爷爷∧一点儿∧也不着慌。

（4）

我骄傲，我是中国人
在无数蓝色的眼睛▲和褐色的眼睛之中，
我有着一双宝石般的∧黑色的眼睛，
我骄傲，我是∧中国人！

在无数白色的皮肤▲和黑色的皮肤之中，
我有着大地般∧黄色的皮肤，
我骄傲，我是∧中国人！

我是∧中国人——
黄土高原▲是我挺起的胸脯，
黄河流水▲是我沸腾的热血，
长城▲是我扬起的手臂，
泰山▲是我站立的脚跟。

注：∧停顿号。不论有无标点符号均可用。若用于有标点处，表示停顿的时间再长些。

▲表示把词或短语分开，停顿时间很短，不换气，通常用在句子中没有标点的地方。

训练要求：根据对段落的理解，结合已标注的停顿点，多次诵读，感受字里行间的意蕴。

即时考查

请你大声朗读以下句子，并标注下面的句子应该在哪里停顿。

（1）谁还想起，他们的脚踩在一个女儿、一个母亲、一个为光明献身的战士的心头上？

（2）此时，草地上一片欢声笑语。有的嬉闹，有的捉鱼，有的玩水，还有的在采摘草地上的不知名的小黄花。

本章小结

普通话是教师的职业语言，在教育教学中起着极其重要的作用，而良好的普通话语音表达则来自规范的、有技巧的语音发声。因此，教师应该加强对普通话的认识，掌握语音发声的技巧和训练方法，在日常生活和工作中有意识地进行练习，从而提高普通话水平，提升教育教学技能。

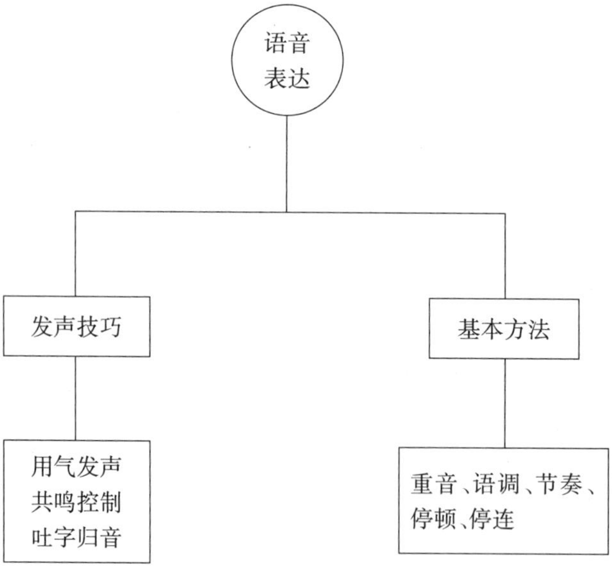

【思考与练习】

1. 请你联系实际情况，谈谈规范的语音对于教师的重要性。

2. 结合自身的语音基础，找出自己的语音问题，并有针对性地做好改进练习。

【学习与评价】

评价维度	评价内容	
	评价标准	评价等级（A、B、C、D）
知识与技能	了解、推广普通话是我国的基本国策	
	掌握普通话语音系统	
	掌握语音发声方法和技巧	
过程与方法	结合不同的具体案例，在正确发声的基础之上，加强发声技巧的学习和训练，准确、生动地传情达意	
情感态度与价值观	树立说好普通话、在教育教学活动中推广普通话的意识	
	具有热爱国家通用语言文字、热爱祖国语言文化的情感	
	探索汉语言文学，传承祖国语言文化	

【推荐阅读】

1. 王璐，吴洁茹．语音发声[M]．第2版．北京：中国传媒大学出版社，2009.

2. 王韦皓．播音主持：语音发声语言表达基础[M]．北京：语文出版社，2017.

3. 仲梓源．播音主持艺术入门训练手册[M]．第2版．北京：中国传媒大学出版社，2014.

第八章
教学表达

不愤不启，不悱不发。举一隅不以三隅反，则不复也。

——孔子

所谓教师之主导作用，盖在善于引导启迪，俾学生自奋其力，自致其知，非谓教师滔滔讲说，学生默默聆受。

——叶圣陶

追求优异的成绩……不但同我们教什么有关系，而且同我们怎样教和怎样引起学生的兴趣有关系。

——布鲁纳

一个能够动听地、明晰地教学的老师，他的声音就该像油一样浸入学生的心里，把知识一道带进去。

——夸美纽斯

学习提要

(1)了解教学表达的特点。

(2)掌握教学表达的技巧。(重点)

(3)掌握教师表达内容的组织方法。(难点)

在计算机和互联网技术普及的今天，涌现出了各种各样的现代教育技术。然而，无论哪种现代教育技术，都无法完全取代教师，无法取代“口耳相传”的教学表达。教师表达是教师教育教学的重要工具，是教师传授知识、教育学生的主要手段。因此，教师应不断提高教学表达能力，锤炼自己的教学表达艺术。

第一节　教学表达的特点

教学表达是教师在教学过程中启迪学生心智、向学生传授知识、解除学生疑惑的语言表达。教学表达是教师表达的一部分，也是教学活动中的专业化表达。教师教学表达是否得当，直接影响到学生的成长和进步。教师良好的教学表达，可以使抽象深奥的知识变得浅显易懂，枯燥艰深的学习变得轻松愉快。良好的教学表达应具有科学性与规范性、形象性与生动性、启发性与教育性、亲和性与审美性。

一、科学性与规范性

教学表达的科学性指的是教学表达要体现不同学科教学内容的科学性。教师表达要符合学科的特点，内容准确，要根据不同学科的特点正确运用属于本学科的概念、术语、原理等，不能用日常词语代替学科术语，对一些概念、定义的讲解不能似是而非、模棱两可。教师要准确表达每一个概念的内涵与外延、每一个公式的条件与运用，在阐述基本概念、理论和方法时，应力求准确、严谨和简练。对于科学的定理的讲解必须做到精准无误，绝不能模棱两可。

教学表达的科学性还指表达要符合逻辑，避免发生歧义。教学表达要从事物内在的特点与规律出发，根据思维的逻辑，恰当运用概念，严密推理、判断，用精确的词语表达知识的内涵，尽量用言简意赅的语言表达丰富的内容，层次分明，目的明确。

教学表达的规范性是指教师在教学中表达的语词使用规范、语法结构规范、语音表述规范以及文明用语。教学表达要注意语句通顺，语序正确，词语使用规范，避免使用成分残缺的句子，避免词语搭配不当等不规范的语言现象。教师是学生的楷模，对学生有着榜样和示范作用，教师语言的规范性在无形间影响着学生的语感，对学生的语感形成有着不可估量的作用。教师还要用标准的普通话来进行教学表达。《中华人民共和国国家通用语言文字法》第十条规定："学校及其他教育机构以普通话和规范汉字为基本的教育教学用语用字。"教师表达语音要准确，避免受到方言的影响，词汇要规范，不要使用方言词、生造词、网络词等不规范的词汇，要避免在使用普通话进行教学表达时运用方言语法。同时，要注意用语文明，不说粗俗的俚语，不用不文明的粗话。

案例评析

科学课《水是什么样的》

师：(出示四杯不同的液体)其中有一杯是清水。用什么方法可以准确、快速地找出这杯清水呢?

生：用眼睛看，用嘴巴尝，用鼻子闻。

师：用嘴巴尝、用鼻子闻的时候要注意什么?

生：闻的时候不能离得太近，尝的时候要用筷子。

师：为什么?

生：因为那样不卫生，可能不安全。

师：为了保证我们的安全，在不知道是什么物体时，一般要一看二闻三尝。正确的闻法是：打开瓶盖，用手在杯口上方轻轻扇几下，再用鼻子靠近杯子闻一闻。正确的尝法是用筷子蘸一点放到舌尖上舔一舔，然后立刻把它吐掉，还要注意讲究卫生，吐到卫生纸上

——李旭东，汤首双.《水是什么样的》教学实录与反思[J].科学课：小学版，2008(6):44-45.(有改动)

案例评析：这段教学实录选自李旭东、汤首双的《〈水是什么样的〉教学实录与反思》。教师充分发挥引领者、合作者的作用，在参与讨论的过程中，培养学生认真、细致、严谨的科学探究态度。教师的教学表达科学、规范，注意了事物内在的逻辑，将闻和尝的方法、步骤讲述得很清楚、明白，用词准确科学，符合学科特点，体现了教学表达的科学性与规范性。

二、形象性与生动性

教学表达的形象性指教师在教学中要善于运用语言创造直观形象，将抽象的概念形象化，将深奥的道理浅显化。俄国教育家乌申斯基认为：“儿童一般是用形状、颜色、声音、感觉来思维的，因此必须对儿童进行直观的教学。这种教学不应建立在抽象的概念和语言的基础上，而应该建立在儿童直接感知的具体形象的基础上。”因此，教师的教学表达要尽量形象、直观，充分调动学生的生活体验，让他们如见其人、如闻其声、如临其境。

特级教师于漪曾经说过：“教师的语言在于激趣、深于传情、工于达意，对学生有吸引力、感染力，产生春风化雨般的魅力。”《学记》中有云：“君子之教，喻也。”教学表达的生

动性首先是指教师的教学语言要善用比喻、比拟、夸张等修辞手法，善于运用修饰语，这样的语言才会生动，能吸引学生的注意，激发学生的学习兴趣。其次，教师的语言要有感情。教学过程不只是传授知识的过程，也是师生情感交流并引起共鸣的过程。尤其在小学，在情绪情感等方面，以低年级的儿童为例，由于他们具有情绪易受感染、情绪较多指向表面和具体事物、对教师具有依恋性情感等特点，教师的课堂教学语言也相应地具有促进移情、情绪感染、抚慰等功能。所以，教师的教学表达更应做到声发于情、意寓于情、理融于情，增强教学表达的吸引力和感染力。

即时考查

让数学课在“幽默”中生动起来

今天，数学王国来了一家人，这家人十分有趣。“0小个”是个穷光蛋，减3元不够，向“十叔叔”借钱；“十叔叔”也是个穷光蛋，可是他乐于助人，于是向“百伯伯”借；“百伯伯”还是个穷光蛋，他也很热情，悄悄向“千爷爷”借。“千爷爷”把仅有的1000元钱借给了“百伯伯”；“百伯伯”马上把它换成了10个100元，自己留了9个，拿出1个借给“十叔叔”；“十叔叔”又把它换成了10个10元，自己留了9个，拿出1个借给“0小个”；“0小个”欢天喜地，马上用借来的10元减3元……

——周烨轩，周银钦. 穷光蛋借钱[J]. 数学大世界（上旬），2011(9)：25.（有改动）

思考：这位老师的教学表达有什么特点？运用了哪些修辞手法？结合自己的学习生活谈谈教师教学表达的形象性与生动性对学生的影响。

三、启发性与教育性

教学表达的启发性是指教师根据教学的规律和学生的发展特点、需要，运用适时且巧妙的话语给学生以启迪。孔子说：“不愤不启，不悱不发。”在新课程理念下，学生是学习的主体，教师要充分调动学生的学习主动性，引导他们独立思考，积极探索，自觉掌握科学知识，提高其分析问题和解决问题的能力。教学表达的启发性要求教师在教学中注意：恰当利用提问语、设问语、反问语，有时候还可以运用提示语，让学生置身于一个个由问题串联而成的、富有启发性的情境之中，学生的求知欲就会被点燃，学习的主动性也随之被激发，学习的效率自然就提高了。

教学表达的教育性是指教师在教学中要恰当利用教学内容，对学生进行正确的世界观、人生观和价值观的教育与引导。教学是一种特殊的人类活动，是教师有目的、有计划地以一定的教育内容和手段为中介，与学生相互作用、促进其发展的过程。在这一过程中,教学表达的语言既作为教育内容存在,也作为教育手段发挥作用,是重要的中介因素,很大程度上决定了教学活动能否达到促进学生发展的目的。因此,课堂教学表达的语言超越了一般意义上的语言,它的最终目的就不再仅限于达成表意、完成沟通,更重要的是发挥教育功能,促进学生经验的提升和知识结构的扩充完善。就此而言,对教育功能的追求,即“教育性”应当是课堂教学表达的本质特征之一。

教学表达的教育性要求教师要明确教育目的,结合具体的语境、师生双方的特点、教学目标和教学方式,分析教师和学生所处的特定社会文化语境,利用特定的语境和教学内容,启发学生理解教育的内涵,唤起学生内心的情感。

案例评析

小学科学课《材料在水中的沉浮》

生:“老师,为什么杧果掉进水里沉下去了?”

师:“对呀,为什么呢?”

生:“可能是因为这是个大杧果。”

师:“那如果是小杧果就会浮起来吗?”

生:“那当然。”

师:“是不是小的东西就会浮起来?”

生:“嗯。”

师:“那你去看看,咱们教室的鱼缸里面,有没有什么东西很小,但是却沉在水里?”

案例评析:教师没有直接回答学生,而是用启发性的提问将学生的注意力保持在“沉浮”这一问题上。教师通过设问、总结以及追问,引导学生去独立观察、探究。表面上并未使学生修正错误概念、获得经验提升,但抓住了教育契机,达成了教育效果。

四、亲和性与审美性

教学表达的亲和性是指教师必须考虑学生的年龄特点,运用适合学生口味的语言,给学生创造一种亲切、愉快、积极的教学氛围。意大利教育家蒙台梭利说:“教师与儿童之间积极的关系是教育成功的唯一基础。”要做到教学表达有亲和性,教师应注意教学表达中要理解、尊重学生,在组织教学活动中要注意师生之间的平等关系的建立,对学生在教学中的求异思维要理解、宽容甚至欣赏，教学表达的语言要亲切和蔼、舒缓且富有感情，语气、语调贴近学生实际，要根据不同的教学内容来设计语气语调。音量要适中，音高要尽量用中低区的音高，给人一种安定平和的感觉。在态势语的使用上，要注意经常给学生鼓励式的微笑，教学中要与学生进行亲切的眼神交流，而不是高高在上，给人一种师道尊严不可侵犯的感觉。

教学表达的审美性是指教学中注意自己的语言美，要尽量用美好的声音、悦耳的语调、抑扬顿挫的节奏来进行教学，使教学有张有弛，意趣盎然。在语境的创设上，教师要尽量娴熟地运用语言流畅、自然地表达，用完美的逻辑推导、天衣无缝的各教学环节的衔接，形成一种引人入胜的优美语境，给学生强烈的审美体验。教师切忌照本宣科，只津津乐道于自己预设好的教案语言。教师要根据教学中的具体情况及时调控自己的教学表达，及时灵活地运用语言调控、驾驭课堂教学表达。

案例评析

小学语文课《烛光晚餐》

师：(出示烛光的画面)你们当中谁有过和家人共进烛光晚餐的经历？

生1：我有过。

师：感觉如何？

生1：没感觉。

师：哦，没感觉？也很正常，对孩子们来说，吃过就吃过了。不过我想，今天学过这篇课文以后，你再来回忆当时的情景，可能会有一些感觉的。其他同学呢？

生2：我觉得很惊讶。

师：为什么？

生2：因为我是第一次和爸爸妈妈共享烛光晚餐，所以觉得很惊讶。

师：是的，第一次的经历总让人觉得新鲜、好奇。

——湖南省教育厅．口语．下册[M]．长沙：湖南科学技术出版社，2008.(有改动)

案例评析：这个案例节选自湖南第一师范学院一附小余运群《烛光晚餐》课堂教学实录。教师先让学生联系已有生活经验来漫谈感受，营造了轻松、愉悦的学习氛围。当生1说出“没感觉”这样既不符合“预设”，也不符合“标准答案”的回答时，教师马上做出调控，顺应孩子的心理特征；对生2的回答及时做出了进一步的引导与点拨。这样的教学表达既具亲和性，又具有审美性。

第二节　教学表达的技巧

教学是一门艺术。好的教学表达一定要注意这样几点:用学科的专业术语表达;语言表达符合规范,无语病,逻辑性强;语言干净利索,无废话,无赘语,连贯流畅;声音洪亮,吐字清晰,节奏感强,语调变化有序;语音准确,普通话标准,无方言色彩,注意异读词以及多音多义字的发音准确。那么,教学中教师语音的运用、修辞手法的运用、口语化与儿童化表达技巧的运用就十分重要。下面我们分别从语音的运用技巧、清晰流畅的表达技巧、修辞手法的运用技巧、口语化与儿童化的表达技巧四个角度予以训练。

一、语音的运用技巧训练

在教学表达中,教师要注意自己的音量、音色调节,语调、重音、顿连、节奏的运用,吐字的清晰性,语流的流畅性,等等。

(一)音量、音色的调节技巧训练

说话音量大小的程度,是受气息支配和控制的。教师运用口语进行工作,首先要会正确地用气发声,其次还要注意音量适中,运用自己的语感进行监听调节。教学表达的音量不宜过小,也不宜过大;不宜过亮,也不宜过平。

1. 音量的大小训练

一般的教室面积60~70平方米,教师要让每一个学生听得清楚,声音就要尽量大一点,要让最后一排的学生也能听清教师说的每一个音节。对人耳而言,最舒适的声音为65 db,在安静的环境下,教师应该尽力让自己的声音保持在这个范围以内。音量过大,容易造成听觉疲劳。教师教学表达的声音应以中音区为主,这样教师既能感觉轻松,学生听了也不会觉得吃力。但是声音在中音区,不代表教师的音量小,在教学表达中,教师要尽力运用共鸣腔的共鸣效果来提高音量,要注意吐字归音的清晰。声音要低而不虚、沉而不浊,发音时发音部位要有力。

2. 音色的明暗与变化训练

教学表达的声音不可太单薄、尖利。过于单薄的声音难以承载深情,尖厉的声音刺耳,容易让人产生不舒服的感觉。声音过亮的教师在教学表达中很容易让学生产生疲倦感。声音暗一些,有助于沟通和交流。就一堂课的教学进程而言,导入、讲授、提问、诱导等教学环节,教师的音量应有变化,有时甚至可以有明显的落差,这样的教学表达才不会平淡。

专项训练

同学们，我们今天学《少年闰土》这一课，闰土是谁呢？这篇课文在介绍这位少年时，描绘了这样一幅动人的画面：深蓝的天空中挂着一轮金黄的圆月，下面是海边的沙地，都种着一望无际的碧绿的西瓜。其间有一个十一二岁的少年，项带银圈，手捏一柄钢叉，向一匹猹尽力地刺去。那猹却将身一扭，反从他的胯下逃走了。这少年便是闰土。他是一个勇敢机灵、活泼可爱的少年！鲁迅先生用他生花的妙笔，将"少年闰土"这一生动鲜明的形象，塑造得栩栩如生！我们今天就来仔细研究一下，鲁迅先生是怎样具体地写少年闰土的。

训练要求：仿说上面的教学片段，先独自试讲，然后在教室的讲台上讲述。要求声音有一定的响度，分别设想教室里坐了20个学生、45个学生，注意不同的声音响度和前面学过的科学的用气发声与吐字归音的方法的运用。

（二）语调、重音、顿连、节奏的运用

教师在教学表达中，要注意语调、重音、顿连、节奏的运用。

1. 语调的运用

语调的变化，能让教学表达富于变化，使教学表达声情并茂。据有关资料显示，教师如果变换语调进行教学，学生的学习情绪就会更高涨，注意力更集中，反应更灵敏，学习正确率可达98%。所以，教师应根据不同教学内容和教育情境，调节自己的语调类型，时而高亢，时而激烈，时而平稳、舒缓，这样有助于增强教学表达的效果。当然，教师的语调要随情、随意、随势而变，切忌拿腔拿调。

资料链接

同是表应答的词语"嗯"，对学生的回答做出反应，有以下几种情况：

轻降调：一般地答对了，表示认可。

重降调：答得很正确，表示肯定。

曲升调：完全答错了，表示惊疑。

曲降调：创造性地答出，表示惊叹。

升调：答偏了，表示提醒。

长平调：答对一部分，表示思索。

2. 重音的运用

重音是指教学中教师为了表意的需要，对句子中的某些词语从声音上加以突

出的现象。教学表达要根据教学目的来确定重音。如：为加深印象而重说某些首次或再次提到的概念；为体现语脉线索或逻辑关系而重说关联词；为确定某种判断或范围而重说判断词、副词；为强调某些动作、性质或感情而重说相应的动词、形容词；等等。

教师有时候也可能因为习惯或者是受到方言的影响而下意识地重说某些词语，这样的教学表达容易造成重点偏移、语旨表述不清晰，这样的重音习惯应该避免。

在教学表达中，有时候教师会故意减弱某个字词或者短语的音量，以此来重中显轻、以弱显强，这样的教学表达能够调节表达的节奏、调动学生的注意力，有时候也可以表达某种深沉复杂的感情。

案例评析

生：把它对折一下就好了。

师："对折"，这词儿用得好！取这1份给小男孩，取这1份给小女孩，大家看，画线的这1份就是你们说的"一半"。回想一下这"一半"是怎么来的？

生：平均分，分成2份，取1份。

——牛免功，何仲秋."分数的初步认识"教学实录与评价[J].小学数学教育，2018(23)：47-48，69.

案例评析：在这节课上，教师将"对折""一半"作为重音突出，抓住了关键，不仅调动了学生的注意力，而且加深了学生对$\frac{1}{2}$的理解，可以帮助学生更好地理解分数的意义。

即时考查

《桂林山水》一文一开始就告诉我们"桂林山水甲天下"，风景是全世界一流的。这样一来，使得我们要到那里去，荡舟漓江，观赏桂林的山水。看见漓江的水，真静啊，真清啊，真绿啊。作者高度赞扬了漓江的水，进一步又赞扬了桂林的山，真奇啊，真秀啊，真险啊。然后作者说，这样奇、秀、险的山围绕着这样静、清、绿的水，这样的水倒映着这样的山，再加上"空中云雾迷蒙，山间绿树红花，江上竹筏小舟"，好像进入"连绵不断的画卷"，就叫作"美如画"。最后，作者用诗句"舟行碧波上，人在画中游"结束全文。

思考：请根据"桂林山水甲天下"这一句的提示，设计这一段教学表达的重音。

3. 顿连的运用

顿连是指教学表达中教师根据语情、语境的变化，在表达中设置的间隙休止与连接。教学表达中的顿连不能是随意性的顿连，因为随意性的顿连会使表达显得零碎、松散，语流不流畅。教学表达的顿连应该是合理性的顿连，教师根据教学表达的需要理性顿连，能收到“声断意不断，声停情不停”的效果，在教学表达中往往能“此时无声胜有声”。

资料链接

教学中顿连的运用技巧

强调性顿连：为突出即将要说的话，在开口之前设置的顿连。

回味性顿连：为让学生体会、感悟教师的表述，在说了以后设置的顿连。

过渡性顿连：为显示语义转换而设置的顿连。

反馈性顿连：为探询学生的学习情况或调控学生的注意力而设置的顿连。

情感性顿连：情感大起大落处设置的顿连。

4. 节奏的运用

节奏是指教学表达中教师的语速、语调、语势等变化而形成的语流运动的状态和趋势。它是调动听课情绪、增强表情达意效果的一种手段。

教学表达的节奏，是在对比度的调节中形成的。教学表达中句子的松紧、声音的起伏、语速的缓急、语势的强弱，都要根据情意表达的需要而有所变化。有时环环相扣、层层递进，给人以百川归海的感觉；有时铺叙渲染、条分缕析，显得从容不迫；有时顿连交错，既体现层次，又包含着丰富的意蕴，成为一个和谐的整体。

即时考查

你是一个心肠狠毒的家伙儿！你为什么把这个孩子推到臭水沟里去？快！大伙儿都来帮个忙，把孩子赶快救上来啊！哎，这孩子，这孩子泡得嘴唇都发紫了。可怜这没娘的孩子！……什么？难道你没推，你一点儿责任都没有？……

——张明仙．教师语言艺术实训教程[M]．昆明：云南大学出版社，2009.（有改动）

思考：上面这段话包含着恨、怒、急、悲、疑等思想感情，请试着用不同的语速、语调、语势来说一说，尽力表现出这段话的节奏变化。

二、清晰与流畅技巧训练

教学表达要清晰、干净利落，教师每个字的吐字归音都应该清晰到位，在表意方面要确切明达，不能模棱两可。同时，教学表达还应该流畅。教师在讲述一段相对完整的话时，不“卡壳”，说得流畅，没有口头禅，出语干净。在答疑接话的时候要应对敏捷，说得流畅。流畅的教学表达应该词能达意、冗余度小、句与句之间的逻辑关系清晰、层次清楚。

如何做到清晰流畅？首先，要增强口齿的清晰度，要多做前面我们已经训练过的吐字归音的练习。其次，要对教学内容加深理解，对教材理解得清晰、透彻，才能准确清晰地表达。最后，要提高思维素质与内部语言组织能力，在实践中加强对动态语境的适应能力。

语言的清晰度与流畅度是教学表达的基本功，训练的时候可以从简单的复述开始，然后再开始即兴演讲的训练。开始练习的时候要先做好准备，话题出示以后可以给自己留出一点儿准备的时间。一旦开始表达的时候，就不能犹豫，要一句一句说下去，语速开始的时候可以慢一点儿，同一个话题可以多练习几次，这样下去会越来越清晰、越来越流畅。

案例评析

教师：有这样一道应用题：小红和小芳做红花，小红做了3小时后，两人合起来做了5小时，一共做了755朵红花。现在已经知道小芳每小时比小红少做5朵，问小红比小芳多做多少朵？——我们可以用假设法解这道题。如果我们设想小红每小时做的和小芳一样多，那么小红比实际少做：$5\times(3+5)=40$（朵），也就是说总数减少40朵。这样我们就可以求出小芳每小时加工的朵数。这个算式可以怎么列？大家想想看。

板书：$(755-40)\div(3+5+5)=55$（朵）

这样，小芳做的总朵数、小红做的总朵数就可以算出来了，小红比小芳多做多少朵也可以算出来。现在请大家完成这道题。

——温波．数学兴趣题解题思想方法例谈[J]．小学数学研究，1992（1）：31-32.（有改动）

案例评析：对于复杂的应用题，这位教师用“假设法”来解，抓住了关键，思路明晰，教学表达的语言清楚，可见对教学内容理解深刻。

资料链接

改改"口头禅"

口头禅，本佛教语，指不能领会禅理，只是袭用禅宗和尚的常用语作为谈话的点缀。后来指说话时经常挂在嘴上但并无多大实际意义的词句。

不知何时，口头禅被我们的一些老师引进到课堂上，诸如"是不是""对不对""这个""那个""嘿""啊""是啊""当然""那么""哼""嗯"之类的口头禅，满教室乱飞。有位老师上课时爱说"当然"，据学生粗略统计，该老师一堂课竟"当然"了60多次，因而被学生戏称为"当然先生"。这种无意识重复的口头禅，没有任何语义，不仅给人大量的无用信息，还常把好端端的一句话弄得支离破碎，使人听起来别别扭扭。这是一种干扰素，干扰了学生对有用信息的接受，对教学的危害很大。

……口头禅常常是不经意溜出来的，这与心中没谱、说话急躁有关；口头禅是一种语言定势，这与说话的习惯有关。

口头禅的治疗方法有三种：第一是多学习一些民间语言、各类作品等，不断拓宽知识面，语汇丰富了，就不至于经常偏重使用个别浅显粗俗的词了。第二种方法是，说话前在思想上做到深思熟虑，说话时避免急躁，把话说得慢些、稳健些，使词汇"对号入座"，有条不紊。第三种方法是努力矫正说话时的习惯。说了口头禅，遭人指责，红了一次脸，出了一身汗，就要下决心痛改之。要强制自己多读，高声朗诵，锻炼自己敏捷的思维和严谨的语言习惯，这样，口头禅才不会轻易插足于你的说话之中。

——摘自《江苏教育》1993年3月（有改动）

即时考查

……这个嘛，这幅图，当然是中国地图，也是中华人民共和国的地图。嗯……是我们祖国，我们国家就这么大，当然，是960万平方千米，对不对？这是我们祖国，这个祖国，为什么叫祖国，当然，我们看，看看这几个人就知道了。这是男的，有胡子，当然是老人，我们爷爷当然有胡子啰。女的是奶奶，很老，当然是奶奶。这个……嗯……还有小孩，他很小，他们喊他们什么呢？是……当然，爷爷奶奶。他们大家住在什么地方呢，当然住在我们中国。嗯……那么好了，我们的爷爷奶奶，祖父祖母，当然还有爸爸妈妈，当然还有更早的祖先，当然是我们的祖祖辈辈，嗯，都一直生长在这块土地，这个国家，所以叫作"祖国"。

——国家教育委员会师范教育司.教师口语训练手册（修订本）[M].北京：首都师范大学出版社，2008.（有改动）

思考：请先想一想上面这段话的中心意思是什么，再说说这段话的问题在哪里，并试着修改，然后用清晰流畅的口语表达出来。

三、修辞运用技巧训练

教学表达中的修辞指教师在教学过程中，针对不同的教学对象和教学情境，选择恰当、完美的口语修辞手法，以提高教学表达效果的一种言语活动。教学表达是一个动态的过程，渗透着教师教书育人的深刻内涵，在这个过程中，教师的知识积累、思维能力、心理素质、应变能力、艺术修养、口语表达等综合要素决定着教学表达的流程美、整体美。教学表达水平的高低，实质上反映了教师口语修辞水平的高低，良好的教学口语艺术修养应成为每个教师的自觉追求。

教师应针对不同的语言环境选择恰当、完美的口语修辞手法。教学表达常用的修辞手法有比喻、对比、直表、婉曲、追加、问询等。多种修辞手法的恰当运用，可以使课堂教学收到深入浅出、情趣盎然的效果。

（一）比喻的运用技巧训练

古人曾说："能博喻然后为师。""善喻者，以一言明数事；不善喻者，百言不能明一意。"（魏·刘劭）比喻是教学过程中教师为了把抽象的知识具体化、浅显化、明晰化所经常采用的一种方法。在教学表达中，教师经常选取身边最熟悉的事物打比方，增加语言的生动性和表现力。

教学表达中运用比喻要注意以下几点。

1. 以浅喻深，化深为浅；以简喻繁，化繁为简；以熟喻生，化生为熟

比喻的修辞效果之一是使深奥的事理浅显化，使烦琐的道理简单化，使生僻的内容熟悉化，这就要求喻体浅显易懂。

案例评析

师："我在黑板上画了大圆和小圆。如果我要问你们它们哪一个接触的圆外面积大，同学们一定知道是大圆。因为大圆的圆周大，接触的圆外面积大。如果把圆的面积比作人们已掌握的知识，圆外的区间比作人们还不知的无穷领域，同学们说说看，怎样才能开拓那未知的领域呢？"

生："增多已知的知识。"

师："对。这也告诉我们，知识越多的人，越知道自己知识的不足，因而越能谦虚谨慎。相反，知识很少的人往往自命不凡，得意忘形。今后我们应该怎样呢？"

生："谦虚谨慎，不骄不躁，刻苦钻研，掌握更多的文化知识。"

——陈之芥.论教学语言的修辞艺术[J].青海师范大学学报（哲学社会科学版），2002（2）：136-138.（有改动）

案例评析：这一例中，教师通过圆的设喻，从有形的图案着手，向无形的思想深处推进，通俗易懂，富有启发性、说服力，取得了良好的教育效果。

2. 教学表达中的比喻要贴切

在教学表达中，教师所用的比喻必须贴切。在运用的时候，要注意事物的相似点、环境、对象等。

案例评析

一位化学教师在讲解活化能的高低与活化分子百分数大小关系时，描述道："活化能越低，活化分子的百分数越大，这就像跳高一样，横杆越低，能跳过去的人所占的比例就越大。"针对学生对离子化合物、共价化合物的电子式容易混淆的现象，这位老师又说："离子化合物中的成键电子是'私有制'（归阴离子所有），因此用'篱笆'（括号）围住，同时标出'贫富'（得失电子数目）；共价化合物中的成键电子是'股份制'，合股经营，围不得'篱笆'，分不出'贫富'。"

——陈之芥．论教学语言的修辞艺术[J]. 青海师范大学学报（哲学社会科学版），2002（2）：136-138.

案例评析：教师表达运用了比喻的修辞手法，既有明喻，又有暗喻、借喻，化难为易，幽默风趣。但是如果学生没有过跳高的体验，教师的比喻学生就无法理解；如果学生不理解有关私有制、股份制的概念，学生也领会不了教师语言的幽默性。因此，教师在运用比喻时一定要根据学生所学知识、自身特点、不同环境来运用。

专项训练

训练要求：

（1）仿说上面的教学表达语，体会比喻的修辞手法对教学表达的作用；

（2）用比喻的修辞方法，讲解《地球的构造》，要求做到清晰流畅。

（二）对比的运用技巧训练

对比也是课堂教学中常用的方法。教学表达中的对比，指教师将不同的事物、事理放在一起进行比较，从而突出事物、事理的特征。对比的修辞手法能帮助学生正确地认识事物的本质属性，鉴别好坏、善恶、美丑，使语言鲜明而生动，激发学生充分展开联想和深入思考。

案例评析

语文教学实录《绿》的导入语

在诗人笔下有各种各样的绿，“碧玉妆成一树高，万条垂下绿丝绦”，这是早春的嫩绿，“春来江水绿如蓝”又是一种厚重的绿。嫩绿明亮、轻盈，浓绿则象征和平、静谧，朱自清笔下的“绿”也是千娇百媚、风情万种。今天这节课我们不妨去梅雨潭和朱先生一起惊诧一回绿吧！

案例评析：教师通过对比创设《绿》的意境，引发学生形象思维，调动学生的好奇心理，巧妙地带领学生进入下一阶段的学习。

即时考查

数学课《认识周长》

可以设计这样的情境：“十一”假期，很多人外出旅游。旅游公司安排A司机带领游客绕甲景区观光，安排B司机带领游客绕乙景区观光。你认为谁的行驶路线长（见图）？

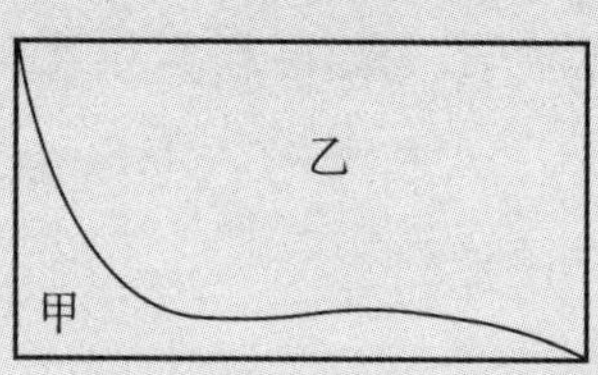

——陈加会，牛献礼.“认识周长”教学实录与评析[J]. 中国教师，2019（2）：38-40.（有改动）

思考：请用对比的修辞方法，为数学课《认识周长》“是不是大图形的周长一定比小图形的周长更长呢？”设计一段教学表达，要求做到清晰流畅。

（三）问询的运用技巧训练

除了提问以外，教师在教学中为了引起学生的注意，训练学生的思维，会在教学表达中设置各种问询，常见的问询方式有反问、设问、商询。

1. 反问

反问是教师在教学表达中寓答于问，一般提出问题后不再作答。反问能引发学生的思考。如《桃花源记》的教学表达：“那个年代，何处有清净地？何处有家园欢？土地平旷，屋舍俨然，良田美池桑竹，鸡犬相闻，往来种作，黄发垂髫，怡然自乐，只是一个梦啊！桃花源在那时那刻是无法寻求的。俗世之人难寻！”

2.设问

设问是教师自问自答。设问能强调学生对下面内容的注意。如《小蜗牛》的教学中，教师为了提醒学生注意当时的季节是这样来设问的："他看到的这些景象是哪个季节的？对呀，是夏季。"然后出示PPT，让学生填空"碧绿碧绿的叶子，又___又___的草莓"。有时候，教师为了引起学生的注意，引发学生思考，会采用变式的设问。如："冬眠就是在冬天睡觉吗？那么我们冬天的晚上在床上睡觉都应该叫作冬眠吗？"这时候学生回答："不，冬眠是动物在冬天的时候为了躲避寒冷藏起来睡觉。"

3.商询

教师用商量的语气询问学生"是不是""对不对"，不一定要学生回答，重在交流，在于引起学生的注意。

（四）追加的运用技巧训练

追加是指在课堂教学中，教师在某句话说完后，随即对其做同义的添加或解释，或加工，或补充，这类添加的部分就称为追加性教学表达。使用追加的目的在于使教学表达更缜密，更多样，更生动，让学生从多个侧面、多个层次理解主句，有助于学生听懂内容，把握要点，增强听课效果，提高教学质量。追加有别于口语中的重复啰唆，是教学表达中教师根据教学的需要，为了引起学生注意、加深印象的一种口语修辞手法。

教学表达中的追加有以下几种类型。

1.重复性追加

即对说过的话不做大的改动，在适当的地方再次说一遍。包括：连续性重复和间隔性重复；整体归并性重复和局部选择性重复；自述性重复和转述性重复。

案例评析

师：现在，文中呈现的世外桃源已然成了现实。可为何还有那么多地方争着做"桃花源"呢？难道"桃花源"只是"桃花源"吗？

生：桃花源是一个象征。人们在它上面寄寓了自己的向往和追求。

师：对的。一处风景也好，一篇文章也罢。因为它们有着人文的色彩，是人们寄寓的凭借，就不一般了。桃花源不只是陶渊明笔下的桃花源，它已然成了人们心中的桃花源，因此桃花源是：一个文化的标识；一种精神的图腾（PPT显示）。

——陈治勇，张英飞．言语形式的背后——《桃花源记》教学实录及评析[J]．江西教育·言语形式的背后，2019(5)：46-50.（有删改）

案例评析：教师先提问"'桃花源'只是'桃花源'吗？"，引起学生的思考，再通过追加的讲解说明，通过间隔性追加重复“桃花源不只是陶渊明笔下的桃花源”，让学生明白，每一个读懂陶渊明的读者，都应当将“桃花源”作为自己的精神追求。学生随着阅历的增长，在生命的某个时刻，会回味和明了“桃花源”对于自身生命的非凡价值！教师的这种追加会帮助学生更好地理解课文的主题。

2. 增饰性追加

增饰就是增添、修饰的意思。其表现形式一般是有意将一句话、一个意思分开来说，先做一般的概括，然后追加修饰词句。它使紧句变为松句，舒缓了表达节奏，也有助于增强表达效果。如：“壁虎不讨人喜欢。样子长得很难看，灰头灰脑的，趴在墙上一动不动，像块脏布。”

3. 复释性追加

即对说过的意思换一个角度做进一步的解释。它不是单纯的词语反复，也不是仅仅追加几句修饰限制的内容，而是换一种说法，使学生理解得更透彻、记得更牢。如：“……就拿东北地区来说，面积约83万平方千米。别看它还占不到全国总面积的七分之一，但是同日本和英国相比，大约相当于两个多日本或三个半英国那么大。”

即时考查

师：我们吃的果实，是不是都一样呢？当然不一样。吃起来，味道就不一样，有的甜，有的酸；形状也不一样，是不是？西红柿是圆形的，鸭梨呢？像个窝窝头。橄榄，都见过吧？是椭圆形的……就是说，果实的味道、形状都不一样。还有颜色，有红的、黄的、青的，这么多不一样，为什么都一样叫果实呢？是不是有相同的地方呢？

生：它们相同的地方，都是好吃的东西。

师：好吃的东西？好吃的东西多着呢，肉包子也很好吃，这么说，肉包子也是果实？

生：（笑）不是，果实都是植物上长出来的。

师：植物上长出来的，有道理。可是，植物上长出来的东西很多，有根、有茎、有叶、有花，这些难道都能叫果实吗？当然不能这么说。我们把果实切开看看，都有些什么？啊，里面有种子……

思考：这是一段教学实录，请指出哪些地方运用了问询的手法，哪些地方运用了追加的手法，并说一说问询与追加的作用。

(五)直表与婉曲的运用技巧训练

教学表达中的直表就是直截了当、清楚明白地说出自己的意思。教学表达中的婉曲就是教师在教学中用委婉曲折的表达方式,针对不同的教育对象、不同的教育情境、不同的教学内容“绕弯子”表达。

教学表达中直表的运用有助于传递准确、密集的知识信息,调动学生的思维,给学生留下清晰完整的印象;教学中的婉曲表达能给学生一些“暗示”,可以启迪学生思考,在教学评价中运用婉曲的方式指出学生的错误或缺点,会显得间接又温和,让学生乐于接受。

哪些地方可以用直表?哪些地方用婉曲?一般说来,教授密集型的知识、信息时,为了语言更简洁,让学生更好地掌握,教师要用直表的方式表达。在教学评价中对学生予以肯定的时候,也适合用直表的方式。直表的教学表达,要注意用词准确精当、通俗易懂,语句简洁明快,语气确定,重音落点清晰、确切,句子之间的顿连干净利落。而在启发诱导学生思考、引导学生认识新知或者在教学中对学生的缺点、不足进行评价的时候,可以用婉曲的方式表达。在婉曲的教学表达中要注意:或语速变慢,注意情绪交流;或迂回铺垫,表达看法;或用商询语气、模糊语言暗示。苏霍姆林斯基说:“教育技巧的核心是暗示。”婉曲表达常常是在出语前后对语音、语态、语意等方面做如下变通处理:急变缓;直变曲;明变暗。总之,婉曲的表达方式需要教师用智慧去思考如何运用,而不是脱口而出。

即时考查

直表:没有救过落水小孩,却胡乱编出一个救落水小孩的事,这样的作文不真实,快拿回去重写!

婉曲:写作文要真实,是不是?你没有救过落水小孩,却乱写出自己救落水小孩的事,愿不愿意把作文拿回去重写?

直表:肖像描写?不对!还有对话描写呢!

婉曲:你说得对,是用了肖像描写,如果再加上对话描写,就说得更全面了。

直表:喂,怎么搞的?你们动了脑筋没有?

婉曲:(面带笑容)哪个同学能把问题的范围再缩小一些?谁能说得再明确一点?同学们想一想,能不能再说得具体些?

思考:请以小组为单位说一说以上教学表达使用的优劣。

专项训练

青蛙的舌头长得很特别：舌头根长在嘴的边上，舌尖却倒过来向着喉咙。舌头长得又尖又长，上面有黏液。青蛙平时把它折叠起来，但是一看到虫子，舌头就一下子翻到嘴外面，把虫子一粘，就送到嘴里吃掉了。有人做了统计，一只青蛙，平均一天要吃掉70多只害虫，所以人们都说，青蛙是捕捉害虫的能手。

——王雪环，左荣，李建辉.普通话口语训练教程[M].上海：上海交通大学出版社，2012.（有改动）

训练要求：仿说下面这一段教学表达语，说说这是直表还是婉曲，运用得好吗？

四、口语化与儿童化运用技巧训练

教学表达既有书面语色彩，又具有口语化特点。教学表达的口语化是经过准备的积极的语言，语言更通俗易懂，在词语的选择上，往往注意趋易避难，多用常用词和双音节词语，慎用文言词语和容易混淆的同音词，尽量做到顺口、顺耳，让人一听就懂；在句式的选择上，采用口语惯用的语序，将难以理解的长句换成短句，修饰成分较多的句子分成多句来表达。

在口语化的基础上，还应注意教学表达的儿童化。教学表达的儿童化与“儿童口语”不可混为一谈。教师应以规范化的口语给学生以良好的影响，而不是向儿童不成熟的表达靠拢。其表达特点有以下两点。

1. 词语运用的儿童化

儿童词汇不丰富，他们常常通过形状、色彩、声音、动态的感受来思考，所以儿童化的教学表达选词要尽量符合儿童的年龄特点，词语的运用原则是以易换难、以浅代深、以长句换短句。尽量用浅显的词语代替深奥的词语，将抽象变形象，教学表达中要尽量选用具体的概念、色彩、形态、动作的词语。句式运用的儿童化，即句子要更短小、更简单一些，附加成分尽量少；少用指令句，多用祈使句、询问句；多将直接提问改为后续句诱导方式，即教师说一半，学生接着说。

2. 语情语趣的“儿童化”

对儿童说话要多一些感情色彩，节奏要慢，语音和谐、自然，语气要亲切、温和，表达要有趣味，并辅以亲切的态势语，让学生在快乐有趣的氛围中学习。

即时考查

甲：诗人在这首诗中系统地、具体地、详细地给我们介绍了一个遭遇不幸的妇女与那个坏男人相识、恋爱、结婚，以致后来被虐待、被遗弃的完整过程。（《氓》的教学片段）

乙：诗人在这首诗里，叙述了一个遭遇不幸的妇女的故事。先写她同那个坏男人相识、恋爱，接着写他们结婚成家，最后写她被虐待、遗弃。整个过程写得详细具体、系统完整。（《氓》的教学片段）

——苏文渤．大学生演讲与口才[M]．北京：中央广播电视大学出版社，2011.

思考：请以小组为单位说一说上面教学表达的优劣。

专项训练

(1)小公鸡和小鸭子一块儿出去玩。它们一块儿走到草堆旁，小公鸡的嘴尖尖的，在草堆中找到很多虫子，吃得很欢。小鸭子的嘴扁扁的，捉不到虫子，急得直叫。

训练要求：仿说上面的教学表达语，说说哪些地方体现了口语化与儿童化的特点。

(2)蔚蓝的天空没有一丝云。潺潺的流水从鹅卵石中间穿过，鹅卵石在清澈的水中忽隐忽现，清晰可见。溪边端坐着一位老者，面庞清瘦，双目炯炯有神。

训练要求：请将上面这段书面色彩较浓的教学表达进行口语化、儿童化的改造。

第三节　表达内容的组织

教学表达直接影响着教学质量的优劣，苏霍林姆斯基说："教师的语言修养在极大的程度上决定着学生在课堂上的脑力劳动的效率。"教师要特别重视自己的教学表达，要注意表达内容的组织。教师的教学表达不是随意的，一定是经过精心准备、精心设计的，因此，教师的教学表达内容要根据不同的教学环节、不同学生的特点、不同学科的特点精心组织，同时在表达中综合运用各种表达方式来组织表达的内容。下面我们分别从不同的教学环节、不同学科的特点、不同学生的特点三个角度来训练。

一、根据教学环节组织表达内容

按照教学的不同环节和教学表达在教学中的不同作用,可以将教学表达在教学中的口语分为导入语、讲授语、提问语、评价语、结束语等几种。教学表达内容的组织要根据不同的教学环节,精心设计不同的语言。教师的教学表达一定不是随意的,要体现内容组织的设计性,因此,教师一定要精心设计各环节的教学表达语言。

(一)导入语与结束语

1. 导入语

导入语又叫导语、开讲语,是教师在上课开始时对学生讲的与教学目标有关、能调动学生学习兴趣的话。良好的导入语可以激发学生的学习兴趣,起到承上启下、沟通情感、活跃气氛的作用。导入语一定不是随意的,在设计中要注意:一是要短小精悍,忌冗长拖沓;二是要引趣布疑,忌平淡刻板;三是要庄谐适度,忌庸俗低级。要在条理完整、逻辑严密的基础上,通过多种手段,如故事导入、悬念导入来展开。

因此,教师的导入语在内容的组织上要考虑:

第一,如何做好沟通。首先是教学内容的沟通。教师的导入语设计要用简明扼要的语言建立“旧知”与“新知”之间的联系,或是作为即将学习的新知的媒介,引导学生尽快进入学习状态。其次是心理沟通,好的导入可以成为师生心灵沟通的开始。教师可以用亲切的目光、关切的眼神、友好的微笑架设理解、信任的桥梁,做好心理沟通。

第二,如何布疑引趣。俗话说,兴趣是最好的老师,而“思维自疑问和惊奇始”。因此,教师的导入语要巧设疑问,引起学生学习的兴趣,或用学生感兴趣的话题吸引学生。在导入中,教师还要注意语情、语态的渲染,语速不紧不慢,语调从容不迫,注意用强调性的重音突出重点,用回味性的顿歇吸引学生,调动学生的求知欲,让他们愉快地投入学习。

第三,如何激发情感。导入语应声情并茂。若要学生动心,教师自己必须动情,导入时一定要有激情,要用符合教学情境的声音、感情,带领学生进入与教学内容相关的意境与氛围中。

2. 结束语

结束语是收尾词,是教师对于一堂课的最终陈述,起到梳理脉络、总结内容的作用。和导入语一样,结束语也可以使用别具一格的故事、诗歌、名言等来做最后的总结。而由于结束语处于课堂教学中的特殊位置,它是课堂教学语言留给学生的最后印象,所以,不同教学内容的结束语在风格上也可以有所不同。一般来说,结束语侧重在感情上意蕴悠长,而简单完整、幽默生动等风格也可以尝试在结束语中展现出来。

教师的结束语在内容的组织上要考虑:

第一,提纲挈领,概括表达。结束语的信息比较密集,因此教学表达要简洁,提纲挈领，概括表达，切忌拖沓。一般说来，语速要慢，语调要平稳。

第二，语气确定，承上启下。结束语一般是对本节课关键内容的总结，要起到小结、巩固、强化的作用。教师要用肯定的语调来说，同时要着眼于知识的过渡与拓展、思想感情的启迪与升华。要用点睛之语，将课堂教学效果延伸到新的层面，给人“余音绕梁”之感。

专项训练

(1)(边播送音乐边朗诵)“秋天到，秋天到，园里果子长得好，枝头结柿子，架上挂葡萄，黄澄澄的那是梨，红彤彤的这是枣。”同学们，儿歌描写了哪个季节的景色？一年四季中你喜欢哪个季节？

——郭东岐.新课程教学案例荟萃.语文.一年级[M].北京：群言出版社，华文出版社，2002.

训练要求：仿说上面的导入语，先独自试讲，然后在教室的讲台上讲述。注意重音、语调、语速，以及导入的态势语。

(2)同学们，彩蝶王能够长途跋涉，飞跃高山大洋，即使中途殒命也在所不惜，总是向着既定的目标迁徙。它们为什么具有一般蝴蝶所没有的习性呢？它们勇敢、顽强地向远方飞行的目的究竟是什么？这种习性是否长久不变呢？这还是一个有争论的不解之谜……(《美洲“彩蝶王”》的结束语)

——郭启明.教师语言艺术[M].北京：语文出版社，1992.

训练要求：请从结束语表达内容的组织策略以及新课程改革对学生学习的要求两个角度，分析上面的结束语。

(二)讲授语

讲授语是教师较系统、完整地阐释教材内容的教学表达用语。讲授可以传授知识，提高学生的知识水平和各种能力。在课堂教学中，传授知识、培养能力、发展智力是教学的主干，这些都必须通过系统讲授来实现。讲授语体现了教师在教学过程中的主导地位和教学才能，能够展示教师的学术造诣和精深的学识。适用于各级各类学校的各门学科的教学，是教师运用最广泛的教学表达。

教学表达中的讲授语，要注意语言的逻辑性、系统性、准确性，以利于学生的感知、理解和记忆，促进学生知识、技能和品德的发展；还要力求形象生动，深入浅出，具有吸引力；讲授不可平均用力，要根据教学目的有所侧重，同时要讲问结合。

在语音方面，讲授语要注意节奏的变化，为了突出重音、顿连的使用，还可以用重复性追加突出重点、难点。在修辞上要注意多种修辞手法的综合运用,以增加语言的生动性。语言表达要注意根据教学内容有感情变化,要将丰富的知识融入形象生动、富有感情的表述中。

专项训练

师：曾经我以为真爱太难寻，真爱太可贵，因此，平淡无奇的茉莉难以承载可贵的真爱；现在，我看到真爱其实就是像文中的妈妈一样记得为对方煮一碗水饺，就是像文中的爸爸一样守候在病床前。真爱原来可以表现得如此简单，真爱中的人就像这病房中的洁白纯净的茉莉花儿一样真切无私，就像幽香缕缕的茉莉花儿一样情意绵绵。

生:(深情地齐读)哦，爱如茉莉，爱如茉莉。

师：生活中有许多种爱，夫妻恋人之间的爱，父母子女之间的爱，朋友同学之间的爱。不同的爱可以有不同的表达方式，我们赞美茉莉般的真爱，但我们不渴求人世间所有的爱都如茉莉，爱可以如茉莉一样幽香缕缕，爱也可以如玫瑰一样热烈奔放，爱更可能如柠檬一样甜中带点儿酸。但是只要是真爱，就要付出真心；只要是真爱，就要付诸行动；只要是真爱,就要时时想着对方。(板书：真心→真爱)

——杨树亚.《爱如茉莉》教学片段实录、评析[J].教学与管理,2007(8):56-58.

训练要求:仿说上面的讲授语,先独自试讲,然后在教室的讲台上讲述。注意重音、语调、节奏以及态势等。

(三)提问语与评价语

1.提问语

提问语是指教师针对教学要求和学生的实际情况,根据教学目的和要求创设问题情景,提出问题,引发学生思考,培养其探究意识和能力,反馈学生学习效果的教学表达用语。提问语可以激发学生的兴趣,使学生的注意力更集中,可以促进师生之间的情感交流及信息反馈,可以启发思考,活跃思维。

提问要适时、适度、适量,要讲究策略。教师的提问能增强学生的探索意识,引导学生主动地、创造性地学习。因此,在提问语的构建过程中,要注意提问形式的灵活性、多样性、新颖性。

案例评析

师：车轮是什么形状的？

生：（不假思索）圆形。

师：为什么车轮要做成圆形呢？难道不能做成别的形状吗？比方说做成三角形、四边形等。

生：不能，它们无法滚动。

师：那就做成这样的形状吧。（教师在黑板上画了一个椭圆）

生：（先茫然，继而大笑）这样一来，车子前进时就会一会儿高，一会儿低。

师：为什么做成圆形就不会一会儿高，一会儿低呢？

生：（七嘴八舌，讨论）因为圆形的车轮上点到轴心的距离是相等的。

师：这节课我们学习了圆，那么"圆"究竟是什么？

生：（一起回答）在同一平面内到定点的距离等于定长的点的集合叫作圆。

——龙瑞兰.普通话与小学教师口语训练[J].广州：广东高等教育出版社，2012.（有改动）

案例评析：案例中，教师通过提问，引导学生对所学知识进行回顾，让学生学会用所学知识来分析生活中的常见现象。教师的提问适时、适度，符合学生的认识规律，不仅引发了学生的思考，而且通过提问，适时修正了学生对圆的概念的理解，激发学生的兴趣，使学生的注意力更集中。

2. 评价语

评价语是指教学中教师对学生的答问、演示、作业等活动所做的评说。每一个学生其实都比较在意教师的评价。恰如其分的评价能创造良好的学习氛围、激发学生的学习兴趣，有助于推动知识技能的掌握，也体现出教书与育人的和谐统一。

评价语一般是在教学过程中的即兴表达，这就要求教师要在特定语境中很快决定"说什么""怎么说"。因此，教师在表达中首先要注意观察听辨，要根据教学目的很快确定有必要做出评价的信息；其次，语义不可旁逸，对于着意要强调的某个侧面要讲得清清楚楚，同时评价要恰如其分，用语要有分寸感。

案例评析

特级教师于永正在教《我爱故乡的杨梅》时，请一个学生朗读课文，让其他学生边听边想象情节。学生声情并茂地朗读，仿佛把大家带入了果实累累的果园。学生读完后，于老师看了看全班，煞有介事地说："这位同学读得多好，陆晓荣同学听得都入了迷了。我发现他在边看边听的过程中，使劲咽过两次口水。”回过味来的同学们都会心地笑起来。于老师接着说：“课文中描写的事物，肯定在他的头脑中形成了一幅鲜明生动的画面。我断定，他仿佛看到了那红得几乎发黑的杨梅，仿佛看到了作者大嚼杨梅的情景，仿佛看到了那诱人的杨梅正摇摇摆摆地朝他走来，于是才不由得流出了‘哈喇子’。”学生们都哈哈大笑起来。于老师又郑重其事地说：“如果读文章能像陆晓荣这样。在脑子里‘过电影’，把文字还原成画面，那就证明你读进去了，就证明你读懂了。老实说，刚才我都流口水了，只不过没让大家发现罢了。”同学们笑得更厉害了。

案例评析：案例选自刘琤的《语文课堂评价“八字诀”》。语言大师林语堂说：“诙谐如从天而降的温润细雨，将我们孕育在一种人与人之间友情的愉快与安适的气氛中。她犹如潺潺溪流或者照映在碧绿如茵的草地上的阳光。”教学中教师诙谐的评价语，能够创造良好的学习氛围，激发学生的学习兴趣，“犹如潺潺溪流或者照映在碧绿如茵的草地上的阳光”。

专项训练

师：同学们，今天我们来认识数学王国里的一位新朋友——周长（板书：周长）。你觉得什么是周长？

生1：物体边线拉直的长度。

生2：一周的长度。

师：是的，周长、周长，就是图形“一周的长度”。（板书）（出示数学书）谁能指一指数学书封面的“一周”？（一生上前指）

师：指得真清楚，从一个点出发，沿着边缘绕一圈又回到起点就是“一周”。请大家拿起数学书，我们一起指一指数学书封面的一周。（全体学生动手指）

师（追问）：只能从这个点开始吗？

生：还可以从角上的其他三个点开始。

师（再追问）：只能从这几个点开始吗？从其他点开始行不行？

生：可以的。（上前从一条边线上的一个点开始指，沿着边线绕一周又回到了起点）

师：刚才几位同学虽然指的起点不同，但是有什么是相同的？

生1：都指了“一周”。

生2：长度都是一样的。

生3：都回到了起点。

（PPT动态演示数学书封面的"一周"）

师：在数学上，我们把数学书封面一周边线的长度叫它的周长。（板书）

——陈加会，牛献礼."认识周长"教学实录与评析[J].中国教师，2019(2)：38-40.

训练要求：请以小组为单位仿说上面的提问语与评价语。先独自试讲，然后在教室的讲台上讲述，注意重音、语调、节奏以及态势等。

二、根据学科特点组织表达内容

不同的学科有自身不同的特点，因此在教学中，教师要根据学科的不同，适当组织好教学表达的内容。一般来说，文科教学表达力求做到形象生动，感情丰富；理科教学表达力求做到简洁、准确并富有逻辑性；技能类学科的教学表达，力求具有指令性、提示性和演示性的特点。因此，不同的学科在教学表达内容的组织上也会表现出不同的特点。

（一）文科教学表达内容的组织

文科教材的内容以叙述、描述为主，有比较鲜明的感情色彩，为了切合教材的这些特点，教学表达应当具备形象性、情感性的特色。因此，在文科教学表达内容的组织时，要多用描述性的语言，表达要直观可感，教学中，可结合教学内容插入形象化的比喻、拟人、举例等，尽量做到形神毕现，轻松活泼。教师要着眼于教材"最感人"的动情点，做声情并茂的表达，但要把握分寸，放得开，收得拢，起伏有度，浓淡相宜。

案例评析

大自然可神奇了！她有四个非常可爱的女儿，可以让花儿变红，草儿变绿；可以让太阳变成火球，晒得我们直淌汗，可以让红红的果实爬上枝头；还可以呀，让世界一夜之间变得一片雪白，想和这四位小姑娘做朋友吗？（师在黑板上写上春天，夏天，秋天，冬天）

——李晓红，任庆世.做创造型的教师——小学语文课堂教学的55个经典案例[M].成都：四川教育出版社，2006.

案例评析：教师用生动的语言向学生描绘了色彩绚丽的四季景色，给学生以直观的感受和美的享受。对低年级学生来说，形象化的语言、有感情的表达，符合他们的认知水平。

即时考查

小学语文《爱如茉莉》教学实录

师：生活中有许多种爱，夫妻恋人之间的爱，父母子女之间的爱，朋友同学之间的爱。不同的爱可以有不同的表达方式，我们赞美茉莉般的真爱，但我们不渴求人世间所有的爱都如茉莉，爱可以如茉莉一样幽香缕缕，爱也可以如玫瑰一样热烈奔放，爱更可能如柠檬一样甜中带点儿酸。但是只要是真爱，就要付出真心；只要是真爱，就要付诸行动；只要是真爱，就要时时想着对方。

——杨树亚.《爱如茉莉》教学片段实录、评析[J].教学与管理，2007(8)：56-58.

思考：请根据这一段教学表达说一说文科教学表达内容组织的特点，并仿说这一段，尽力表现出文科教学表达的形象性、情感性。

(二)理科教学表达内容的组织

理科教材的内容一般是介绍自然科学的基本常识、培养学生具备初级运算能力等。教师在课堂教学中主要运用说明性口语解释概念，揭示原理，解析例题，所以在教学表达内容的组织上更要简洁、准确，在逻辑性方面提出了更高的要求。

在教学表达内容的组织上，一般说来，多用直表方式，突出重点，抓住关键，表述清晰，绝不含糊。在选词用语方面更审慎，力求精确无误。例如教数学，就要注意用数学语言做精确的表述，而不能一味追求形象和生动；在容易造成误解的地方，要变换角度做准确的追加复释，说话要语气肯定，语调平稳，语速不能太快。

理科教学表达在内容的组织上要更重逻辑性，表达中要正确地使用概念，周密地进行判断，合乎逻辑地进行推导，要运用重音、顿连等，体现句子与段之间的因果、递进、转折及归纳、演绎等逻辑关系。但在表达时要内紧外松，就是说思维语言的组织是审慎的，但语态是轻松活泼的。

案例评析

师：大家看，涂色部分的大小、形状都一样吗？

生：不一样。

师：形状、大小不一样，为什么都能用$\frac{1}{2}$表示呢？

生：因为这些图形都被平均分成了2份，取了1份涂色，所以都能用$\frac{1}{2}$表示。

师：看来，不管是一个圆、一个正方形、一个三角形、一个长方形，只要平均分成了2份，取其中的1份就是它的$\frac{1}{2}$。

——牛免功，何仲秋."分数的初步认识"教学实录与评析[J].小学数学教育，2018(23):47-48,69.(有改动)

案例评析：教师让学生看涂色部分，在引导学生理解了大小、形状不一样，却都可以用$\frac{1}{2}$来表示以后，教师顺势做了总结。教师的教学表达逻辑严密，层层深入，最后学生对$\frac{1}{2}$的理解水到渠成。

专项训练

师：(出示课件)五一节快到了，小明的妈妈带小明到北京旅游五天，在选择牛奶的问题上，他碰到了难题：盒装的"光明"牛奶常温下保持30天；袋装的"伊利"牛奶常温下保持5天，他选择哪一种呢？同学们有好主意吗？

生1：我会选择盒装的"光明"牛奶，因为在常温下保质期为30天，所以不容易坏。

生2：我会选择袋装的"伊利"牛奶，因为小明只去五天，而它在常温下的保质期正好为五天，这样比较新鲜，而且不占地方。

师：同学们的回答真棒，看来对同一种食品，并不是选保质期越长的就越合理。通过同学们的回答，我们学到了要结合实际来选择。长期食用，(学生答)选择保质期长的不容易坏；短时间食用，(学生答)选择保质期短的更新鲜。

——刘林.《食物包装上的信息》课堂教学实录与评析[J].小学教学研究，2007(8):48-49.(有改动)

训练要求：上面是小学科学课《食物包装上的信息》教学实录的一部分，请仿说这一段并根据这一部分内容说说理科教学表达内容组织的特点。

(三)技能类学科教学表达内容的组织

技能类学科的教学以培养技能、提高素质为目的，教学过程中重在对学生操作行为的指导。因此，教学表达在内容组织上应当具有指令性、提示性、演示性的特点。

指令性是指教师用肯定的语气要求学生按指定的方式、规定的程序操作，话要说得明确、简洁、响亮，注意突出"要""一定要""必须"等一类指令词。体态宜亲切一些，并使用敬词"请"，体现对学生的尊重。

提示性是指教师在学生操作过程中，随时说几句提醒注意的话，以保证训练的有效性。提示语包括预测性提示语、插入性提示语和终结性提示语三种。提示语的话，要说得简单明了，亲切委婉，可以重复，但不可絮絮叨叨用责怪的语气说话。

演示性是指教师在示范操作、展示图表实物的过程中所做的辅助性说明。目的是使学生的感受更准确。教师要将操作演示与简明生动或富有趣味性的解说融为一体，使学生很快掌握操作程序和操作要领。

案例评析

师：我们学钉纽扣儿。请大家跟着我，学着做。先穿针，把线穿过针孔，线的另外一头要打个结。为什么要打一个结呢？谁说说看？

生：不打结，线就一下子抽过来了。

师：是呀！线抽了过来，纽扣怎么钉得上去呢？好，现在摆纽扣，请大家把纽扣摆在正对扣眼的地方。注意，不但要正对扣眼，还要同别的纽扣排在一条线上，上下一定要对齐。我来看看，(巡视)摆得很好。……

——国家教育委员会师范教育司.教师口语(修订本)[M].北京：语文出版社，2001.

案例评析：教师表达在内容组织上很好地体现了技能训练课程的特点。教师边演示边做辅助性的讲述，适时发出指令，提示语简明、准确、针对性强，保证了技能课教学的有效性。

专项训练

训练要求：

(1)仿说上面的教学表达，注意技能表达语言的指令性、提示性与演示性；

(2)为美术课的折纸船、飞机等设计一段教学表达并练讲，要求边演示，边讲解。

三、根据学生特点组织表达内容

教学表达不仅要适应学科的不同，还必须适应教育对象的差异，因为学生的接受水平不同、态度不同、个性倾向不同，对教师的教学表达的感受、理解就会存在差异。教师必须重视并适应这些个体的、群体的差异性，在教学表达的运用中，在遵循教育的一般原则的同时，坚持因材施教，才能取得较好的教学效果。

(一)针对不同年龄学生的教学表达

1.低年级学生

对于低年级学生,用语要浅显通俗,多用直观性强的口语说话,教学中要注意语言的生动性和趣味性,教学语速较慢,在重点处表达要有变化,可以提高声调,或者加上“特别要注意的是”“这一点很重要”这一类提示语,突出重要的、关键的内容。另外,要适当降低提问难度,并用提示在与之交流的过程中帮助回答。

2.中高年级学生

对于中高年级学生,要适当提高知识、信息输出的密度,教学表达要舍弃繁复的讲述,做到重点明确、简明扼要。在讲解中要提高诱导的坡度,运用精当的点拨语推动学生积极探索,自悟其理,适当提高提问的难度,并增加顺势追问。

(二)针对不同学习态度学生的教学表达

一个班级总会有一些学生学习认真,一些学生学习态度不够认真。那么对于这些学生,教学表达内容组织也应该不同。

首先,对学习不认真的学生,要注意发现其积极因素,用诚恳热情的语调,适时做肯定的评价,以激励其上进。如果有些学生对某学科某教师抱有偏见,教师要以友善的态度做推心置腹的交谈,促其转变。切忌急不择语的训斥和喋喋不休的责备,尽量用委婉的方式表达,在批评时,声调可稍低,语速宜放慢,语气要诚恳,话语中要有一定的感情因素。

其次,对于学习认真的学生,要用赞赏的语调予以肯定,使其体验取得成绩的快感,而用稍稍降低的语调指出不足,适时并提出更高的要求,注意用表扬语的技巧。教学表达的语气、语调都要有分寸,要恰如其分,并有教育内涵。

(三)针对不同个性学生的教学表达

教学中,教师往往会遇到个性不同的学生。有的学生性格内向,有的学生性格外向。对于不同个性的学生,教学表达内容的组织也有不同。

对于个性内向的学生,要注意增加教学用语的激励因素,诱发其主动参与学习活动的热情,在言辞的选择和语气、语调的运用上,要注意保持对他们的信任和关切,在答题有误时,坚持做分解性评价,即将其正确部分提出来予以肯定,促其增强信心。

对于性格外向的学生,要注意运用口语中的感情因素,调动他们积极的心理体验,诱发他们的学习热情,适当增强教学用语的指令性,并通过及时的提示,控制他们在学习活动中的注意力,杜绝用全盘否定的方式说话。

即时考查

1. 一个整体学习水平不高的班级

教师A：我们班学习用功的人不少，可“几粒老鼠屎，带坏一锅粥”，总平均分怎么上得去呢？

教师B：甘心落后的学生是没有的，有的人成绩不怎么好，我相信那只是暂时的，加把油，步子迈大点儿，就同大家一道起步前进了。

2. 一位性格内向的女生又考得很差

教师A：永远是倒数第一，没出息！

教师B：你是用了功的，我知道。恐怕方法不对，要改进学习方法，我相信你会考好的！

教师C：不要苦恼，咱们暂时不同别人比，同自己比。比上次考得好，就向前跨了一步了。

3. 一位敏感、自尊心很强的学生答问

教师A：颠三倒四的，讲了些什么呀？坐下来好好听别人讲！

教师B：我听出来了，讲出了一些，只是说得有点儿乱，请坐。现在我们请一位同学把这道题的解法说一遍。

4. 一位理解力强、成绩好的学生答完以后

教师A：回答得很不错，好，很好，请坐！

教师B：真聪明！脑子就是灵，老师问什么都难不倒，将来一定有出息！

教师C：她用几句话就把问题说清楚了，不仔细看书，不认真思考，很难回答得这么好！

思考：上面四种情境中的教学表达孰优孰劣？请进行分析。

本章小结

教学表达是教师在教学过程中启迪学生心智、向学生传授知识、解除学生疑惑的语言表达。良好的教学表达可以使深奥的知识变得浅显易懂，使艰苦的学习变得轻松愉快。

教学表达应具有科学性与规范性、形象性与生动性、启发性与教育性、亲和性与审美性。良好的教学表达要注意语音的运用技巧、清晰与流畅的表达技巧、修辞手法的运用技巧、口语化与儿童化的表达技巧。教学表达内容的组织上，要根据教学环节、学科特点、学生特点组织表达内容。

- 教学表达
  - 教学表达的特点
    - 科学性与规范性
    - 形象性与生动性
    - 启发性与教育性
    - 亲和性与审美性
  - 教学表达的技巧
    - 语音的运用技巧训练
    - 清晰与流畅技巧训练
    - 修辞运用技巧训练
    - 口语化与儿童化运用技巧训练
  - 表达内容的组织
    - 根据教学环节组织表达内容
    - 根据学科特点组织表达内容
    - 根据学生特点组织表达内容

【思考与练习】

1.请你谈谈教学表达有哪些特点。

2.下面是《田忌赛马》的教学片段，请结合教师的教学表达，说一说教师教学表达的特点。

师：学完课文，同学们还有什么疑问？

生：课文写第二次赛马时，第一场孙膑让田忌用下等马对齐威王的上等马。一个是最差的下等马，一个是最快的上等马，它们比赛肯定会差很多，这一点难道齐威王看不出来？

师：（惊奇，继而微笑）这个，问题提得很有价值。同学们，你们认为齐威王看出这一点了吗？

生：没有。如果看出来了，比赛就不可能进行。

师：齐威王都没有看出来，而这位同学却看出来了，真了不起！那么，齐威王为什么没看出来呢？

（学生思考片刻）

生：我觉得齐威王是个很骄傲的人，他是被胜利冲昏了头脑。他认为就是再赛一次，他也是会赢的。

师：你怎么体会到这一点的？

生：我是从“得意洋洋”“轻蔑”这两个词中看出来的。齐威王看不起田忌，他认为他每个等级的马都比田忌的强，强对弱，当然不会输。

师：有道理。谁还有别的看法？

生：我觉得齐威王没有头脑，他根本不知道孙膑在里面用了计谋。

师：（赞许）说说你的想法。

生：课文后面写第二场、第三场赛完后，齐威王只是“有点儿心慌了”“目瞪口呆”，说明他不明白这到底是怎么回事，他连一点儿疑心也没有，我觉得齐威王真笨。

师：(微笑)同学们对齐威王的看法都是合理的。那么，孙膑知道齐威王的这些特点吗？

生：我认为孙膑什么都想到了。他对田忌说话时那么胸有成竹，说明他认为齐威王肯定不会起疑心的。

师：看来，孙膑的确了不起，他不但知马，还知人，这也正是他能帮田忌转败为胜的原因。[宋会仁.齐威王很笨吗[J]. 小学语文教师，2002(3)：83-85.(有改动)]

3. 以小组为单位到小学听一节课，组内同学共同合作，把教师的教学表达如实记录下来。仔细分析实录，看看哪些地方的教学表达好，为什么；哪些地方需要修改，可以怎样修改。

【学习评价】

评价维度	评价内容	
	评价标准	评价等级 (A、B、C、D)
知识与技能	了解教学表达的特点	
	掌握教学表达的技巧	
	掌握教师表达内容的组织方法	
过程与方法	结合案例评析，理解教学表达的特点、技巧以及内容组织	
情感态度与价值观	热爱教师职业，注意语言表达的示范作用，自觉运用规范语言进行表达	

【推荐阅读】

1. 国家教育委员会师范教育司组. 教师口语(修订本)[M]. 北京：语文出版社，2003.
2. 吴雪青. 小学教师口语[M]. 上海：华东师范大学出版社，2010.
3. 刘丽群，石鸥. 课堂讲授策略[M]. 北京：北京师范大学出版社，2010.

第九章
日常表达

言必信,行必果。

——孔子

谈话,和作文一样,有主题,有腹稿,有层次,有头尾,不可语无伦次。

——梁实秋

在拟定教育性谈话内容的时候,你时刻也不能忘记,你施加影响的主要手段是语言,你是通过语言去打动学生的理智与心灵的。

——苏霍姆林斯基

如果希望成为一个善于谈话的人,那就先做一个致意倾听的人。

——戴尔·卡耐基

学习提要

(1)了解教师日常表达中师生沟通、同事沟通、家校沟通的意义。

(2)理解教师日常表达中师生沟通、同事沟通、家校沟通的原则与要求。(重点)

(3)掌握教师日常表达中师生沟通、同事沟通、家校沟通的方法与技巧。(难点)

孟子云:“人之相知,贵相知心。”沟通正是心灵与心灵的对话,是人际情感的基石。教师这一职业是与人打交道的职业,对于教师而言,沟通能力的强弱事关教育教学工作的成败,沟通能力理应成为教师综合能力的重要组成部分。因此,教师在日常工作中,要不断提高自己的表达能力,善于与人沟通、与人相处,建立良好的师生关系、同事关系和家校关系,从而消除隔阂,增进了解,形成信任,取得支持,获得成功。

第一节　师生关系中的沟通表达

师生关系是学校最基本的社会关系，也是教育过程中最重要的人际关系。它不单单以完成一定的教育教学任务为目的，还包括师生在从事教育教学活动中所产生的心理交往与情感交流。师生沟通是指在一定的教育教学情境中，教师通过某种方式与学生进行平等对话，在师生的互动交流中，达成思想共识，形成情感共鸣，以促进学生的健康成长。有效的师生沟通有利于儿童健全人格的养成、教育管理效能的提升和新型师生关系的构建。沟通时，教师要遵循关爱、尊重、信任等原则，并掌握表扬、批评、说理等常用的沟通表达技巧。

一、师生沟通的意义

（一）是培养儿童健全人格的需要

小学阶段是人生的起步阶段，是儿童道德品质和人格素养形成的关键时期。在他们的眼里，老师是知识的化身、人格的楷模、道德的表率，是他们崇拜的偶像、模仿的对象，是学校里最亲的人。教师的人格特征在潜移默化地影响着他们言行，教师待人的态度、办事的风格、处事的原则在一定程度上也会影响到他们对人生的态度、对社会的感知。知识的传授是有限的，教师对学生人格的影响却是深远的，在平等亲切的沟通氛围与民主和谐的师生关系中，教师的言传身教与循循诱导有利于儿童优良人格特征的养成。

（二）是提高教育管理效能的需要

心理学研究表明，情绪对行为既有促进作用，也有干扰作用，也就是说，人的行为很容易受到个人情绪的影响。如果教师事先通过各种沟通技巧唤起学生的积极情感，学生就会产生相应的行为热情，反之，就变得消极懈怠，甚至产生攻击性行为。成功的教师往往注重与学生的情感互动，如果学生对他产生了一种心理悦纳，就会主动服从管理，积极接受教师所施加的教育影响，并呈现良好的合作态势，从而实现教育目标。可以说，师生沟通是学校实施教育管理的重要手段。

（三）是构建新型师生关系的需要

新型的师生关系是以民主、平等、和谐为基本特征的，其核心是师生的心理相容、心灵的互相接纳，是师生之间最真挚的情感关系。新型的师生关系是师生在不断地相互理解和相互关心的基础上建立起来的，其中，教师是新型师生关系的主导者，是师生之间心灵桥梁的架设者。在和学生的沟通中，教师只要打破传统的“师道尊严”观念，以学生为中心，热爱尊重学生，鼓励帮助学生，以促进学生全面发展为己任，就会获得学生的尊重与热爱，得到真挚的师生情谊，收获融洽的师生关系，收到教育教学的最佳效果。

二、师生沟通的原则

（一）关爱

关爱，就是对学生的关心和爱护，这是一种严慈相济的爱，无私、纯洁、公正、平等。关爱学生不仅是教师的天职，也是教师热爱工作岗位、忠于教育事业的具体表现。

首先，关爱原则要求教师主动了解学生的实际情况。教师只有全面了解了学生的心理状况、思想表现、家庭环境、社会交际等情况，才能根据学生的不同特点，有针对性地进行沟通。

其次，要求教师对所有的学生一视同仁。无论是聪明的还是愚笨的，调皮的还是听话的，都要公平对待，用心接纳，让他们都沐浴在师爱温暖的阳光下。特别是对那些处于特殊情况、急需关怀教育的学生，老师需要付出更多的时间与精力去关护和帮助。

最后，要求教师把握好“严”和“爱”的尺度。教师的爱并不是一味地宠爱、溺爱。爱是有原则的，老师必须要求学生自觉遵守学生守则、校纪班规，对学生的错误思想、不良言行要严肃地批评指正。但是严是有底线的，有温度的，要严中有爱，严中有格，不能让严失度、失控。

（二）尊重

尊重，就是对学生的重视或关注，有了尊重，师生之间才有平等对话和民主合作。尊重学生，是教师最基本的道德修养。

一是要重视学生的兴趣爱好、情感情绪和抱负成就，尊重学生的思想观点、人格自尊，使学生能在成长中感受到自身的尊严、心灵的愉悦，从而激发不断进取的动力和活力。

二是要尊重学生的个体差异，平等和善地对待每一个学生。沟通时，要注意表达的艺术性，切忌简单粗暴地用任何命令式、威胁式、训诫式的言语或行为去伤害学生的自尊。

三是要注意尊重学生与教师对学生适时的启发诱导是不相矛盾的。学生在充分展现自我的同时，教师一定要对出现的问题进行正确引导，谆谆教导学生懂道理，明是非，自觉自律。

(三)信任

信任,就是对学生的理解与信赖,是教师对学生未来所持的一种信心。它是一种催人奋进的精神力量。

第一,教师要相信学生,相信每一个学生都是一个有价值的人,是一个有存在意义的人。在内心深处始终对学生未来的成长持积极乐观的态度,并在实际工作中为学生禀赋和潜能的自由发挥和充分发展创造宽松的环境。

第二,教师要理解学生,理解学生的生活实际、思想状况、心理状态,理解并包容学生的缺点,把学生的每一个缺点都看成是成长的起点,沟通中以表扬、鼓励和赞赏为主,帮助学生树立信心,促进学生健康成长。

第三,教师要信赖学生,把学生当成是教育的合作者,是知识的分享者,是教师专业化成长的促进者,师生双方是互促互长、相得益彰的关系。

案例评析

王琪是一个看起来又聪明又乖巧的女生,可是上课喜欢走神,做作业也经常拖沓,学习上畏难情绪比较严重,学习成绩也不太好。我曾对她"软硬兼施",但总是收效甚微。

后来,我想了个办法,就是和她签订一个合约:如果在一个月之内,她能努力改正自己的缺点,就让她自主选择座位。王琪很爽快地答应了,还郑重其事地在合约上签上了自己的名字。

自那以后,她真的在努力改变自己。课堂上,能见到她认真的眼神和高举的小手;下课后,能按时完成作业,正确率也在逐步提高。一有松懈,我就暗示她;稍有进步,我就在同学面前表扬她。渐渐地,王琪对学习的兴趣越来越大,劲头也越来越足了……

案例评析:王琪同学之所以有这么大的改变,离不开教师对她的信任。教师的信任可以提高学生的自律意识与自控能力。

三、师生沟通的技巧

师生之间的沟通,根据沟通形式有口头、书面之分;根据沟通场合有公开、个别之分;根据沟通时机有即时与延时之分;根据沟通工具有声音、纸质、电子之分等。不同的学生,不同的问题或事件,需要采取不同的沟通方式。

有效的沟通,离不开教师对学生的启发诱导和鞭策鼓舞,其中说理、表扬和批评是三种最主要的教育方式。说理就是通过摆事实、讲道理，教育学生分善恶、辨是非；表扬或批评是对学生的思想、行为、态度等方面的肯定或否定。

（一）说理

1. 就事论事地讲

就是讲具体的“理”。小学生的思维处于一个从以形象思维为主向以抽象思维为主的循序渐进的过程中，因此，对小学生说理要以学生现有的理解能力为基础，就事论事，要用形象的语言、具体的事件，思路清晰地教学生明理。

教师不宜用抽象的大道理和学生沟通。与其和学生空谈人生理想，不如教育学生如何纠正不良的行为习惯，如何与人相处，等等；也不宜东拉西扯，说一些主题不明的话，否则费力不讨好，收不到良好的教育效果。

案例评析

四年级三班班主任李老师为了增强同学们团结合作的意识，在班会上讲了这么一番话：“同学们，在开始我们今天的班会之前，先做一个游戏。游戏很好玩儿，可是我发现大家都不喜欢做游戏了，因为大家都是家里的独苗苗，爸爸妈妈、爷爷奶奶对你们很关心，生怕你们有危险，所以很多同学就很胆小。胆小可不好，现在社会上的竞争多激烈啊，有竞争肯定会有失败。那失败了我们怎么办呢？一定要有坚强的意志……”

案例评析：李老师这番话最大的问题是偏离主题。教师如果不用一个明确的主题来约束自己的谈话，就会让学生不知所云，失去沟通的意义。

2. 循循善诱地讲

教师可通过耐人寻味的典故、生动典型的事例，创设教育情景，寓情于理，让学生受到感染，或借用打比方、做类比、讲故事、看视频等途径来启发、诱导学生。

引导时要面带微笑、语调温和、语气平稳，既不要高声怪调，也不要仓促厌烦。做到耐心教导，以理服人，以情动人。

说理不是说教。一味地用命令、强迫等方式让学生服从教育，必然会导致他们的反感。学生们最不喜欢老师说“你应该……”“你不能……”却不告诉他们为什么应该、为什么不能。如有老师告诫学生“要你不要乱扔垃圾你偏不听，我都不知道和你说过多少次了，为什么你总听不进去呢？你都这么大了，为什么就不能讲讲卫生呢……”类似的话说得太多，就会变成无趣的唠叨。

案例评析

五年级三班的伍森是一名很聪明的学生，可就是容易骄傲自满，有成绩就不知天高地厚，批评过几次，起色不大。于是我决定和他好好谈谈。我和他说了这么一则故事：徒弟学艺多年，出山心切，就去向师父辞行："师父，我已经学够了，可以独闯天下了。""什么叫够了？"师父问。"就是满了，装不下了。"徒弟答。"那么你装一大碗石子来。"徒弟照办。"满了吗？"师父问。"满了。"徒弟十分自信。师父抓起一把细沙，掺入石中，沙一点儿也没溢出来。"满了吗？"师父又问。"这回满了。"徒弟面有愧色。师父又抓来一把石灰，轻轻洒下，还是没有溢出。"满了吗？"师父再问。"满了。"徒弟似有所悟。师父又倒了一盅水下去，仍然一滴水都没有溢出。"满了吗？"师父笑问。徒弟无言以对……

听到这里，伍森若有所思，我趁势再给他阐明"谦受益，满招损"的道理。经过一番长谈后，伍森同学终于认识到了自己的错误，以后的思想和行为也有所改变。

——杨朝晖.艺术批评：批评的"恰当的方式"——教育故事对教师进行艺术批评的启示[J].河北教育（综合版），2009（11）：24-27.（有改动）

案例评析：教师耐人寻味的故事和寓情于理的语言，有助于学生认识并逐步改正错误。这种和风细雨般的沟通远比枯燥乏味的说教和简单粗暴的训斥要有效得多。

3. 基于聆听地讲

和学生沟通时，一定做到要善于倾听，不能"先入为主"、自话自说。如果老师不正视学生的感受和需要，而只是自顾自地说想法、提要求或乘机批评"教育"学生，会让学生感到委屈、沮丧和受挫，甚至不服不满。只有认真地聆听，真正理解学生的心境，与学生产生共情，说的理才有意义，才会打动学生的内心，才会建立平等、信任的师生关系。

（二）表扬

1. 说具体的话

其一，要多用描述性语言，应具体到事，做到言之有物，言之有理，如"张亮同学是一个很优秀的小记者，不仅把采访的内容都详细地写下来了，而且字也写得非常工整、清晰"。少用空洞无物的判断性句子，如"你真是个天才""你很不错"，或设问"你不是很优秀吗"等。

其二，表扬的对象要具体到人，不宽泛大化，不能只肯定全体而忽略了典型。如："这次我们班的卫生搞得不错，大家一定要再接再厉哦！"当然，也要防止因过于突出个人而打击全体。如“这次我们班的卫生搞得不错，卫生委员起了很大的作用，大家都要学习他吃苦耐劳的精神。”

即时考查

试比较下列表扬语，你认为哪种表达更有效？为什么？

（1）“我们班终于在这场球赛中获得了冠军，大家打得很精彩，表现都很棒！希望同学们今后再接再厉！”

（2）“我们班终于在这场球赛中获得了冠军，大家打得很精彩，表现都很棒，特别是体育委员张刚同学，不但组织工作做得好，而且在赛场上表现得非常勇敢，为球队赢得不了不少比分，希望同学们今后再接再厉！”

（3）“我们班终于在这场球赛中获得了冠军，体育委员张刚同学立了大功！如果不是他组织工作做得好，不是他赢得那些比分，我们能取得这样的好成绩吗？今后，全班同学都要向他学习，为班级争光！”

2.说适度的话

表达恰当，不言过其实，如“文文的书读得真好，播音员也不过如此吧”这类表扬不合分寸，容易让人迷失自我，如果说“文文的书读得真好，有当播音员的潜质”比较切合实际。

还有，随时随地不假思索地表扬会使表扬变得泛滥廉价而缺乏指导性，也容易使学生滋生自高自大的情绪。

即时考查

如今小学普遍提倡“赏识教育”，教育教学活动中，教师表扬使用得非常频繁。每逢学生正确回答了问题，教师就会热情洋溢地称赞“很好”“不错”“你真聪明”，还会不时下达“表扬他”的提示，于是同学们会爆发出“棒，棒，你真棒”“呱，呱，顶呱呱，我们大家学习他”之类的口号式的表扬语。

——程培元.教师口语教程[M].北京：高等教育出版社，2004.（有改动）

思考：请问你是如何看待这一现象的？

3.说灵活的话

表扬语要考虑学生的个性差异。如对自信心较差，却又想改进的学生，多说鼓励性的话：“你已经非常尽力了，再多练几次，一定会有效果的。”对聪明又容易骄傲自满的学生，多说带有挑战性的话：“你确实是我们学校的佼佼者，但是你能不能成为全市全省的佼佼者呢？”

小贴士

及时表扬学生十法

(1)幽默法:“恭喜你,回答正确! 加10分!”

(2)致谢法:“谢谢你给大家带来的精彩节目!”

(3)问答法:“大家说他唱得好不好?”

(4)榜样法:“赵明同学考虑问题很全面,其他同学应向他学习!”

(5)激将法:“王红同学很聪明,会通过查字典来确定答案。那其他同学呢?”

(6)一箭双雕法:“徐平同学不仅说得好,而且她还很会听取别人的意见和看法!”

(7)避实鼓励法:“你虽然没有完整地回答问题,但你能大胆发言就是好样的!”

(8)虚心让步法:“谢谢你指出了老师的错误,老师一定会知错就改的。”

(9)理解劝慰法:“看来这个问题是有些难度,你能思考到这一步,已经很不错了。”

(10)不断激励法:“你的字写得越来越工整了,一定要继续努力哦!”

4.配合使用非语言

学生表现很棒的时候,有时可以用一定的表情和手势或配合使用一定的表情和手势来强化或辅助表达,如:用真诚的微笑、微微的点头和欣赏的目光就能带给学生很大的鼓舞;说“你做得真好”的同时鼓掌或竖起大拇指可加强赞许的效果;有时轻拍肩膀也是一种由衷的肯定和鼓励。

(二)批评

案例评析

前情提要:某小学四年级某班,陈老师正在上数学课,当他在黑板上进行板书的时候,突然听到身后有叫骂声。他回过头来,看到同学们都把目光投向了一个叫刘峰的男生。

师:“刘峰,你刚才为什么骂人?”

刘峰:“他骂我妈妈!”

师:“他为什么只骂你妈妈,不骂其他同学的妈妈?”

刘峰(稍一怔,一秒后):“你为啥只批评我,不批评他?”

师:……(一时无言以对)

案例评析:以上僵局的发生,与教师的批评方法与表达方式有着很大的关系。批评学生是一件很慎重的事,特别是针对小学生。教师除了要了解情况、注意方式方法外,一定要有恰当的批评艺术。

1. 直接批评语的表达

直接批评是一种直截了当的批评方式，适用于心理承受能力强或屡教不改或不轻易承认错误、喜欢狡辩的学生，或适用于性质严重的错误。批评时要语气严厉、措辞尖锐、一语中的，再动之以情、晓之以理。

直接批评不等同于当面训斥。如果老师用语不当，容易形成师生对抗。如有些老师喜欢在批评时用大量的反问句。反问句式确有增强语势、强化学生自省的表达效果，但如果情急之下不假思索，没有质量地反问，反而会引起学生的反感，甚至产生抵触。如“你为什么……？”“你怎么又……？”“你难道没有想过后果吗？啊？”“你还想不想学好了？啊？”等。

为了避免师生对抗，有经验的老师在向学生提出批评时，往往用第一人称“我”的感受来代替对第二人称“你”的指责，如说“我很失望”而不说“你真笨”这样带有攻击性的话。

案例评析

一位学生未完成家庭作业，居然逃学半天。早上，他照例背着书包上学，中午照例背着书包回家。家长却被蒙在鼓里。

“老师十分生气！不完成作业已经不对了，再逃学，不是更错？你爸爸妈妈知道了，不更气？”我严肃地对他说。他什么也没说，眼皮垂了下来。

我继续说：“我怎么也想不明白，你会这样做。要知道，你失去的不只是一上午宝贵的时间，而是诚实。我感到痛心。希望不再出现第二次。当然，你爱面子，没完成作业怕批评。但你忘了，逃学不更让老师难以原谅？”

“老师，我绝不会再有第二次了。”他发誓。

“我相信你言而有信，不会令我和家长失望。”

逃学的事再也没有发生。

案例评析：以上是特级教师于永正分享的一个经历。坚持从“我”的角度谈感受，再加上直击内心的反问，既语重心长又不失严厉，能起到触动学生心灵的作用。

2. 间接批评语的表达

间接批评是教师不直接指出学生的错失，而是通过一定方式启发、引导学生自己认识缺点、主动改正错误的批评方式。这种方式比较温和，氛围比较轻松，学生易于接受。

第一种，含蓄婉转地说。含蓄地说不足、委婉地提要求。同一个意思，会有不同的表达法，教师要尽量选用不伤害学生的言语，如“你这作业写的什么啊？乱七八糟的！重写！”就不如“改掉坏习惯真不容易，不如再写一次吧，你肯定行！”的效果好，即使在自己很生气的情况下,也是如此。如当老师看到脏乱差的教室时,他可以说:“教室是大家一起学习的地方,应当保持干净整洁,这么脏、这么乱的教室,我们怎么能安心学习?老师很不高兴!”但绝不能说:“没见过这么脏的教室,这是人待的地方吗?真是群好吃懒做的废物!”有时适时的幽默,也能起到相同的效果,如有老师用“一行白鹭上青天”来幽默式地批评学生一路走高的黑板板书,也能让学生心领神会。但是由于小学低年级的学生对语言的理解力有限,所以不宜采用此法。

案例评析

一次,我去听同年级叶老师的课。铃声响过后,我们刚走到教室的门口,冷不防,从教室飞出一个足球,正好从我们俩中间穿过。我心里惊讶:“完了,这堂课肯定上不好!”同学们一个个伸舌缩颈,目不转睛地看着叶老师。只见叶老师慢慢地回身把足球捡起来,微笑着走上讲台说:“好厉害的一脚,踢个正着,得分!不过要想练就射门的基本功,还得到操场上去。以后谁再到教室里踢球,我就要出示黄牌警告了。”同学们听后会意地笑了,教室里的气氛得到了缓和,那位踢球的同学羞怯地低下了头。

——吴天德.批评也要讲点艺术[J].人民教育,2002(2):38.(有改动)

案例评析:叶老师用幽默的方式间接地批评了学生的错误,使学生在轻松的气氛中得到了良好的教育,这比直接训斥压服更容易被学生接受。

第二种,先扬后抑地说。先表扬优点,再表明不足,最后提出要求、愿景加以激励。如:“今天你把地扫得很干净(优点),就是忘了倒垃圾(不足),如果把垃圾倒了(要求),就更完美啦(愿景)!”“你的声音真好听(优点),要是再大点儿声就更好了(不足、愿景),可以吗(要求)?”

第三种,民主商讨地说。这也是一种比较温和的批评语,适合性格比较倔强、脾气暴躁易冲动或逆反心理强的学生。教师用商讨问题的口吻对学生做和风细雨似的疏导,让学生心悦诚服地认识并改正错误。交流时多用如“行不行?”“可以吗?”“我们一起……怎么样?”“如果……你猜会如何?”“这样做有没有困难?”等询问语。

第四种,自责自贬地说。教师现身说法,率先通过自我批评或换位思考的方式来帮助学生提高认识,改进不足。这种形式也许更能赢得学生的尊重,更易唤醒学生改正错误的勇气。如“对不起,这个问题我也有责任,我本应该……”“这个字像好像多了一横,我也常常将它写错……”。

3.不良的非语言表达

批评时,不良的非语言表达是恶化师生关系的催化剂,是师生有效沟通的大忌，一定要避免，如盛气凌人、凶神恶煞、不屑一顾、冷若冰霜的表情；愤怒、讥讽、冷漠、厌烦的眼神；带有压迫感或攻击性的手势：双手叉腰或用食指不断地指点对方等。

第二节　同事关系中的沟通表达

在学校，同事关系也是很重要的人际关系，它是在工作中建立和发展起来的。共同的教育事业和同舟共济的相处，为同事之间的沟通提供了无尽的话题。既有围绕本职工作而进行的工作性交流，也有基于兴趣爱好、家事国事等方面的日常生活式闲聊；可以口头沟通，也可以书面交流；可以公开交谈，也可以私下会话。同事沟通对开展学校教育工作、增强学校凝聚力以及对教师个人职业的发展都有着很大的促进作用。沟通时要遵守尊重、宽容、真诚的原则，掌握如赞美、提意见、发表看法等方面的沟通表达技巧。

一、同事沟通的意义

（一）有助于教育教学工作的顺利开展

教师是教育教学的实施者，对学生的教育是老师们共同努力的结果。不管是从事班级管理工作还是从事教务教学工作，教师都是学校教育工作中不可或缺的力量。只有老师们同心协力，齐头并进，才能顺利完成教育任务，实现育人目标。反之，缺少沟通或沟通不畅的工作关系，会使彼此产生隔阂，形成矛盾。如果把这种不和谐的关系或消极情绪带到教学工作中，将给学生的成长带来极大的负面影响。

（二）有助于学校凝聚力的不断增强

学校凝聚力是学校对老师的吸引力、老师对学校的向心力和老师之间的相互吸引力，这是一种积极向上的精神力量，能不断激发老师们的工作激情和对学校的热爱之情。它的建设离不开健康的人际关系的支撑。建立在良好沟通基础上的人际关系是温暖的、友善的、融洽的，它会让老师们感到心情愉悦、精神饱满，它能营造一种团结奋进的工作氛围，它能使老师们在工作中彼此协作、密切配合，形成一股强大的教育合力，推动学校的和谐发展。

（三）有助于教师个人的职业成长

教师个人的职业成长是一个循序渐进的过程，它不仅需要个人的努力，而且还需要人与人之间的相互帮助和合作。在教师的职业生涯中，教师个人教学经验的积累、工作方法的改进、专业水平的提升,很大程度上是在与同事不断学习、探讨中实现的。具备沟通能力的老师,能正确处理好人际关系,其事业追求不但不会因人际矛盾受阻,反而还能从中获得理解和帮助,获得更多提升与改进的机会。教师个人要想在职业成长中走得快、走得高、走得远,必须学会从同事、同行中汲取更多的智慧和能量。

即时考查

假如你去应聘某学校的某个教师工作岗位,请你把下面六个指标依照重要程度进行排序,并简要说明理由:

薪金福利、环境设施、工作强度、进修机会、同事关系、升迁空间

二、同事沟通的原则

(一)尊重

尊重就是敬重同事的人格、思想、选择、志趣,尊重他所尊重的一切,这是一种个人修养。尊重原则有以下要求:

首先,同事之间的地位是平等的,没有性别、年龄、相貌、专业、出身、地域等方面的高低之分,均应以礼相待;

其次,每个人都有自己独有的人生经历、生活方式,也存在极具个性的待人处世之道,我们既不能去挖掘或出卖他人隐私,也不能用自己的标准去要求或评判他人;

再次,针对同事不同的兴趣爱好、梦想追求,要报以理解和包容,不可评头论足或嘲讽讥笑。

敬人者,人恒敬之。一个真正拥有智慧的人,必定是一个懂得尊重和包容他人的人。

(二)宽容

宽容就是指对人对事都怀有一颗宽厚和容忍的心,这是一种人生态度。宽容原则要求教师做到以下几点:

第一,在面对非议、异议或争辩时能保持冷静和忍耐,不以牙还牙、针锋相对,也不耿耿于怀、伺机报复,做到有则改之,无则加勉;

第二,能设身处地替他人着想,关心、理解他人,与人为善;

第三,对发生的一些不愉快,能主动和解,不心存芥蒂。

虽然宽容是化解矛盾的前提,但宽容并非姑息纵容,也并非无能软弱,它是一种大度,一种善良,一种境界。

(三)真诚

真诚就是真实诚恳地对待他人,这是一种个人品质。真诚原则要求教师在与同事的交流中做到:

第一,不虚情假意,不说套话假话,不花言巧语、两面三刀;

第二,不伪装,不保守,对同事的请教能耐心解答,知无不言,言无不尽;

第三,不自私,不势力,热心助人,言而有信,懂得感恩。

真诚是获得真挚友谊的法宝,是人与人之间相互信任的基础。但是真诚是有原则的,不能因为一味地求“诚”、求“真”而乱讲哥们儿义气或低眉顺眼地讨好他人。

即时考查

刘老师是某中学的年级组长,尽管她在年级组中年龄最大,学历最高,但从不摆架子,每天上班时都先主动向同事打个招呼“您好”,或是关心地问候一声“家里老人好些了吗?”“孩子送走了吗?”,让人觉着特别温暖。从同事那里得到一点帮助,她总要真心诚意地说:“给您添麻烦了,谢谢!”下班前,若有事先走,总是对同事客气地说一声:“对不起,我有事先走一步!你们多受累吧!”当同事咨询问题时,从不断然否定,而是耐心、诚恳地表达自己的观点。若遇到需要协作才能完成的工作时,从不自作主张地说“这件事你们听我的!”或“这件事我说了算!”,而是以建议性、商讨性的口吻说“这件事,各位老师看怎么办好?”“大家看这样处理行不行?”。

——路玉才,张海燕.教师口语训练教程[M].天津:南开大学出版社,2012:304.(有改动)

思考:刘老师的语言体现了同事沟通中的哪些基本原则?

三、同事沟通的技巧

(一)真诚地赞美

赞美是获得他人好感最直接、最有效的方式之一。可是赞美必须真诚,要讲究艺术,否则事与愿违。

1.用语恰当

对他人的赞美应该是恰到好处的,既不要太虚夸,也不要太低调,恰如其分、点到为止的赞美才是真正的赞美。如同事上班换了一个新发型,如果说“这款发型不错,很适合你,显得你特别有精神”,对方会很乐意地接受;但是如果说“哇!你好漂亮啊!这发型,太好看了,360度无死角啊,这精神头儿,无人能比啊”,就有过度恭维之感,对方会觉得肉麻不自在。当然,如果只是轻描淡写地来句“还行”,多少会让人有些失望。

2. 措辞真实

赞美应是基于事实、诚心实意的,不切实际的赞美会给人油嘴滑舌、花言巧语、虚情假意之感。如对身材不太理想的女同事,可以从她的气质、脾性、五官、头发、服饰等方面着手赞美,如果偏要夸她有“妙曼的身姿,动人的倩影”,就显得虚假做作无诚意,甚至被认为这是在故意嘲讽她。

3. 表述具体

对他人的赞美也不能是泛泛而谈、言语模糊,有说服力的赞美一般要有明确的事例、具体的描述来支持。比如在听了同行的授课以后,我们可以说“您的课讲得非常精彩,从导入到结语环环相扣、一气呵成,特别是您授课的时候特别有激情,表情也非常丰富,学生的学习积极性都被您调动起来了”。细致的描述,真诚可信,听者也能倍受鼓舞。可是如果只是简单地说句“您的课讲得太好了,太精彩了”,就让人觉得空泛无诚意,对方会心生疑窦地想“是吗? 哪里好了”。

案例评析

明人赵南星的《笑集》有这么一则笑话:一个秀才善于拍马屁,死后被打入阴曹地府。阎王声色俱厉地喝道:“你知罪吗?”秀才回答道:“大王明镜高悬,明察秋毫。小人纵有千嘴万舌,也不敢欺瞒大王啊!”阎王听罢,怒容稍敛,一不小心放了一个臭屁。秀才顿觉有机可乘,随即咏道:“伏惟大王,高耸贵重肩,朗分玉臀,恭放宝屁,依稀乎丝竹之音,仿佛乎麝兰之味,小人闻后不胜欣慰之至。”阎王听后,喜形于色,遂给秀才增阳寿十年,遣返人间。

——胡以军.“阎王”与“秀才”[J].党风与廉政,1995(8):40.(有改动)

案例评析:虽然人人都爱听赞美之辞,但是赞美绝不是溜须拍马。赞美是一道阳光,能给人以温暖与希望;溜须拍马则低级庸俗,只会扰乱秩序,败坏风气,实不可取。

(二)委婉地提意见

当教师规劝他人或者向他人提出意见时,要注意表达方式,特别是针对一些自尊心强或个性敏感、脾气暴躁的人。一般说来,友善的态度、含蓄的语言和温和的语气可以避免因直言快语给对方造成的伤害,甚或避免一些不必要的矛盾与冲突。

1. 先褒后贬

即先肯定成绩说优点,再话不足提建议。如“您的表达很流畅,普通话也很标准,如果能说慢一点儿就更好了”。

有时,这样说也会遇到对方不领情的情况,此时要注意转变表达方式。如:听到意见时,有些人会不服气地说“我知道,但是……”,就开始辩解,你不妨说“原来你是这么想的啊，这么想也是很有道理的，不过，要是试试别的办法呢，比如……”。

如果对方面有愠色，就得转移话题或中止谈话了。

2. 寓理于事

借助于具体的事例来暗示对方的不妥，让对方自醒。比如，针对不能很好地处理师生关系的同事，闲聊时你可以就一些负面事件或新闻和他进行沟通，也可以就一些成功的案例或报道和他一起分享，这种看似不经意的就事说理的方式会让同事领悟其中含义，主动思考改进之策。

3. 巧用幽默

借用幽默来暗示他人的失误，也能让人心悦诚服地接受意见。比如：对于在阳光明媚的大白天还灯火通明的办公室，一句“这是要与日月同光辉吗？”，就可以暗示那些没有随手关灯习惯、不节约用电的老师。

即时考查

今年上半年，林老师从原来的学校调离，转入了一所新的学校任教。步入一个新的环境，面对着新的领导和同事，林老师心中还有些陌生感和距离感。一天，他正在备课，办公室的王老师皱着眉头进来了，看起来非常烦闷，在办公室里不停地走来走去，取放物品弄出很大声响。林老师觉得受到了干扰，便说：“你可以声音小点儿吗？”王老师听了之后非常生气，对林老师说道：“还轮不到你来管我！”两人便争吵了几句，虽然当时经同事劝说停止了争吵，但两人从此形同陌路，相互敌视。

——杨子. 教师如何处理好与同事的关系[J]. 辽宁教育，2014(12)：55.（有改动）

思考：林老师和王老师的矛盾是如何产生的？如果是你，你会怎么做？

（三）理性地做商讨

同事间商讨问题、交流看法是各抒己见的过程，言语间不应带有年龄歧视、性别歧视或者自视清高、自恃其才，沟通中要善于控制自己的情绪，做到平等交流，民主协商。

1. 本着平等尊重的原则交流

现实中不乏一些不和谐的沟通，如：年轻老师嫌老教师顽固古板太守旧，老教师批年轻老师经验不足太新潮，男老师轻视女教师“头发长见识短”，有名望的老师固执己见要权威。因此，谈话时，大家都要做到尊重他人的观点，平等沟通。

2. 本着求同存异的理念交流

遇到不同意见时，要控制好情绪，不能对他人的观点妄下结论或直接反驳对方的观点，万不可贸然地用“你知道什么？”“你的想法太天真。”“我干了这么多年，这些事我还不知道吗？”“我可以负责地说，你的想法是不奏效的！”等伤人自尊的话语。

3. 本着耐心倾听的态度交流

不管对方说得对不对，合不合理，都要耐心地听完，不要随意打断对方的谈话，也不要心不在焉，或玩手机，或与他人窃窃私语，等等。

即时考查

一次，快期末考试了，小何老师和年级组张组长一起探讨考试命题。在讨论一道题的答案时，两人发生了争执，争论了很久，谁也说服不了谁。

张组长是一位经验丰富的老教师，又是小何刚入职的指导老师，按理，小何应该尊重他才对，可小何想就算是自己的答案有错，有点儿争论也属于“学术之争”，与“尊重”无关。然而张组长却坚持认为小何没有尊重他，对他很没礼貌，而且，不光这件事不尊重他，平时在很多问题上都没有把他这个组长放在眼里。比如，经常不按进度计划安排教学，开展什么课堂教学活动也不和大家商量；又比如，竟然让学生当小老师轮流上台给同学讲课……这些行为，在张组长看来就是“胡搞”！小何感到很委屈，他没想到张组长对他有这么大的成见，更令他不解的是，为什么大胆教改也是错呢？

思考：小何老师与组长之间闹意见的根本原因在哪儿？他俩谁对谁错？

（四）有序地表观点

当需要教师发表观点时，首先应虚心地认真倾听其他人的意见，在准备充分后再以适中的语速、恰当的音量、谦和的用语，条理清晰地表达出来。

1. 肯定对方观点后再谈

不管同不同意对方观点，都要一分为二地对待。先认可对方观点，或先肯定积极的一面，也可先认同事情本身的意义后，再谈自己的想法。如：

“谢谢大家发言，刚才大家都从……方面谈了自己的看法，我想再补充几点，第一，……第二……。我的发言完毕，指大家多多指正。”

“谢谢您的发言，您刚才的一席话对我启发很大，特别是……可是在……方面我有一点儿不同的看法，我是这么认为的……个人看法，请您多提意见。”

“谢谢大家给我这个发言机会，……确实是一个很有意义的事，它……，我是这么认为的，……说得不妥之处请老师们批评。”

2. 征求对方意见后再谈

用商讨性的口吻请求对方提建议、谈看法，再用商讨性的口吻表达自己的观点。如：

“这件事，各位老师看怎么办才好？我很想听听大家的想法。”

“我也有一个办法，大家看这么处理行不行？”

3. 理清说话思路后再谈

沟通中成功的表达，首先要有条理。一般要有自己的核心观点与态度，如是赞同还是反对，接着再以“一、二、三”的顺序逐一展开说明，做到思路清晰、层次分明。不能人云亦云，简简单单地以“我同意……的看法”“我没意见”来加以应付。

其次要有逻辑。前后不能自相矛盾或模棱两可，观点要能自圆其说，不能胡言乱语。

最后，表达要流畅，不能有太多的重复语、口头禅，或“嗯”“啊”等赘词。

(五)适当地讲幽默

幽默是沟通的润滑剂，能促使人积极交往。同事之间开个小玩笑、讲个俏皮话确能活跃人际关系，轻松工作氛围。但是幽默的使用要适当，否则，容易引起误会，产生不满。

1. 注意场合

严肃或紧张的场合，如需要全神贯注工作时，或者其他老师正在批评教育学生时，或者同事情绪不佳时，不宜使用幽默。如用“旧的不去，新的不来”来安慰正处于丧狗之痛中的爱狗同事，就容易招致对方的鄙夷，认为你没有同情心。

2. 分清对象

对于不苟言笑、生活严谨、敏感脆弱的人要慎用幽默。比如，为了夸奖同事做事的高效，若来一句：“你这么快，是属‘箭’的吗？”“箭”“贱”谐音，很容易让人产生误解。还有一位男老师在庆祝一位女同事40岁的生日宴会上说“恭喜你进入了老女人的行列”，本想别出心裁，不料弄巧成拙，实乃费力不讨好的幽默。

3. 把握分寸

一是量的把握，不能太多。幽默是语言的增味剂，使用就得少而精，否则有喧宾夺主之势，影响沟通表达的真正目的。

二是度的把握，不能太过。幽默是一种顺理成章的自然，是恰到好处的点睛，如果为了幽默而幽默，幽默就带有牵强的意味，达不到应有的效果；如果开过火的玩笑，或事事都往“两性问题”上扯，就显得趣味低级，有损教师形象。如，一位女老师不小心碰了一位男老师的背，他随即一句玩笑话“你既已得到了我的身，难道不想得到我的心吗？”，让对方一时尴尬无语、羞辱难当。

第三节 家校关系中的沟通表达

家校关系是指家庭和学校为了实现共同的教育目标，彼此了解、相互合作，在通过语言等多种媒介进行信息传递、思想交流的过程中形成的关系。如进行家访、召开家长会、举办家长学校、成立家长委员会、实行家长开放日制度等都是学校与家庭进行合作教育的有效形式。教师与家长之间除了面对面的口头交流外，还可以通过手机、QQ、微信等通信渠道或网络平台进行沟通。教师在与家长进行沟通时要遵循平等性、真实性、灵活性、得体性等原则，要充分做好沟通前的准备，把握沟通中“说”和“听”的技巧，及时进行沟通后的反思。

一、家校沟通的意义

（一）有利于促进儿童健康成长

一方面，老师需要了解学生的家庭背景、家庭表现、生活环境，以及家教方式等情况；另一方面，家长也需要了解学校的基本状况与育人方式，了解孩子在学校的学习、生活、思想表现等。因此，为了孩子的健康发展，沟通就成了家校关系中的关键词，家校共育就成了沟通的主题。只有通过老师与家长彼此信息的交流、思想的互动、观点的传递，才能达成教育共识，共商教育对策，形成教育合力，协同教育孩子。

（二）有利于共同提高育人水平

有效的沟通既可以帮助家长学习先进的教育方法，更新教育理念，提高教育素养，也可以帮助老师获得更多的成功家长的育儿经验，总结、反思工作方法，拓展工作思路，丰富育人经验，提高育人成效。在和谐家校育人环境、优化家校育人策略的过程中，密切的家校合作，能促进老师与家长相互学习、相互启发、取长补短、共享共赢、共同发展。

案例评析

10岁的小娟在学校经常沉默寡言不合群，作业马虎成绩差。班主任张老师虽多次找小娟谈话，但成效都不大。

于是，张老师决定家访。经了解得知小娟是单亲家庭，父母的离异对孩子的伤害很大，而妈妈又经常出差在外，照顾她的外公外婆也无力辅导她的学习，这才变成了这个样子。

张老师很后悔自己之前在不了解实情的情况下就对孩子进行教育，同时决定与小娟妈妈共同制订一个家校协作计划，一起来帮助孩子改变现状。

计划实施后，她每天都会抽出一定的时间和小娟谈心，渐渐地，她发现小娟变得主动、积极、活泼起来了……

期末考试前，张老师又去了次小娟家，发现小娟正在积极地应对考试……功夫不负有心人，小娟的主课成绩都在九十分以上……

案例评析：小娟可喜的进步，离不开张老师与家长的有效沟通与配合。这是一个长期的过程，需要老师耐心细致的工作态度与热情。

二、家校沟通的原则

(一)平等性

平等是指家长与老师的地位平等,都是学生的教育者,双方共同的目标都是教育好孩子,没有高低贵贱之分。

平等性原则一方面要求老师要平等对待所有的家长,绝不可因家长社会地位、经济条件、文化水平的差异而亲疏有别;另一方面,在与家长交流时,老师要尊重家长的人格、职业、观点等,不居高临下,不盛气凌人,不丢家长面子,不刁难、埋怨、训斥家长,能虚心听取家长的合理建议。

(二)真实性

真实是指老师要态度诚恳,待人真诚,实事求是,不推诿,不敷衍了事,不虚夸,不欺瞒。

首先,真实性原则要求老师在与家长沟通时,要有认真倾听的态度,从家长的实际出发,换位考虑家庭教育问题;其次,老师要如实、客观地反映、评价学生的表现,公开、公平、公正地对待每一位学生,不以告状卸责为目的,不以教训惩处为初衷;再次,老师也要敢于承认自己工作中的缺点和错误,对工作中处理不当的问题,要有勇气向家长致歉;最后,沟通中老师还要诚实守信,不轻许诺言,不出尔反尔,不说假话,做到表里如一。

(三)灵活性

灵活是指在沟通中,老师要审时度势,积极发挥主导作用,能针对不同的家长、不同的问题采用不同的交流策略。

具体而言,灵活性原则有以下要求:

第一,老师在与家长的沟通中要主动调控交流节奏,反映问题的同时还要引导家长充分发表意见,适时帮助家长用科学的教育思想、正确的教育方法教育孩子。

第二,交流中要注意观察家长情绪的变化,通过不断调整语气、语调、语速、音量等来融洽谈话氛围。

第三,与家长沟通时既要考虑家长的性格特征、文化层次、个人品行等方面的差异,也要具体问题具体分析,因人就事,以变应变,忌刻板单一。

(四)得体性

得体是指老师与家长沟通时要本着友好合作的目的来选择合适的谈话态度与言语方式。这是赢得家长的尊敬与信任、促成双方和谐交流的保障。

得体性原则要求老师在沟通时要用语恰当,措辞委婉,要做到面带微笑讲礼貌,语气平缓温和,衣着端庄讲礼仪,不言过其实有分寸,有耐心,不轻易打断对方的谈话。

即时考查

以下是教师与家长的部分对话，请指出教师的不妥之处并说明理由。

家长：非常对不起，李老师，刚才路上堵车，我来晚了。

老师：来晚了就来晚了。你知道我为什么要你来学校吗？你儿子今天又和别人打架了，这是第几次了？屡教不改！我是拿他没有办法了，这样，你今天来，就把他领回去吧，不要在这儿影响其他同学的学习！

家长：李老师，对不起，我的孩子给您添麻烦了。我要是领回去，我也没有时间管教他啊，我还要……

老师：你还要做什么？就你忙，别的人都闲着啊？班上这么多学生，我都这么管，我管得了吗我？你不觉得你的孩子这么不听话和你的家教有关吗？

家长：……

三、家校沟通的技巧

（一）沟通前“备”的技巧

1. 备家长

了解学生的社区居住环境和家庭情况，如父母职业、性格特征、文化程度、家庭结构、生活环境等，分析家长可能采用的家教方式及给学生带来的影响。

2. 备学情

全面掌握学生的在校情况，如学生是后进生还是学优生，他（她）的性格爱好、优点缺点、与同学相处的情况、学业情况、他（她）存在的主要问题、他（她）的想法和打算等，沟通时才能信手拈来，有的放矢。

3. 备主题

每一次沟通都应有侧重点，有明确的目的，如要从家长那里了解哪些信息、共同解决什么问题、达到什么样的效果等。如面面俱到，无所不谈，既浪费了双方时间，又没有解决实际问题，失去了沟通的意义。

4. 备思路

围绕沟通的目的，选择谈话的内容，确定谈话的思路。一次完整的沟通一般从以下几个方面入手：自我介绍（首次见面时）—简单介绍班级基本情况—详细说明目标学生的在校表现—表明沟通目的—家长谈孩子的家庭表现情况及对孩子的态度与期望—查找、分析原因并协调关系—设问答疑、商讨解决问题的对策—老师小结并提出建议。需要注意的是沟通是双边活动，切忌教师或家长垄断发言。

5. 备策略

教育背景、社会地位、经济情况、婚姻状况、个性特点和价值观念等方面的不同，造就了家长不同的家教理念与家教方式，所以沟通策略务必因人而异，随机应变。如遇到放弃孩子型家长，要多用赞赏鼓励法，突出学生的亮点、长处来提高家长对孩子的信心和希望；对性格直爽的家长，可直奔主题，指出孩子近阶段的进步与存在的问题，并互相商量对策，等等。

小贴士

因人而异的沟通策略

(1)打骂暴躁型家长：以静制动，以柔制怒。

(2)无理取闹型家长：不卑不亢，以理服人。

(3)胆小木讷型家长：主动沟通，以诚相待。

(4)溺爱型家长：耐心说服，启发诱导。

(5)涵养型家长：和谐友好，同心协力。

(6)后进生家长：挖掘优点，鞭策鼓励。

(7)唠叨型家长：就事论事，简洁明了。

(8)依赖型家长：阐明利害，齐抓共管。

6. 备形式

教师应根据问题性质选择交流的方式。对学生获得的进步或不讲个人卫生等小毛病，可以利用家长接送孩子或与家长偶遇的机会，三言两语沟通即可；对存在上课经常讲小话、思想不集中等缺点的学生或取得优秀成绩、表现有很大改观的学生，可以利用家长来访或通过电话、微信等方式进行沟通；对一些犯了严重错误的学生，如经常逃学上网、有偷盗行为或学习生活遇到了很大困难的学生，最好选择家访的形式进行沟通；对一些大事要事的宣讲或阶段考试以后，可以通过召开家长会的形式加强联系。

即时考查

假如你是某小学五年级一班的班主任老师，发现你们班上有个男生，头脑聪明，性格开朗，成绩也不错，但是喜欢上网打游戏，上学前、下学后一有机会就跑网吧玩儿几下，平时和同学聊天时的话题也以游戏为主。你试过几次谈话、批评都没有效果，于是你打算与家长取得联系。

思考：你将采取何种形式，拟定一个什么样的计划与家长沟通呢？

(二)沟通中“说”的技巧

1. 亲切

称呼家长时用“某某爸爸”“某某妈妈”比“某某家长”亲切,一般不宜用“某局长”“某教授”“某先生”等职务、头衔或某种社会关系来称呼家长。

谈及孩子时尽量在名字前带一个“咱”“咱家”,一般而言,说“咱小明”“咱家红红”比“您的孩子”“您家红红”更亲切。

开始谈话前简短地拉家常可拉近沟通距离,如“最近咱小明长个儿了”“咱小明早上一般几点起床呀”,等等。

沟通时尽可能用第一人称“我”来表达心情,让家长体会到老师对自己孩子的关爱。如“孩子最近经常迟到,我担心这样会影响上课和学习”比“别让你的孩子再迟到了,这样会影响学习的”更能打动家长。

2. 委婉

委婉就是沟通中的措辞要含蓄有分寸,不能伤害家长的自尊。如果直言不讳、不假思索,甚至口无遮拦,不但有失教师的尊严,而且还会引起家长的不满甚至怨怒。

多用合作商讨式语言,不用教训命令式语言,如“让我们一起慢慢引导他吧”比“你要多多引导他”的沟通效果好。

多用赞美赏识式语言,不用抱怨告状式语言,如“您的孩子最近表现很好,要是在数学成绩上再提高一下就更好了”比“你的孩子数学成绩真是一塌糊涂”更能让人接受。

多用谦虚请教式语言,不用主观武断式语言,如“您刚才说的话我是这样理解的,您看对不对”比“我还不知道你是什么意思吗?”显得更友好。

多用理性谨慎式语言,不用冲动发泄式语言,如“谢谢您的提醒,我查查看,了解清楚了再给您答复好吗?”比“绝不可能! 怎么可能有这种事情发生呢?”更能获得理解。

3. 真挚

真挚的语言,能赢得家长对老师的信赖与尊重。

不管是表扬还是批评,都要多用具体的描述性的语言来表达,如“咱小明今天生词听写得了100分”“今天作业完成得又快又好”“什么都好,就是上课的时候有点走神”,等等,少用笼统概括性语言去应对,如“你家孩子很棒”“不太听话”,等等。

出现错误时要多用“很抱歉”“对不起”“请多包涵谅解”这样的道歉语,并尽量向家长表达弥补过失之意。如“对不起,我今天没有尽到做老师的全部责任,我知道您心里一定很难受,如果我是您,我也一样,希望您能原谅,我今后一定会把工作做得更仔细”。需要注意的是,致歉后,如果补充“不过……”“但是……”,又会把真诚的道歉变成新的攻击,让人心生不快。如“很抱歉,今天的事我们当老师的也有责任,当时老师的态度的确不太好。不过,你们家孩子也实在是太淘气了……”

沟通时还要去掉一些令人反感的口头禅,如“你知道吗?”“听清楚了吗?”“我告诉你……”“老实说……”。“啊”“那个”“这个”“当然啦”这样带有官腔味儿的赘词也有搪塞之疑，要尽可能避免。

即时考查

以下沟通用语中，你认为恰当的在题后标注“T”，不恰当的在题后标注“F”。

（1）您的孩子怎么总迟到呀？

（2）您的孩子非常聪明，如果在以下几个方面改进一下，相信孩子一定会进步得更快的！

（3）这件事情我已经交代过多少遍了，为什么别的家长就没有意见呢？

（4）请您不要着急，在孩子成长的过程中，犯错是难免的，我们一起来慢慢引导他，我们要相信孩子，他会做好的。

（5）您不用解释了，我绝对没有说过那样的话！

（6）上周我们学习某个知识的时候，您的孩子感到有些困难，没有交作业。

（7）您的孩子出事了，快来学校一趟吧！

（8）看得出，您对孩子在课堂上没有得到更多的关注感到失望。

（9）我刚才说的话，您听明白了吗？

（10）您放心，我一定尽量满足您的要求。

（三）沟通中“听”的技巧

沟通中的智者，并不一定是那些能说会道的人，而是善于倾听的人。善于倾听是良好沟通的前提，成功的老师往往是最佳的倾听者。

1. 鼓励开口，畅所欲言

在了解学生情况，知晓家长的诉求时，老师可通过“能不能说来听听”“不知道您是什么想法”“我们一起来讨论讨论”等话语来鼓励家长多开口；在发表建议时，对他们精辟的见解、有价值的想法可通过“这个观点不错”“您的意见很有见地”等赞美之词来肯定、激励家长；聆听时还可以通过“嗯”“对”“后来呢？”“是这样吗？”等用语来表示对家长谈话的兴趣，以激发他们进一步畅所欲言的热情。

2. 全神贯注，适时发问

倾听时，要集中精力，专注对方话语，全面深入地获取信息，对关键信息或重要观点应随时记录。对听漏或不懂的地方，要在对方的谈话暂告一段落时，简短地提出自己的疑问，如“您刚才所讲的意思是不是指……？”“我不知道我听得对不对，您的意思是……”“我不太清楚……是什么意思，您能再说一下吗？”。

3. 真诚友好，态势积极

为了表示对对方谈话的关注和尊重，老师应面带微笑，放松姿态，身体略微前倾，头微侧，以谦逊、温和、自然的目光注视对方眼部区域，不时配之以认同的点头和感同身受的表情，如欣赏、关心、遗憾或不解等。恰当的肢体动作与面部表情能向对方传递积极的信息，让对方备受鼓舞，敞开心扉。

4. 保持耐心，控制情绪

倾听是一种修养，在听家长说话时，老师要有耐心，不要随意打断对方的话语，也不任意插话、抢话或转移话题。对家长陈述的事实或观点要客观、辩证地看待，正确的要肯定，错误的要引导，切不可强加主观意志或妄下论断，甚至与对方发生争执。倾听虽然不意味着不说话，但绝对是少说话，倾听是为了更好地沟通，而不是制造问题，激发矛盾。

(四)沟通后“思”的技巧

沟通能力的提高，是一个不断实践的过程，所以沟通后的反思也很重要。

1. 反思沟通目的是否达成

教师应反思此次沟通有没有增进彼此的了解，在哪些方面有了新的认识，家长对学校的教育工作还有哪些疑惑和不解，家校共育方面达成了什么样的共识，取得了哪些突破，学生在哪些方面有了新的进展，等等。

2. 反思沟通策略是否得当

在与家长的互动中，反思自己沟通技巧的把握程度，沟通策略是否有效，还存在哪些问题，还有哪些需要改进的地方，有没有过激失礼的言行，有没有引起误会的言论，有没有激发矛盾，家长需求是否得到满足，等等。

3. 反思家长的建议是否合理

若家长对学校的教育教学提出了看法或建议，教师就要认真地反思这些建议是否合理可行，对这些建议的处理是不是恰当，需不需要向学校反馈；同时也要反思自己平时的教育教学工作是否有疏漏失误之处，今后应如何改进，等等。

本章小结

良好的沟通是架设人与人之间友好关系的桥梁。教师除了搞好教学工作以外，还要正确处理好师生关系、同事关系和家校关系。沟通成功与否直接关系到教育目的能否有效实现，学生能否健康成长，学校能否持续发展。因此，重视沟通的意义，遵循沟通的原则，掌握沟通的技巧是每一位教师的必修课。

与人沟通需要教师满怀爱心、耐心和责任心,需要尊重、理解、信任他人,以诚相待,与人为善。沟通时不仅要注意语言表达的艺术性、非语言使用的合理性,还要学会认真地倾听。

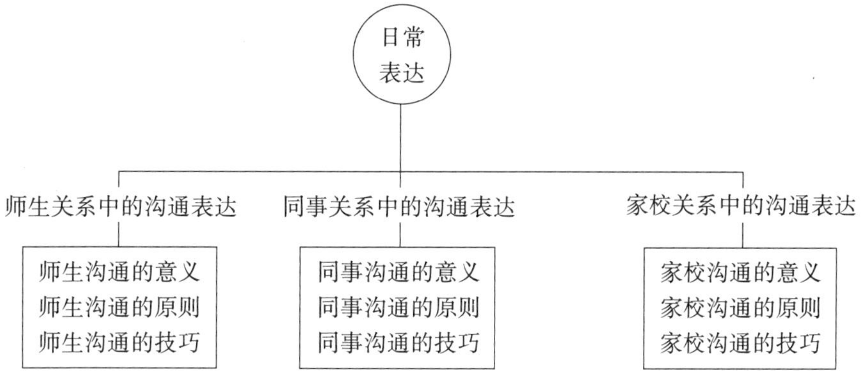

【思考与练习】

1. 你对师生沟通的重要性是如何理解的?

2. 假如你是一位新入职的老师,你打算如何与同事进行良好的沟通?

3. 教师在家校沟通中应遵循哪些基本原则?

【学习评价】

评价维度	评价内容	
	评价标准	评价等级(A、B、C、D)
知识与技能	了解教师日常沟通的意义	
	理解教师日常沟通的基本原则	
	掌握教师日常沟通的基本技巧	
过程与方法	结合不同场景下的具体案例,在沟通原则的指导下,灵活运用沟通技巧进行师生沟通、同事沟通与家校沟通	
情感态度与价值观	体现良好的师德修养	
	体现良好的人文素养	
	具有对教育事业的爱心与责任心	

【推荐阅读】

1.[美]迪尔奥.师生沟通的技巧[M].潘琳,译.北京:北京师范大学出版社,2006.

2. 丁艳丽.学会表达 懂得沟通[M].北京:企业管理出版社,2016.

3. 王怀玉.小学家校沟通的艺术[M].北京:中国轻工业出版社,2014.

第十章
艺术表达

诵则非直背文,又为吟咏以声节之。

——段玉裁

以声律为窍,以物象为骨。以意格为髓。

——白居易

世界上没有天生的演说家。

——戴尔·卡耐基

口才是社交的需要,是事业的需要。

——林肯

学习提要

(1)了解文学语言表达、主题情境表达的功能。

(2)掌握文学语言表达、主题情境表达的特点。(重点)

(3)掌握不同文体中文学语言表达、不同情境下主题情景表达的技巧。(难点)

本章艺术表达包括文学作品的语言表达和不同情境的自我观点表达,包括诵、读、吟、讲、介绍、评述、演讲等。诵、读、吟、讲是我们经常使用的口语艺术,是将书面语言变为口头语言、将无声语言变为有声语言的过程,经过抑扬顿挫、轻重缓急、声情并茂的加工,为文学作品传情表意,同时增强其艺术表现力和感染力。介绍、评述、演讲既能体现一个教师语言表达、逻辑思维、信息传递等综合素养,又能增强教师个人的表达魅力。以上几种表达都是教师职业口语中常用的类型,在教师教学、人际交往中会大量使用,也是教师资格证考试的重要环节。

第一节　文学语言表达

诗歌与散文的朗诵、儿童故事的编讲是小学教师应具备的专业素养之一。在教学过程中，教师会遇到各种各样体裁的文学作品，在表达的过程中，要根据体裁选择合适的表达方式。也就是说，教师的文学语言表达既要符合学生的年龄层次，又要体现作品的特征。本节文学语言表达的具体内容分为三个部分：儿童诗歌的表达、儿童故事的表达、儿童散文的表达。

一、儿童诗歌的表达

（一）功能及特点

儿童诗歌是以儿童为主体接受对象，韵律优美，语言凝练，符合儿童的心理和审美特点的歌谣体诗歌，包括童谣、儿童古诗、现代儿童诗歌等。

1. 儿童诗歌表达的功能

儿童诗歌简单易懂，朗朗上口，能够满足低幼年龄阶段儿童的阅读审美需求。同时，儿童诗歌还肩负着向儿童传递生活常识和简单知识的作用，如颠倒歌可以增强孩子的识别能力和逆向思维能力；数数歌以传达数学知识为特点，帮助儿童认识数的排列；时令歌用优美的韵律引导儿童根据时序的变化了解自然现象……

案例评析

《听我话》

郑春华

小兔，小兔，轻轻跳。

小狗，小狗，慢慢跑。

要是踩疼小青草，

我就不跟你们好。

——王晓玉、孟临．儿童文学作品选读[M]．第2版．北京：高等教育出版社，2012.

案例评析：这首童谣以儿童的口吻来描写动物和植物，充满了童真童趣，充分符合儿童的心理和审美特点。全诗短小精悍，节奏音律性强，音调押韵，主题鲜明。儿童眼中的世界是一个有生命的、有知觉、有感情的世界，通过吟诵这首简单的童谣，可以为儿童提供一个认识世界、丰富情感的渠道。

2. 儿童诗歌表达的特点

儿童诗歌表达同时兼顾儿童的年龄特征和诗歌文本特征，其表达特点具体来说表现为：

第一，充满童真童趣。儿童诗歌的表达注重其歌谣体本身的趣味性、生活性、形象性和想象性特点。因为儿童诗歌的表达主要为低龄阶段儿童服务，所以在语气上活泼明亮，同时可以伴有击掌、响指等带有节拍的敲击性动作，以及符合诗歌内容的表情及肢体动作。

第二，富有节奏韵律。儿童诗歌的表达遵循诗歌本身具有的韵律美、音乐美、意境美。即教师还应注意儿童诗歌的押韵和节奏，可通过韵脚的变化、节奏的不同，使诗歌具有较强的音乐感和节奏感，形成全诗回环整齐的美感。

(二)儿童诗歌的表达训练

1. 训练目的及要求

通过训练，教师能够正确掌握儿童诗歌的吟诵技巧，并能够在表达中表现出自己对作品的个人理解，恰当地将儿童诗歌的童趣、意境以及情感展现出来。

这部分的训练要求教师在吟唱和诵读儿童诗歌时，根据诗歌的语境，确定语句的停连；根据诗歌意境，确定轻重音；把握诗歌思想内容，确定语调；根据情感的需要，确立语速；根据诗歌内容及情感的变化，划分节奏。

2. 训练材料及提示

(1)童谣。

童谣又被称为儿歌，篇幅精短、内容通俗、游戏性强，主要以低幼儿童为读者对象。

童谣是所有儿童诗歌中音乐性最强的一类，可以分为摇篮歌、问答歌、连锁调、颠倒歌、数数歌、绕口令、时令歌、物象歌等。

案例评析

《大年初一扭一扭》

民间儿歌

小孩儿，你别馋，
过了腊八就是年。
腊八粥儿喝几天，
沥沥拉拉二十三。
二十三，糖瓜黏，
二十四，扫屋子，
二十五，糊窗户，
二十六，煮煮肉，

二十七，宰公鸡，
二十八，把面发，
二十九，蒸馒头，
三十晚上熬一宿，
大年初一扭一扭。

——吴忠豪、李学斌.长大的滋味[M].南昌：二十一世纪出版社，2011.

案例评析：这首童谣节奏鲜明、用词简洁、欢快热烈，生动形象地表现出中华民族传统的春节文化以及孩童欢快的心情。《大年初一扭一扭》是一首民间童谣中的时令歌，融合了数数歌与时令歌的双重特点，在吟诵中注意“年儿”“二十三儿”“糖瓜儿”等儿化音的变化，增加童谣的口语性和欢快性。此外，这首童谣的重音应当着重体现在动词上，如“粘”“扫”“糊”等，表现趣味性和生动性。到数字部分的时候，节奏可以适当加快，在读的过程中兼顾儿童口语表达和逻辑思维的要求。

小贴士

数数歌通过吟唱式的数数帮助儿童准确使用量词和认识数字的排列，因此在吟诵的训练中应当注意配合节拍律动来突出数字的特点等。

(2)儿童古诗。

古诗又叫古体诗歌，是诗歌的一种体裁。古诗凝结了古人的智慧和文化，是中华民族长久不衰的经典。儿童古诗从幼儿阶段到小学阶段一直伴随儿童成长，是儿童必不可少的精神食粮。文体特征是儿童古诗与儿童现代诗歌的重要区别，也正是由于特殊的文体特征，使儿童古诗充满了独特的韵味和情致。

适合儿童阅读和诵读的古诗，短小精悍、对仗工整，所描绘的情境和传递的情感都比较简洁易懂、清晰明了，因此在诵读古诗的训练中，应当着重关注如何将诗中的情感准确地传递给学生。

案例评析

《春晓》

[唐]孟浩然

春眠不觉晓，处处闻啼鸟。

夜来风雨声，花落知多少。

案例评析：本诗的前两句描写的是作者清晨醒来听到的鸟鸣，诵读时要用轻柔、舒缓的语调，音量不要过大。“处处闻啼鸟”的“鸟”字的尾音可稍向上扬，突出表现鸟语花香的明朗景象。后两句写诗人想起昨天夜里又刮风、又下雨，不知园子里的花儿被打落了多少。在读“花落知多少”时，要想象出落花满园的景象。可重读“落”字，再逐渐减轻“知多少”三个字的音量，表现出诗人对落花的惋惜之情。此外，每行诗句都可处理为三处停顿来体现节奏：春眠/不觉/晓，处处/闻/啼鸟……念到“晓、鸟、少”时，字音要适当延长，略带吟诵的味道，使听众能感觉出诗的音韵美和节奏感。

专项训练

《静夜思》

[唐]李白

床前明月光，疑是地上霜。

举头望明月，低头思故乡。

训练要求：有感情地诵读古诗《静夜思》，根据古诗内容，仔细体会作品中的意境，标注轻重音，划分节奏停顿。

(3)现代儿童诗歌。

儿童诗歌又被称为“浅语的艺术”，现代儿童诗歌具有凝练和朦胧的特点，强调传递情感和性灵的体验，是儿童生活和思想高度集中的艺术表达。因此，在诵读儿童现代诗歌的时候，应当着重注意通过语调和语气来体现儿童特有的趣味与情调，能够通过诵读把儿童独有的内心世界和情绪活动宣泄出来。

案例评析

《向日葵》

佚名

不知太阳上，有啥秘密，

引逗得你哟，那么好奇？

白天仰着脸——瞧呀，瞅呀，

夜晚低着头——思来，想去……

——颜红菊．教师语言技能训练教程[M]．武汉：华中科技大学出版社，2015.

案例评析：这首儿童诗有破折号的使用，表示语气需要放缓及延长，在诵读的过程中需要结合问号、省略号读出神秘感，留给儿童思考的空间。同时应注意“啥”“呀”以及疑问的语气，通过诵读向儿童传递诗歌中轻快、俏皮的情感。“不知/太阳上/有啥/秘密”，这一句重音应落在“不知”“秘密”上，“知”和“啥”两个字的尾音可以适当拖长。第二句要强调“好奇”，需加重语气，“奇”字的尾音要渐弱。第三句可以结合儿童的天真、顽皮表现，语调轻快，头部、眼神可适当转动。后一句要和第三句形成鲜明对比，速度放慢，语调轻缓，注意停顿，给小听众留下联想和回味的余地。

专项训练

《小小的船》

叶圣陶

弯弯的月儿小小的船，

小小的船儿两头尖。

我在小小的船里坐，

只看见闪闪的星星蓝蓝的天。

训练要求：有感情地诵读《小小的船》，诵读时通过节奏、语调以及重音的变化，体会作者情感，想象诗中描绘的景象。

二、儿童故事的表达

(一)功能及特点

儿童故事指具有故事基本特征的,内容单纯、篇幅短小,与儿童的接受能力相适应,供儿童阅读和聆听的叙事性文学体裁,包括童话故事、寓言故事、成语故事、生活故事、校园故事等。

1. 儿童故事表达的功能

儿童故事可以带给儿童丰富和夸张的想象。儿童故事以叙事为重心,教师通过讲儿童故事,帮助儿童熟悉生活、认识世界、理解社会和体验人生。

案例评析

《丑小鸭》(节选)

安徒生

……的确,乡间是非常美丽的,太阳光正照着一幢老式的房子,它周围流着几条很深的小溪。从墙角那儿一直到水里,全盖满了牛蒡的大叶子。最大的叶子长得非常高,小孩子简直可以直着腰站在下面。像在最浓密的森林里一样,这儿也是很荒凉的。这儿有一只母鸭坐在窠里,她得把她的几个小鸭都孵出来。不过这时她已经累坏了。很少有客人来看她。别的鸭子都愿意在溪流里游来游去,而不愿意跑到牛蒡下面来和她聊天……

——[丹]汉斯·克里斯汀·安徒生.安徒生童话[M].马嘉恺,译.昆明:云南美术出版社,2018.

案例评析:《丑小鸭》的故事属于童话类型,每个小朋友都希望变成童话里的人物,对童话世界十分向往。故事借助童话世界的夸张和奇妙,来折射现实生活中儿童可能会遇到的成长问题,帮助儿童树立正确的人生观、世界观和价值观。

2. 儿童故事表达的特点

讲故事是小学教师的基本功之一,具体来说应具有以下两方面的特点:

第一,儿童故事的表达具有趣味性。教师讲的故事要符合儿童的接受能力,在表达的过程中应做到语言口语化和生活化,用语简单明了、形象生动,对那些难懂的词或较长的名字进行简化,使儿童一听就懂。

第二,儿童故事的表达具有生动性。大多数的儿童故事篇幅较短,内容丰富,教师可以采用讲、演结合的方式,尽量做到有声有色,富有情感。

(二)儿童故事的表达训练

1. 训练目的及要求

通过训练，教师应正确掌握讲故事的技巧，能够配合肢体、表情边讲边演，为故事文本增添色彩，向儿童传递生动有趣的故事情节，呈现丰富多彩的人物形象。

在这一部分的训练中，教师要注意在给儿童讲故事时语速不要太快，吐字清晰，变换多种形式讲故事，声调尽量随着故事情节、人物性格相应发生变化，同时应声情并茂，必要时要使用夸张的语气，以引起孩子听故事的兴趣和注意力。

2. 训练材料及提示

(1)童话故事。

童话故事体现出来的奇幻和夸张色彩，要求教师在讲述的时候首先应该注意语气的夸张，并适当地加入眼神和肢体动作进行配合，帮助儿童快速走进并认可童话故事里的世界。同时，童话故事的篇幅长短不一，对于较长的童话故事来说，教师在讲述的时候应当注意保持故事的完整性。

案例评析

《卖火柴的小女孩》(节选)

安徒生

……她又擦了一根。火柴燃起来了，发出亮光来了。亮光落在墙上，那儿忽然变得像薄纱那么透明，她可以一直看到屋里。桌上铺着雪白的台布，摆着精致的盘子和碗，肚子里填满了苹果和梅子的烤鹅正冒着香气。更妙的是这只鹅从盘子里跳下来，背上插着刀和叉，摇摇摆摆地在地板上走着，一直向这个穷苦的小女孩儿走来。这时候，火柴灭了，她面前只有一堵又厚又冷的墙。

她又擦着了一根火柴。这一回，她坐在美丽的圣诞树下。这棵圣诞树，比她去年圣诞节透过富商家的玻璃门看到的还要大，还要美。翠绿的树枝上点着几千支明晃晃的蜡烛，许多幅美丽的彩色画片，跟挂在商店橱窗里的一个样，在向她眨眼睛……

——[丹]汉斯·克里斯汀·安徒生. 安徒生童话[M]. 马嘉恺，译. 昆明：云南美术出版社，2018.

案例评析：《卖火柴的小女孩》对故事中小女孩悲惨的命运和人生进行了生动的描写，重点是刻画小女孩的形象和讲述故事情节。教师在讲述的过程中需要注意语气和语调的缓慢，可以借助音乐来烘托悲凉的气氛，帮助儿童感受故事中的情境。注意文中“雪白”“精致”“冒着”等形容词和动词，需要做重音的处理，将美好的幻想和残酷的现实形成鲜明的对比。

(2)寓言故事。

寓言故事有着鲜明的倾向性、暗示性、讽喻性和教育性,用“理”贯穿全篇,常常将道理在开篇或者结尾直接讲述出来,短小精悍、清楚明白。教师在讲寓言故事的时候需要注意寓言故事生动的语言和具有特色的角色性格,可以尝试进行角色扮演,或借助道具辅助儿童理解寓言故事中所蕴含的道理。

案例评析

《蚂蚁与鸽子》

在森林的这一头住着一只勇敢的蚂蚁,有一天它决定到森林的那边去游历。

蚂蚁走啊走,沿途的风景迷人,它玩得可高兴了。走过许多地方,蚂蚁累了也渴了。它看见前面有个池塘,就赶快奔过去,一不小心它滑进了水中。蚂蚁吓慌了手脚,高喊:“救命啊!”

池塘边的大树上,住着一只鸽子,它听到蚂蚁的呼救声,急得围着大树团团飞。突然,它想出了一个法子,它摘下了一片树叶,丢给蚂蚁,叫道:“快,快点抓住树叶,爬到上面去。”

蚂蚁爬上了树叶说:“鸽子先生,谢谢你救了我的命,以后有机会我一定要好好报答你的救命之恩!”

鸽子笑了,说:“不用谢了,以后要注意安全啊!”

蚂蚁继续往前走,终于到了森林的那一边。在回来的路上,它准备向鸽子先生拜谢。

这一天,蚂蚁来到了池塘边,见鸽子正在树上睡觉,不忍心把它吵醒,就在树下等着。

忽然,一个猎人出现了,他看见树上正在熟睡的鸽子,就掏出了弓箭,向鸽子瞄准。

蚂蚁心头一动,不好,鸽子有危险了。喊叫已经来不及了。刚好猎人就站在蚂蚁跟前,勇敢的蚂蚁张开嘴,对准猎人的脚趾狠狠地咬了下去。

猎人正准备放箭,忽然感到脚上一阵剧痛,身子一晃,射出去的箭偏离了方向,擦过鸽子的身边,钉在了大树干上。

鸽子被惊醒了,它听到蚂蚁大喊:“有危险,鸽子先生,快飞呀!”鸽子听到蚂蚁的喊声,立即展翅飞走了。猎人拔腿就追,但鸽子一眨眼的功夫,就消失在茂密的树林里。

待猎人走后,鸽子又飞回来了,它向蚂蚁表示感谢,说:“蚂蚁,多谢你的救命之恩,你的勇敢和机智救了我的命。”蚂蚁说:“我本来是来向你道谢的,今天我终于有机会报答你了。”从此,蚂蚁和鸽子成为了好朋友。

——[古希腊]伊索.伊索寓言[M].武汉:长江少年儿童出版社,2018.

案例评析:《蚂蚁与鸽子》这篇寓言故事,通过蚂蚁和鸽子的经历告诉我们这样一个道理:善有善报。讲故事时要牢牢抓住这个寓意,贯穿始终。教师需要对表现故事中角色帮助他人的内容用恰当的语调,语音清晰地呈现,比如鸽子救蚂蚁,表现它的声音要用急促、紧张以及关切的语气。"快,快点抓住树叶,爬到上面去。""快"用重音夸张,然后用快速紧急的语气读"快点抓住树叶",显示鸽子救蚂蚁的心切,更加突出它的热心与善良。

专项训练

《小鱼儿和小绿叶》

张秋生

鱼爸爸和鱼妈妈,带着他们的宝宝在河里游玩。他们游过一座小桥时,看见桥下的水里有条小虫子,小鱼儿们争着想上去吃。

鱼妈妈说::"不行,桥上有人在钓鱼,这小虫子里藏着鱼钩呢!"

"好危险啊!"小鱼儿们赶紧离开那条小虫子,他们又游向别处。前面是一片宽阔的河面,小鱼儿们看见,河岸边的水中有几片绿绿的小叶子,一条小鱼儿问:

"爸爸妈妈,这小绿叶后面有鱼钩吗?"

鱼爸爸瞧了一下说:"没有,这是岸上的柳树垂下的枝条。枝条上的小绿叶在向你们问好呢。"

"小绿叶真美丽,我们可以亲亲她吗?"小鱼儿们争着问。

"当然可以。"鱼爸爸说,"不过你们要排着队,一个个上前。小绿叶喜欢懂礼貌的小鱼儿.....".

小鱼儿们很乖,他们排起队挨个儿亲亲可爱的小绿叶。

——张秋生.新创小巴掌童话百篇[M].北京:中国少年儿童出版社,2018.

训练要求:

朗读故事《小鱼儿和小绿叶》,体会儿童故事的语言口语化和生活化,把握文章的主题,并试着进行角色扮演。

小贴士

好的故事没有讲的技巧会逊色很多,想要讲好儿童故事,要了解儿童的年龄特征和心理特征,要能够站在儿童的视角进行故事的讲述。在讲的过程中,要学会配合手势、表情、眼神,适当的时候可以准备小道具,加上一定的表演,相信一定可以讲出一个精彩有趣的儿童故事。

三、儿童散文的表达

(一)功能及特点

儿童散文是一种着力关照儿童内心世界、抒发儿童情思、适合儿童阅读欣赏的文学样式,其核心在于真实、自由,表达方式融叙事、抒情和议论为一体。儿童散文包括叙事散文、抒情散文以及状物写景散文。教师应当注意意境和情绪的烘托,尝试使用演诵的方式对儿童散文进行表达,教师可通过语言的魅力来吸引儿童的注意力,引导儿童深入散文,做到情境合一。

1. 儿童散文表达的功能

儿童散文不同于儿童故事,前者更侧重于丰富儿童的情感世界,其表达功能在于满足儿童敏感、独特的审美情趣。

案例评析

《金色花》

[印]泰戈尔

假如我变成了一朵金色花,只是为了好玩,长在那棵树的高枝上,笑嘻嘻地在风中摇摆,又在新叶上跳舞,妈妈,你会认识我吗?

你要是叫道:"孩子,你在哪里呀?"我暗暗地在那里匿笑,却一声儿不响。

我要悄悄地开放花瓣儿,看着你工作。

当你沐浴后,湿发披在两肩,穿过金色花的林荫,走到你做祷告的小庭院时,你会嗅到这花香,却不知道这香气是从我身上来的。

当你吃过午饭,坐在窗前读《罗摩衍那》,那棵树的阴影落在你的头发与膝上时,我便要投我的小小的影子在你的书页上,正投在你所读的地方。

但是你会猜得出这就是你的孩子的小小影子吗?

当你黄昏时拿了灯到牛棚里去,我便要突然地再落到地上来,又成了你的孩子,求你讲故事给我听。

"你到哪里去了,你这坏孩子?"

"我不告诉你,妈妈。"这就是你同我那时所要说的话了。

——摘自《语文·七年级·上册》,人民教育出版社,2016年

案例评析:这篇意趣优美的散文借顽皮可爱的孩子与母亲的嬉戏来歌颂母爱,赞美母爱。教师在朗读这篇散文时,通过充满童真的语气、生动形象的语言,让儿童体会到这篇散文强烈的生活气息和诗意之美。

2. 儿童散文表达的特点

儿童散文的朗诵应具备抒情性的特点。具体来说，正因为儿童散文兼具故事性、趣味性和知识性，所以在理解的同时更应注重情感的培育，强调情感美、意境美、语言美。

（二）儿童散文的表达训练

1. 训练目的及要求

通过训练，教师能够配合音乐、表演等对儿童散文进行有感情的诵读，能够准确、清楚地向儿童传递散文中所抒发的情感，进一步感知散文的意境。

本部分的训练要求教师一方面必须用散文的语言来表情达意，一方面要充分考虑它作为美文对儿童的语言熏陶，所以教师应有感情地朗读儿童散文，提高儿童的审美能力。

2. 训练材料及提示

（1）叙事散文。

叙事散文主要以记人叙事为主，同时也洋溢着浓厚的情感。叙事散文的语言表达上应注意语气的中肯、自然。

案例评析

《金色的草地》（节选）

［苏］普里什文

我们住在乡下，窗前就是一大片草地。草地上长满了蒲公英。当蒲公英盛开的时候，这片草地就变成金色的了。

我和弟弟常常在草地上玩耍。有一次，弟弟跑在我前面，我装着一本正经的样子，喊："谢廖沙！"他回过头来，我就使劲一吹，把蒲公英的绒毛吹到他脸上。弟弟也假装打哈欠，把蒲公英的绒毛朝我脸上吹。就这样，这些并不引人注目的蒲公英，给我们带来了不少快乐。

有一天，我起得很早去钓鱼，发现草地并不是金色的，而是绿色的。中午回家时候，我看见草地是金色的。傍晚的时候，草地又变绿了。这是为什么呢？我来到草地上，仔细观察，发现蒲公英的花瓣是合拢的。原来，蒲公英的花就像我们的手掌，可以张开、合上。花朵张开时，花瓣是金色的，草地也是金色的；花朵合拢时，金色的花瓣被包住了，草地就变成绿色的了。

多么可爱的草地！多么有趣的蒲公英！从那时起，蒲公英成了我们最喜爱的一种花。它和我们一起睡觉；和我们一起起床。

——摘自《语文·三年级·上册》，人民教育出版社，2018年案例评析:《金色的草地》叙述了兄弟两个发现蒲公英傍晚花瓣合拢、日出重新开放这一奇特的自然现象,从此非常喜爱蒲公英的过程。教师在讲故事时,应该注意第一人称、第二人称、第三人称语气的变化,在动词、形容词上,注意语音、语调的控制。

(2)抒情散文。

抒情散文主要以抒发作者感情为主,注重表达作者的思想感受,动之以情。抒情散文的语言表达,应做到心临其境,在理解中传达主题与情感。

案例评析

《匆匆》(节选)

朱自清

燕子去了,有再来的时候;杨柳枯了,有再青的时候;桃花谢了,有再开的时候。但是,聪明的,你告诉我,我们的日子为什么一去不复返呢?——是有人偷了他们罢:那是谁?又藏在何处呢?是他们自己逃走了罢:现在又到了哪里呢?

我不知道他们给了我多少日子;但我的手确乎是渐渐空虚了。在默默里算着,八千多日子已经从我手中溜去;像针尖上一滴水滴在大海里,我的日子滴在时间的流里,没有声音,也没有影子。我不禁头涔涔而泪潸潸了。

去的尽管去了,来的尽管来着;去来的中间,又怎样地匆匆呢?早上我起来的时候,小屋里射进两三方斜斜的太阳。太阳他有脚啊,轻轻悄悄地挪移了;我也茫茫然跟着旋转。于是——洗手的时候,日子从水盆里过去;吃饭的时候,日子从饭碗里过去;默默时,便从凝然的双眼前过去。我觉察他去的匆匆了,伸出手遮挽时,他又从遮挽着的手边过去,天黑时,我躺在床上,他便伶伶俐俐地从我身上跨过,从我脚边飞去了。等我睁开眼和太阳再见,这算又溜走了一日。我掩着面叹息。但是新来的日子的影儿又开始在叹息里闪过了。

——摘自《语文·六年级·下册》,人民教育出版社,2006年

案例评析:《匆匆》细腻地刻画了时间流逝的踪迹,表达了作者对虚度时光的无奈和遗憾,同时又为自己的前途感到迷茫的复杂心情。朗读时应注意语音、语调的控制,在朗读第一段时要轻柔缓和,同时读出疑问的语气;在朗读最后一段时,要读出惋惜和急切的情感,语气要自然抒情。

(3)状物写景散文。

状物写景散文主要是通过生动形象地描写来达到抒发情感的目的,状物写景散文的语言表达应注重描写对象的层次性和变化性,根据描写对象的特征对语气、语调进行调整。

案例评析

《火烧云》(节选)

萧红

晚饭过后,火烧云上来了。霞光照得小孩子的脸红红的。大白狗变成红的了,红公鸡变成金的了,黑母鸡变成紫檀色的了。喂猪的老头儿在墙根靠着,笑盈盈地看着他的两头小白猪变成小金猪了。他刚想说:"你们也变了……"旁边走来个乘凉的人对他说:"您老人家必要高寿,您老是金胡子了。"

天上的云从西边一直烧到东边,红彤彤的,好像是天空着了火。

这地方的火烧云变化极多,一会儿红彤彤的,一会儿 金灿灿的,一会儿半紫半黄,一会儿半灰半百合色。 葡萄灰、梨黄、茄子紫,这些颜色天空都有。还有些说也说不出来、见也没见过的颜色。

一会儿,天空出现一匹马,马头向南,马尾向西。马是跪着的,像等人骑上它的背,它才站起来似的。过了两三秒钟,那匹马大起来了,腿伸开了,脖子也长了,尾巴可不见了。看的人正在寻找马尾巴,那匹马就变模糊了。

——摘自《语文·四年级·上册》,人民教育出版社,2004年

案例评析:《火烧云》以优美的语言,形象的比喻,浓郁的诗情,描绘出一幅浓墨重彩的风景画,朗读时既要理解、感受作品,又要伴随着丰富、逼真的想象,让作品在眼前活起来,注重文本中动词的语音、语调。

第二节　主题情境表达

一名优秀的教师应具备丰富的知识储备、敏捷的思维能力、良好的语言表达能力,知道在什么样的情境中用什么样的语言,达到言与境的对等。这既是对教师基本素养的要求,也是教师智慧和能力的体现。本节教师主题情境表达针对教师资格证考试,主要分为三个部分:自我介绍、即兴评述、命题演讲。

一、自我介绍

(一)功能及特点

如何在简短的时间内准确、自信又艺术地将自己的基本信息和优势表达出来,这不仅是一个教师专业素养的体现,而且是教师人际交往中不可缺少的技能之一。

1. 自我介绍的功能

通过简短的自我介绍可以了解一个教师的基本情况,同时也能考查教师的语言表达能力。重要的是,自我介绍能够展现自身的个性,明确地表达自我,能够显示出教师的风范和良好的专业素养。尤其是在教师资格证考试的时候,良好的自我介绍能够帮助教师在面试阶段吸引考官的注意,给考官留下深刻的印象。同时,自我介绍是认识自我的一种手段。

2. 自我介绍的特点

教师的自我介绍应当简单明了、特色鲜明、逻辑清晰。

第一,简单明了。自我介绍时间不宜太长,话不宜太多,要简单明了,不能过分推销自己,避免说话漫无边际。

第二,特色鲜明。自我介绍重在介绍自己的优势、特点。每个人都有自己特点,因此,每个人的自我介绍都应该是具有个人特色的。

第三,逻辑清晰。自我介绍要有条理、有层次,同时也应该要有总结和概括。

(二)目标及要求

1. 训练目标

通过训练,教师能够简洁有力、有针对性地介绍自己,适当使用幽默、艺术的语言技巧提升自我介绍的效果。

2. 训练要求

本部分的训练要求教师在自我介绍之前,首先要思考"我是一个什么样的教师",明确自己的特点和长处,再去构思如何引起听众和考官的注意,从而引发更多的交流,为自己打开窗口。在自我介绍时,应注意语言的准确性,例如语法是否准确、用词是否准确、发音是否准确;也应注意话语的长短和连贯性,在面试环节中不能断断续续,应连贯且有逻辑;还应注意语言的灵活性,在面试中可能会遇到一些突发情况,应具备随机应变的语言能力,做到临危不乱,正确用语。

(三)训练及拓展

在教师资格证考试的面试中,如果考官的第一个问题是:"谈谈你自己的情况如何?"此时,你应该稳定情绪,沉着冷静并且有足够信心。在自我介绍中,教师应以沉稳平静的声音、中等语速、清晰的吐字发音、开朗响亮的声调给考官以愉悦的听觉享受,声音小而模糊、吞吞吐吐的人，一定是胆怯、紧张、不自信和缺乏活力与感染力的。在自我介绍中，情绪也是需要控制的一个重要方面，如果起伏波动过大，就会产生负面影响。例如在介绍自己的基本情况时面无表情、语调生硬，而谈及自己的优点时眉飞色舞、兴奋不已，或是在谈论自己的缺点时又无精打采、萎靡不振，都会影响表达的效果。

案例评析

尊敬的各位评委老师：大家上午好！

我是第十一组15号选手，本科就读于小学教育(语文方向)。从小我就立志成为一名优秀的人民教师，可以帮助孩子们答疑解惑，扫除他们求学道路上的障碍。我严格要求自己，提升自己各方面的素质，以期待着将来可以走上这三尺讲台，完成自己的理想，帮助更多孩子实现他们的理想。下面我将从三个方面阐述我此次参加语文类教师资格考试面试所具备的优势。

一、我大学所学的专业是小学教育(语文方向)，对小学语文的系统学习，为我将来就学生学习语文方面所遇到的问题进行答疑解惑提供了理论基础。

二、大学期间，我积极参与社会教学实践、阳光支教、教师职业技能培训等活动，积累了丰富的实践经验，使自己有机会将理论和实践结合，可以从容地对课堂上发生的任何问题随机应变。

三、通过对教育学、教育心理学、教师职业道德等内容的系统学习，我对“教师”又有了更深层次的认识，并有幸通过今年的教师资格证笔试。如果我今天可以通过此次面试，那么我会以实际行动将为人师表、敬业奉献的精神贯彻到底。即使我没有通过，我也会严格要求自己，使自己离教师的标准近一点，更近一点。

谢谢各位评委老师！

案例评析：这篇自我介绍范文简单清晰地介绍了个人基本情况，不拖沓、累赘，比较连贯有条理。自我介绍开头采用简短的开场白，后文逻辑清晰，层次分明，从三个方面(专业、社会实践、学业能力)分别进行介绍，给考官一目了然的感觉，给人的整体印象是干净、自然。但是，篇幅过长，在一分钟之内可能不能完成，要注意时间的控制和把握。

小贴士

通过自我介绍，主动地向面试考官推荐自己，这是面试的重要内容，同时也是面试测评的重要指标！在自我介绍时，一定不要透露自己的姓名和学校，不然会扣分！

案例评析

各位考官好，今天能够站在这里参加面试，有机会向各位考官请教和学习，我感到非常的荣幸，希望通过这次面试能够把自己展示给大家，希望大家记住我。我叫××，今年××岁，汉族，教育学本科。我平时喜欢看书和上网浏览信息，我的性格比较开朗、随和，积极关心周围的人和事，和亲人朋友能够和睦相处，并且对生活充满了信心。在外地求学中，我养成了坚强的性格，这种性格使我克服了学习和生活中的一些困难。成为一名数学教师是我多年以来的强烈愿望，同时，我也认识到，教师是一个神圣而高尚的职业，希望大家能够认可我，给我这个机会！

案例评析：这篇自我介绍篇幅短，用时较短，可在一分钟之内读完，时间控制良好。但是，考生过多介绍自己的性格、周边环境、兴趣，没有将内容落到实处，表达过于混乱复杂，没有"对症下药"。这篇自我介绍更接近于工作面试的自我介绍，而不是教师资格证面试中的自我介绍，教师资格证的自我介绍一定要清晰明白，不能复杂拖沓。

二、即兴评述

（一）功能及特点

1. 即兴评述的功能

即兴评述主要考查教师的快速思维能力。教师要在规定的时间内，迅速地建立好框架，有条理地对问题或者现象展开评述。除了快速的思维能力外，即兴评述还考查教师的语言组织能力、口头表达能力应变能力和心理素质。

2. 即兴评述的特点

即兴评述应当具备以下特点。

第一，有述有评，评述结合。即兴评述最重要的是考查教师的评述能力，在拿到材料以后，不仅要能够对材料中的事件进行简单、准确的描述，同时还要加入自己的观点进行评论，述和论缺一不可。

第二，观点明确，语言精练。虽然即兴评述要求教师能够评述结合，但评论部分还是即兴评述的核心和灵魂，要求教师有明确的评论观点，并能用简练的语言进行观点的阐述。

第三，限时思考，即兴回答。即兴评述所考查的评述能力是即时即兴的评述能力，在短时间内进行思考和语言组织，突显教师的反应能力和即兴能力。

（二）目标及要求

1. 训练目标

通过训练锻炼教师的即兴口语表达能力，提升教师的思维逻辑能力、语言组织能力和观点表达能力。

2. 训练要求

本部分的训练要求教师在即兴评述这一环节时，要根据提出的问题进行评述，不能脱离主题，偏离中心点；应注意即兴评述的整体性，整个评述框架要完整，逻辑要清晰；即兴评述要有评有述，评述相结合。

小贴士

即兴评述小技巧

教师在进行即兴评述的时候：

审题要准，抓住重点，学会纵横结合思考问题。拿到一个话题后，不仅要横向思考话题核心的利与弊，以及其所体现的社会问题，还要纵向思考这个话题核心产生的原因、延伸的结果。

合理完整的结构、缜密的逻辑是撑起整个评述的关键点。如果在即兴评述过程中逻辑错乱，结构拖沓重复，语言东拼西凑，考官听无法从你的评述中抓到中心点，这样，再好的立意也不会吸引住考官。

（三）训练及拓展

即兴评述的开头要观点明确，结尾要总结提升并再次申明观点，总而言之，即兴评述一定要紧扣主题，抓到中心点展开叙述，要有述有评，评述结合才能达到最佳效果。

案例评析

新学期开学后，有许多孩子又从家里带来了许多新的图书，我和潘老师把这些图书摆上了书架。可没过多久，图书架旁边就有了不少从图书上掉下来的纸片。为了找原因，我仔细观察，发现有的书特别受孩子们欢迎，看的人多了，图书就容易破损。于是，我利用晨间谈话时间对他们进行了爱护图书的教育。没想到，以后的几天里，图书架旁还是每天都会有碎纸片，这是怎么回事呢？经过和孩子们交流，我找到了真正的原因，原来孩子们为了折纸飞机玩，就从图书上撕纸。于是，我为孩子们准备了一只篮子，里面装着平日里孩子们用过的作业纸，放在他们随手就能拿到的玩具架上。可过了几天，我发现图书架旁的纸片是少了，但图书封面还是被撕坏了不少。怎么会这样？我不是已经提供了纸张，满足了孩子们折纸的需要了吗？为什么他们还要把图书撕坏呢？看来，我该找出撕坏图书的孩子狠狠地批评一下。这天，我正好看到涛涛在撕图书封面，我忍住心中的怒火问他："你为什么要把图书撕坏呢？""我想要折纸飞机。"涛涛轻声回答。"我不是已经给你们准备纸了吗？你为什么还要撕图书上的纸呢？"我不由得提高了声音。他好像也意识到了自己的不对，低下头说："因为图书封面纸厚，折的飞机飞得远……"

如果您是这位教师，接下来会如何处理？

案例评析：首先，案例中的教师做法恰当，他尽量去倾听学生的心声，并不是一味地去责骂学生，懂得尊重学生。但是，当学生说出原因后，教师一定要尊重学生的童真，可以说：涛涛，老师很赞同你们折纸飞机，玩纸飞机。但是，图书是给大家阅读的书籍，同学们都非常喜欢，如果你将图书撕烂了折纸飞机，这样同学们都没有书籍看了，你想想，书里面有好多有趣的东西呢！老师给大家提供了废弃的作业纸，我们将这些废弃的作业纸废物利用，做成纸飞机，是不是很好呢？教师应该学会给学生讲道理，且要讲清楚。

小贴士

作为一名光荣的人民教师，需要时时刻刻注意自己的言行举止，注意自己的表达方式。教师的一句话可能会影响学生的一生。教师的表达体现在各个方面，不论是教学课堂的表达，还是教学外的教育表达，甚至和家长的沟通，都要时刻铭记自己是一名人民教师，做到教师表达的贴切性。

即时考查

一班的A老师正在上《为你打开一扇门》一课，突然，从窗外传来一阵急促的"的嘟——嘟——"的声音。这声音犹如一块巨石落入平静的水面，教室里顿时喧闹起来。紧接着，像有谁下了一道命令——"向左看"，所有的学生都向左边看去。这是怎么回事？还没等老师喊出话来，坐在窗边的同学已经站起来，趴在窗台上向外张望，其他同学更是着急，他们有的站在椅子上，有的一蹦一跳，脖子伸得老长，平时上课就坐不住的索性冲出座位，涌到窗前。他们你扒我，我推他，争先恐后地向外张望——原来是两辆红色的消防车由南向北从窗前驶过……

教室里恢复平静后，A老师灵机一动，放弃了原来的教学内容，而让同学们把刚才的所见、所闻、所想说出来，写下来。结果，同学们个个情绪高涨，说得头头是道，写得也很精彩，乐得老师满脸微笑。

二班的B老师面对以上的情境板起面孔，维持纪律，让学生回到座位上，继续原来的教学。而学生却余兴未止，沉浸在刚才的氛围中…… B老师不愿意放弃原来的教学内容，否则他认为自己“没有完成教学任务”。

思考：您赞同哪位老师的做法？为什么？如果是您的话，您会怎么做？

三、命题演讲

（一）功能及特点

1. 命题演讲的功能

命题演讲要求教师根据既定题目进行演讲，有鼓动、说服、号召、煽情的功能，可以考查一名教师的口语表达能力，是教师综合素养的体现。

2. 命题演讲的特点

命题演讲的特点主要包括以下两个方面。

第一，以讲为主，表演辅助。演讲是情感的运动，是一个厚积薄发的过程，要求教师进入角色状态，将肢体、语言、表情等完美结合，进行情感的交流。

第二，主题鲜明，以理服人。主题是否鲜明是衡量命题演讲能否成功的重要标准之一，所谓鲜明，是指演讲主题要突出、论证要深入且全面。演讲表达的主题，要从大家普遍关心、感兴趣的问题着手，要反映新情况、新思想，具有时代意义。

（二）目标及要求

1. 训练目标

教师通过对命题演讲的训练，掌握命题演讲的方式、方法与技巧，能够合理地运用词汇进行表达，做到以讲为主，表演辅助，达到讲演一体。

2. 训练要求

本部分的训练要求教师能够运用流利规范的口语，正确处理语音、语调以及重音、停连，做到演讲内容丰富，主题鲜明，立意新颖，讲述生动形象，结合生活，将真情实感表达出来，能够打动考官，深入人心。

（三）训练及拓展

命题演讲不仅是语言的艺术，而且是教师思想情感、文化修养、风度气质以及语言组织能力的综合体现。同时，教师应该注重情感的表达。既然是演讲，就一定要给演讲的内容赋予真情实感，真诚的表达最能打动人。当然，演讲是“演”与“讲”的结合，教师可以在演讲中用肢体动作为听者展现场景，加上表演的成分，让听者身临其境，产生心灵共鸣。

案例评析

请考生以“尊重是孩子成长的基石”为题进行演讲。

案例评析：在进行即兴演讲时，第一，抓住中心。教师在面对命题演讲时，应注意抓住题目的中心点。本题的中心是尊重，作为教师所面临的是一群又一群的学生，教师在教学过程中要学会倾听，互相尊重。第二，构建框架。不论是写文章，还是演讲，都需要建立完整的框架，开头、中间、结尾依次围绕主题进行构建。第三，组织语言。演讲以“演”“讲”结合的方式展现，语言是在演讲中演讲者与听者的桥梁，尤为重要。所以，教师在组织语言方面一定要干净利落，控制时间，不要进行长篇大论的说教，失去了演讲的本质，将自己的观点阐述清楚即可。

即时考查

题目：《我愿做一支燃烧的蜡烛》

素材：我选择教师这一行业的原因

教育行业的现状

改变学生的一生

优秀教师的感人事迹

思考：请根据以上题目进行演讲。

案例评析

请考生以“师德是教育之魂”为题进行演讲。

案例评析：本题演讲可以从“是什么“为什么”“怎么办”三个角度出发。什么是师德？如今媒体报道了许多缺乏师德师风的教师，可以结合实际，从时事热点出发进行演讲。为什么教师要有师德？作为一名人民教师应该具备正确的价值观、世界观、人生观，不能误人子弟。怎么样的教师才有师德？从作为一名好教师需要有的品德出发进行阐述，一切为了学生，一切为了教育。

本章小结

教师的艺术表达在教师表达中起着至关重要的作用。教师应该加强自己在艺术表达上的训练，找到艺术表达的方法和技巧。

教师通过对儿童诗歌、儿童故事、儿童散文表达特点的理解和掌握，能够丰富课堂教学内容，提升教学效果。各种情境表达的技巧，是教师所必需的技能。教师可通过自我介绍、即兴评述、命题演讲，展现教师表达的艺术魅力。

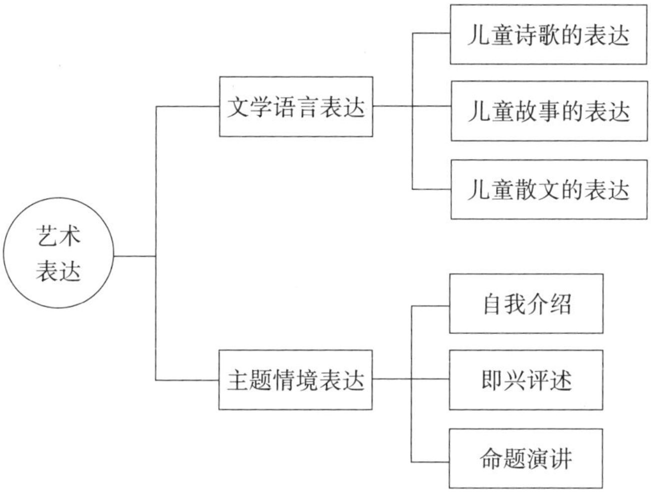

【思考与练习】

1. 儿童诗歌、儿童故事、儿童散文的表达有什么特点及要求？

2. 联系实际，谈谈你对教师艺术表达的认识。

3. 素质教育的核心是发挥学生的学习主动性，调动学生积极参与知识的形成过程的积极性。请就一节课，谈谈你是如何让学生主动参与知识的形成过程，敢于探索与研究，真正成为学习的主人的。

4. 根据以下案例，结合实际，谈谈如果是你，你会怎么做。

一位老师问学生“雪融化了变成什么？”有的学生说变成了水，有的学生说变成了泥巴，有的说变成了春天。

【学习评价】

评价维度	评价内容	
	评价标准	评价等级（A、B、C、D）
知识与技能	了解文学语言表达、主题情境表达的功能	
	掌握文学语言表达、主题情境表达的特点	
	掌握不同文体中文学语言表达、不同情境下主题情境表达的技巧	
过程与方法	结合案例评析、专项训练、即时考查，掌握文学语言表达的特点和技巧	
情感态度与价值观	理解教师掌握文学语言表达技巧的重要性	
	能够树立自信大方、善于表达的教师形象	

【推荐阅读】

1.[印]泰戈尔.泰戈尔诗选[M].郑振铎，译.北京：国际文化出版公司，2018.

2.冰心.小桔灯[M].北京：北京时代华文书局，2016.

3.徐丽华.教师口语艺术[M].杭州：浙江大学出版社，2012.

参考文献

1. 金正昆. 教师礼仪规范[M]. 北京：中国人民大学出版社，2010.

2. 吕艳芝，冯楠. 教师礼仪的99个细节[M]. 上海：华东师范大学出版社，2017.

3. 程维薇. 教师礼仪实训教程[M]. 成都：西南交通大学出版社，2016.

4. 董小玉. 现代礼仪与文化交流[M]. 北京：高等教育出版社，2016.

5. 张颂. 播音主持艺术论[M]. 北京：中国传媒大学出版社，2009.

6. 崔梅，周芸. 小学教师语言[M]. 北京：高等教育出版社，2015.

7. 郭华. 教师礼仪与修养[M]. 北京：北京师范大学出版社，2015.

8. 路玉才，张海燕. 教师口语训练教程[M]. 天津：南开大学出版社，2012.

9. 金秀美. 教师礼仪实训教程[M]. 北京：科学出版社，2012.

10. 王璐，吴洁茹. 语音发声[M]. 第2版. 北京：中国传媒大学出版社，2009.

11. 金正昆. 教师礼仪概论[M]. 北京：北京大学出版社，2007.

12. 鄢月钿. 教师的语言艺术[M]. 长春：吉林大学出版社，2007.

13. 唐卫民，林兆森，董延荣. 初中班主任工作精彩案例[M]. 北京：开明出版社，2007.

14. 陈秋敏. 教师口语（第二册）[M]. 重庆：西南师范大学出版社，2007.

15. 韩军华，李树棣. 教师口语与普通话测试[M]. 长春：吉林大学出版社，2006.

16. 程培元. 教师口语教程[M]. 北京：高等教育出版社，2004.

17.[美]麦金太尔，奥黑尔. 教师角色[M]. 丁怡等，译. 北京：中国轻工业出版社，2002.

18. 郭起明，赵林森. 教师语言艺术[M]. 第2版. 北京：语文出版社，1998.

19. 叶澜等. 教师角色与教师发展新探[M]. 北京：教育科学出版社，2001.

20. 新课程实施过程中培训问题研究课题组. 新课程与教师角色转变[M]. 北京：教育科学出版社，2001.